車掌長(A)
1
0.25 ▲ 10ᴰ 20.12
101ᴸ
14.55
2
3
△ 37ᴰ
9.30 (11.32) 13.35
公
4
15.50 3027ᴰ 21.47
19.25 3028ᴰ 9.05
△ 3027ᴰ
11.38 15.45 (14.50)
非
公
5
9.43 33ᴰ 13.03
38ᴰ
18.01 (8.43) 14.42
6
12.00 1007ᴹ 13.43
19.44 1538ᴹ~1018ᴹ
△ 1525ᴹ~1005ᴹ 16.00 11.43
8.00 2016ᴹ
(11.00) 16.56 15.12
公
7
9.00 2003ᴹ 10.43
15.44 1014ᴹ 14.00
17.14 2016ᴹ 17.02
18.33 2017ᴹ 18.45 (8.00)
19.00 2017ᴹ 20.43
12.44 2010ᴹ △ 11.00
(8.00)
8
8.00 5031ᴰ 12.58
6.25 ▲ 414ᴸ 22.25
(7.00)
公
計又予
車掌長(B)
9
13.51 6ᴰ 9.35
9ᴰ 23.10
19.00 △ 2001ᴹ 9.43
2010ᴹ
11.00
22.07
14.15
1.48
1533ᴹ~1013ᴹ 15.55
11
14.00
19.00 5006ᴰ 18.48
20.21 102ᴹ 20.32
22.44 1542ᴹ~2022ᴹ 20.48
△ 1531ᴹ~1011ᴹ
12.00 (10.48) 13.55
公
12
14.15 102ᴸ 8.30
△ 1ᴰ
4.45 (7.30) 8.55
13
17.44 1534ᴹ~1014ᴹ 15.48
18.30 1539ᴹ~1019ᴹ 22.13
11.44 1008ᴹ △ 10.00
13.00 2009ᴹ 14.43
(14.48) 19.44 2020ᴹ 18.00
非
公
※
14
13.19 6004ᴰ 8.45
6007ᴰ
16.30 20.47
21.06 6008ᴰ 20.55
(7.45) △ 6003ᴰ
8.06 8.19
15
10.56 5035ᴰ 16.06
5036ᴰ △
16.04 (9.56) 11.10
公
16
16.00 1013ᴹ 17.43
21.44 2024ᴹ 20.00
11.45 2ᴰ 7.30
14.30 5ᴰ 18.41
(15.00)
17
20.11 2020ᴹ 19.58 (18.58)
21.33 513ᴸ 21.45
22.02 513ᴸ ▲ 6.41
6.45 ▲ 514ᴸ 21.23
公
計又予
専務車掌(A)
1
13.51 6ᴰ 9.35
19.00 9ᴰ 23.10
5010ᴰ
23.32 23.21
△ 5001ᴰ
7.01 7.12
9.00 2003ᴹ
(8.35) 12.44 2010ᴹ
公
2
16.45 34ᴰ
△ 1ᴰ
4.45 (11.32)
31
10.56 5035ᴰ
5042ᴰ
21.57 (9.56)
32
8.00 5031ᴰ 10.25
38ᴰ
18.01 (7.00) 15.25
非
33
13.00 2009ᴹ
16.56 2016ᴹ
19.00 2017ᴹ
21.44 2024ᴹ
(12.05)
3
11.45 2ᴰ
5ᴰ
14.30 (6.30)
非
4
17.20 5039ᴰ
5036ᴰ △
16.04 (16.20)
公
5
22.02 513ᴸ ▲
6.45 ▲ 514ᴸ
514ᴸ 7.05
7.18
7.58 131 8.15 (20.45)
公又計
計又予

函館行き特急「スーパー北斗12号」乗務車掌の仕事

① 札幌車掌所で客室乗務員と出発点呼
② 客室乗務員とミーティング
③ 携帯品を詰めた鞄を抱えて出発
④ 乗り場をたずねるお客に応対

① 折り返し運用の「スーパー北斗3号」到着
②「お疲れ様でした」と声をかけてお客を見送る
③ 車内放送のテストを繰り返して音質、音量を調整
④ 到着列車の車掌から車両関係の引継ぎを受ける

① 発車前の案内放送をする客室乗務員
② 途中駅での接続をたずねられる車掌
③「まもなく発車」の案内放送をする車掌
④ 運転士と乗務員用無線機の通話テスト
⑤ 客室乗務員の一人は車内販売の準備

① グリーン車の車内改札をする客室乗務員
② 出発準備完了。まもなく発車時刻
③ 出発反応標識点灯よし！ ホーム状況異状なし！
④ 12時22分。発車! 車掌スイッチを「閉」に

① 南千歳駅到着。グリーン車へのお客３人が乗車
② 出発信号機進行現示よし!
③ 車側表示灯の赤色灯は全車消灯を確認
④12時48分、南千歳駅定時発車

新千歳空港発快速「エアポート」乗務の女性車掌の仕事

① 乗務列車は新千歳空港14時19分発「エアポート143号」
② 出発反応標識点灯確認、車掌スイッチを「閉」位置に
③ 発車。ホームと列車の状況を監視
④ 南千歳駅到着。お客の乗降を確認して発車
⑤ 案内放送。さわやかなアナウンスが好評

① uシート（指定席）の車内改札。自由席車は満席
② 空港・札幌間の所要時間は36分、応対はにこやか
③ まもなく札幌到着。札幌からは「スーパーカムイ」に
④ 札幌到着。L特急「スーパーカムイ」の車掌と交代
⑤ 札幌は5分停車。この間に運転、営業関係の引継ぎを
⑥ 旭川行きL特急「スーパーカムイ」の発車を見送る

筆者の古いアルバムから

①② 釧路行き特急「おおぞら１号」グリーン車の車内改札（1983年12月）
③ 占冠駅発車の釧路行き特急「おおぞら」
④ 特急「北斗」で函館駅到着（1983年８月）

車掌の仕事

田中和夫（元札幌車掌区車掌長）

北海道新聞社

車掌の仕事　目次

はじめに

私は江別市生まれで、生家は函館本線・江別駅から二百㍍ほどしか離れていない駅前通りにあった。就学前の幼いとき、流線型の蒸気機関車が引っぱる急行列車が来るころになると駅に駆けつけ、古枕木を立てたホームの柵の間から身をのり出して到着を待った。白い蒸気を左右に吐き散らしながら到着する巨大な蒸気機関車に目を見張り、発車の気笛に幼い血を高ぶらせ、デッキに立って挙手の礼をする白手袋の車掌に、ほのかな羨望と憧れを抱いた。

やがて成長し、採用試験を受けて国鉄に入社し、幸運にもその江別駅に勤めることになった。一九五二（昭和二十七）年、戦後復興の時代である。その後、登用試験に合格して車掌になった。幼いころの夢が実現したのである。

一九五八（昭和三十三）年、岩見沢車掌区に配属された。岩見沢車掌区は主要な炭砿を沿線に持つ幌内線と万字線のほか、室蘭本線と函館本線が乗務線区だった。二年後の一九六〇（昭和三十五）年に札幌車掌区に移った。札幌車掌区は札沼線と千歳線のローカル線のほか函館本線、根室本線、宗谷本線、石北線など北海道内の主要線を乗務線区に持つ北海道の中心車掌区で、専務車掌、車掌、列車給仕、列車手ら三百二十人の列車乗務員を抱えていた。私は一九六八（昭和四十三）年に専務車掌、一九八〇（昭和五十五）年には車掌長に昇格した。札幌を中心に北海道内を駆けめぐる急行、特急など長距離列車に乗務するようになったのである。

私が車掌になった昭和三十年代から鉄道の姿は激しく変わった。近代化を求める時代のニーズに応え客車は気動車、そして電車へと変わり、機関車は蒸気機関車からディーゼル機関車、電気機関車へと変わった。道央と道東を最短で結ぶ石勝線、本州と北海道を地続きにした青函トンネルも開通した。新型の気動車や電車も続々と導入された。高速運行のための重軌条敷設や道床かさ上げなどの線路整備も、信号やポイントなどを遠隔制御する保安設備のシステム化も行われた。近代化は、鉄道の生き残り策でもあった。

国鉄が民営化されてから二十二年、ＪＲ北海道は札幌都市圏の通勤・通学輸送や札幌と小樽、旭川、新千歳空港を結ぶ都市間輸送に力を入れている。企画商品の販売も上々で、大学生や高校生が選ぶ就職人気企業でも常に上位にランクされている。

そうした鉄道運行の一翼を担っているのが車掌で、乗客との接点がもっとも多い鉄道の「顔」ともいえる。列車長と呼称されていた鉄道開業の頃から安全面やサービス面など、車掌は実に幅広い仕事を日々こなしている。

本書では国鉄時代から民営化までの二十七年間の私の経験を基に、あまり知られていない〝車掌の素顔〟を綴っていきたい、と思っている。

第一章 〝鉄道の顔〟

列車が動き出してまもなくスピーカーから、オルゴールが鳴り出す。お馴染みの「気笛一声新橋…」の鉄道唱歌である。オルゴールが終わると車掌の案内放送が始まる。

「みなさま、本日はＪＲ北海道をご利用いただきましてありがとうございます。ご利用いただいておりますこの列車は、札幌○時○分発の旭川行L特急○○○号でございますー」

放送が終わり再びオルゴールが鳴るころ、列車は百キロを超す速さで走っている。放送を終えた車掌が客室内の巡回を始める。どんな車掌なのか、とお客はいっせいに車掌を見る。列車が動き出したら車掌は一人で、運行の責任を負う。何が起こっても、判断を仰ぐ上司はいない。不測の事態に遭遇した時、処理や報告はすべて乗務車掌が独りで行う。

まず、列車運行のリーダー、車掌になるにはどうしたらいいのか、などから話を進めていきたい。

車掌になるには

ＪＲ北海道初めての「女性車掌」誕生

二〇〇九年（平成二十一）年三月中旬、ＪＲ北海道初めての「女性車掌」が二人誕生し、札幌車掌所で乗務を始めた。二人は平成十八年度と十九年度の入社で、それぞれ一、二年の駅勤務を経験しながら車掌試験に合格。昨年の十二月中旬から社員研修センター（旧北海道鉄道学園）で一カ月の学科教習ののち、一月から車掌見習として指導車掌とともに乗務。三月十四日から「車掌」として本乗務を開始した。乗務は小樽・札幌―新千歳空港間の快速エアポートが中心である。女性車掌の第一期生は二人、第二期生四人で六月一日から六人全員が乗務をしている。

国鉄時代の一九四三（昭和十八）年、戦時体制下の緊急措置で女性車掌が養成され、乗務した。札幌車掌区には十六人が在籍していたが、一九四八（昭和二十三）年には事務職への配置換えや退職で姿を消した。このたびの「女性車掌」誕

ＪＲ北海道初めての「女性車掌」誕生

国鉄時代の女性車掌（昭和19年、札幌車掌区）

生は札幌車掌区（所）にとっては六十年ぶりのことである。

登用試験合格で車掌見習へ

車掌になるための特別な資格はいらない。国鉄時代は全国の鉄道管理局ごとに違いはあったが、戦前から一九五五（昭和三十）年ころまでは鉄道教習所（後の鉄道学園）車掌科入所試験というのがあった。試験は毎年ではなく、定年退職や列車増発などによる補充で随時実施された。これは今も同じである。戦前戦中の旧制中学校卒業者は国鉄に就職してすぐ優遇的扱いで車掌拝命、戦後は新制高校卒業者にかぎり勤続一年で受験資格を与えられた時もあった。特別な資格とはいえないが、かつては学歴が幅を利かせた時代もあったのだ。昭和三十年以降は事務系掛職登用試験が行われるようになった。戦後十年、国鉄もようやく戦後復興がなり、近代化へ向けて走り始めたころである。

試験は社会、数学、珠算、運転、旅客・手小荷物、貨物の六科目。社会、数学、珠算はまあまあとして鉄道業務の運転や貨物、旅客、荷物などについては、にわか仕込みの勉強では刃がたたない。それだけが理由ではないが、平均して合格者は勤続四、五年で、年齢も二十三、四歳が多かった。

国鉄は階級制が厳しく、上下の差がはっきりしていた。営業系の職場である駅に配置になった場合は駅手、荷扱手、連結手、転轍手、踏切警手というように語尾に「手」(しゅ)が付く職種につく。通称これを「手職」(てしょく)と言うのだが、与えられる制服は木綿の小倉服。洗濯するたびに色が落ちて、薄い青色になる。工場の作業服か、囚人服ようである。服制の改正で小倉服が廃止になり、「手職」にも夏はサージ服、冬はラシャ服の改札掛や出札掛と同じ制服が与えられたのは一九五七(昭和三十二)年からである。

私は一九五二(昭和二十七)年採用の江別駅駅手だった。仕事は待合室や駅前広場の清掃、お客から受託した手荷物の列車積み込みや取り卸し、改札の手伝い。冬はこれにホームや駅前の雪かきという労働が加わる。朝、昼二度にわたるトイレ掃除もあった。トイレは汲み取り式なので待合室から離れて建てられていたが、若い女性の目を気にしながらのトイレ掃除は恥ずかしさで顔を上げることもできなかった。好きな女の子に、掃除用の長靴を履いてブラシを持っている姿を見られたら完全にアウトである。

だが、今はどこも洒落た駅に建て替えられ、トイレも水洗化し、清掃はJR北海道の関連会社が行っている。いい時代になったと、つくづく思う。

国鉄最下級職の「手職」の若者たちは、こうした屈辱をバネに改札掛や出札掛、庶務掛など「掛職」への登用試験に必死になって挑んだ。二十三、四歳の若者に合格者が多いのは、こうした強い思い入れもあったはずだ。

私の場合

私の場合は事務系掛職登用試験を担当した営業部総務課から電話があった。君は試験に合格したが車掌見習はどうか？　という打診だった。総務課と駅長、配属予定の車掌区のトップは打ち合わせずみで、断れば試験には合格したが次の発令の見込みは当分ない、という言い方をする。これは打診ではなく、有無を言わせぬ発令のようなものだが、断る理由はまったくなかった私はすぐ「はい、わかりました」と答えた。一九五八（昭和三十三）年

札幌鉄道教習所時代の仲間。後列左端が筆者

部屋では消灯まで自習。左端二人目が筆者

札幌鉄道教習所（のち北海道鉄道学園。現・社員研修センター）

三月、二十四歳の春だった。

国鉄では運転に関係する業務に従事する職員には適性検査が行われていた。考査員によって適性、不適性が判定され、不適格と認められた者は、運転に携わらない他の職場に転職させられる決まりがあった。運転考査といわれるもので、心理素質・知能・注意配分・反応速度などの検査からなり、採用から三年ごとに行われていた。登用試験でもこの適性検査が学科試験と同じウエートを占め、合否の大きなポイントになっていた。

だが、合格者すべてが車掌志望ではなく、改札掛や出札掛の志望者もいる。それを説得する総務課員も大変である。その後、二十八人の合格者が集められ面接が行われた。全員が登用試験合格者の中から選ばれた車掌志望者だった。

一九五八（昭和三十三）年七月五日から八月三十一日まで、北海道大博覧会が札幌と小樽を会場にして開催された。国鉄ではこの時、臨時列車を大増発して観客輸送に対処した。函館本線にディーゼルカーが導入されたのもこの時だが、これも北海道大博覧会に向けての輸送力増強に合わせたものだった。そして私たちも、そのための要員ともいえる「道博」

車掌だった。

札幌鉄道教習所（札幌市東区）第九回特設運輸科に入所したのは四月一日。車掌見習発令が札幌鉄道管理局局報に載ったのは十日過ぎ、登用試験の合格者氏名が発表になったのはさらに遅かった。北海道大博覧会を目前にして、受け入れ側は慌しい日々だったようだ。国鉄時代は労働組合の力が強く、組合員である一般職員の異動には総務課も慎重にならざるをえない。昭和三十年代以降は、合格者全員ではないが異動がともなうだけに、本人の意思を確認しながら合格通知が行われたようだ。

見習は、教習所の入所も合わせて三カ月間

車掌見習を応諾した時点で、新たな職場となる車掌区が決まる。通勤や宿舎の関係もあるので、これまで勤めていた職場に近いところにある車掌区に配属されることが多い。合格者は車掌見習発令後、全寮制の鉄道教習所（いまの研修センター）へ入所する。車掌見習期間は三カ月。うち一カ月は教習所で仲間と一緒に学科教習、残りの二カ月は配属される車掌区で指導車掌のもとで実務の見習いをする。

しかし、見習終了の直前、最終の「車掌採用試験」がある。これに合格しなければ車掌発令は見送られ、元の職場に戻される。こんな不名誉なことはないだけに、みんな必死に教習所での勉学に取り組む。わずか一カ月の教習期間であっても、終了時には優等生が選

ばれる。教える講師も、教えを受ける生徒も懸命。同室の仲間たちと、消灯時間の午後十時半まで自習が続く。仲間の中からＪＲ北海道の取締役財務部長をはじめ、大駅の駅長を何人も輩出したほどだから、頑張りや揃いだったのは間違いない。

始業式後に渡された一カ月間の授業時間割は、一日七時間授業で制度、輸送、旅客、手・小荷物、運転法規、車両、保安、接遇、放送、保健衛生、救急法、時事社会などがびっしりと書き込まれていた。なかでも「接遇」の時間が多く、「相手の身になって」「相手の立場に立って」「車掌は心理学者になって」という接遇の基本をじっくり叩き込まれ、車掌区への赴任となる。

新任地の車掌区へ

車掌区ではベテランの指導車掌から二カ月間の実務指導を受ける。マン・ツー・マンである。信号機や標識の確認の仕方、線路の構造、線路沿いに建てられているさまざまな標示杭の見方、車掌が車内で発行する車内補充券の記入の仕方、車内での口頭案内、暖房の取り扱い方、忘れ物の取り扱い方、沿線各駅の構内の見方、車掌が行う貨車の入れ替え作業と手順、機関士との打ち合わせの仕方、貨車のブレーキのかけ方、事故発生時の速報、手旗の振り方など、ありとあらゆる車掌の実務が教え込まれる。

車掌見習が指導車掌から受ける教えはこれだけではない。「礼儀」もある。車掌区というところは、お客に接する仕事柄か昔から規律、礼儀が非常に厳しい。内輪であっても先輩から「君からはまだ挨拶を受けていなかったな?」「どこからきた?」「独り者か?」という言葉が飛んでくる。挨拶が漏れてはと神妙に頭を下げると、終わったあとで「君からはこれで三回も、挨拶をしてもらった」という答えも返ってくる。礼を失しないようにという注意なのだろう。

こうして教習所一カ月、新任車掌区二カ月の合わせて三カ月の見習い期間を終え、いよいよ車掌採用試験を受ける。が、案ずるより生むが易しである。合格後、正式に「車掌」の辞令をもらう。改札掛や出札掛が車掌になるには登用試験を受け、合格後は三カ月の見習い期間と車掌採用試験の関門を通らなければならないが、車掌から改札掛などへ移るときは無試験で横すべり。彼らとは同じ中間職ながら車掌はずっと上で特異な存在、とお世辞のような、励ましのような言葉を指導車掌からもらって、ようやく車掌誕生である。

三カ月の見習い期間と、そのうち一カ月の全寮制の研修センターでの学科講習。これはいまも変わらずに行われている。

車掌の乗務行路とは？

乗務行路にも序列

車掌見習を終え、待望の車掌となるわけだが、北海道の中央部にある札幌車掌区を例にして話を進めていきたい。札幌車掌区は大正三年設置の札幌列車従事員詰所が始まりで、五十数年後の一九六七（昭和四十二）年には専務車掌九十人、車掌九十人、乗客掛百十人の乗務員を抱える総員三百三十人の車掌区に発展した。

札幌車掌区の車掌が乗務する線区は札沼線、千歳線、そして函館本線の小樽・滝川間である。ここでいう車掌とは普通車掌（運転車掌ともいう）のことで、専務車掌や車掌長ではない。普通車掌はローカルの普通列車と貨物列車乗務を十年ほども経験すると専務車掌に昇格する。もちろん勤務評定にもよるのだが、昇格すると長距離の普通列車や急行、特急に乗務できる。専務車掌をさらに十五年ほども経験すると車掌長に昇格、ということになる。

車掌長、専務車掌、車掌の腕章

札幌車掌区の指揮命令系統（1985年）

- 車掌区長
  - 主席助役
  - 総括助役
    - 指導助役
    - 当番助役
      - 庶務掛
      - 運用教導掛―用務掛
      - 車掌長―専務車掌―車掌―車掌見習
      - 列車掛―列車掛見習

これは目安であって制度的なものではない。

一九六七（昭和四十二）年当時は車掌長制度はなく、専務車掌九十人でそれぞれA、B、C、Dの四組の乗務行路を作り、そこに専務車掌を割り振りする。当然、経験豊富な古参順にAからB、Cと下ってきて、新人はDに納まる。A行路には青森から上野行きの「はつかり」と大阪行きの特急「白鳥」に接続する特急「おおぞら」、豪華なA寝台を持つ寝台急行「まりも」など、北海道を代表する優等列車の乗務が組まれていた。一方、新任の専務車掌が多いD行路には札幌・釧路間や札幌・旭川間の急行列車と普通列車、特急列車の職務補助が多かった。客扱い経験を基にした年功序列の行路の組み方だが、これは仕方がない。

国鉄の民営化が決定的となった一九八五（昭和六十）年当時の札幌車掌区の乗務員は車掌長七十人、専務車掌百十人、車掌五十人の二百三十人で、札幌を中心に函館、釧路、網走、稚内と北海道全域を乗務区域にしていた。乗務列車本数は、特急が道内の六一％、急行が三三％、普通列車は一七％を占めていた。

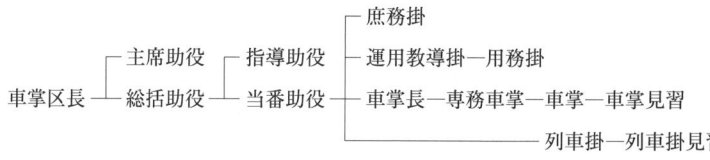

乗務行路の決定

乗務列車の受け持ちは時刻改正のとき、道内の各車掌区に配分される。車掌区は地理的な条件を基に各地に設けられているので、どの列車をどこの車掌区が持つかは、車掌区設置の目的に照らせばおおよそ決まる。しかし、地理的条件に適して設けられた車掌区であっても長距離直行列車の通し乗務が困難とか、同一列車に乗務する車掌長、専務車掌、乗客掛などの乗務員を配置することができるかどうか、あるいは乗務員の客扱い経験の習熟度などの質的要素も勘案されることもある。

車掌区ごとの受け持ち列車や乗務区間が決まると、距離や時間、昼夜の別、列車の種類などを考慮しながら、乗務員の一勤務に必要な行程が列車ダイヤに基づいて作られる。これが乗務行路で、行路表にしたがって乗務する。行路表は車掌区の規模にもよるが、一般的には二十五日くらいで一巡するようになっている。

乗務員の一勤務は実乗務・準備・待合・徒歩時間などの合算である。実乗務とは、列車に乗務する時間。準備時間とは、乗務前の車掌区内での諸準備と乗務終了後の引き継ぎや整理に要する時間。待合時間とは、勤務の中間で次の列車に乗務するための待機時間。徒歩時間とは、車掌区あるいは乗務員詰所から乗務列車との間に相当な距離がある場合、その徒歩に要する時間。以上を合算したものが一勤務で、勤務時間である。

勤務時間は四週を平均して一日八時間。細かくなるが準備時間は乗務前一時間、乗務終

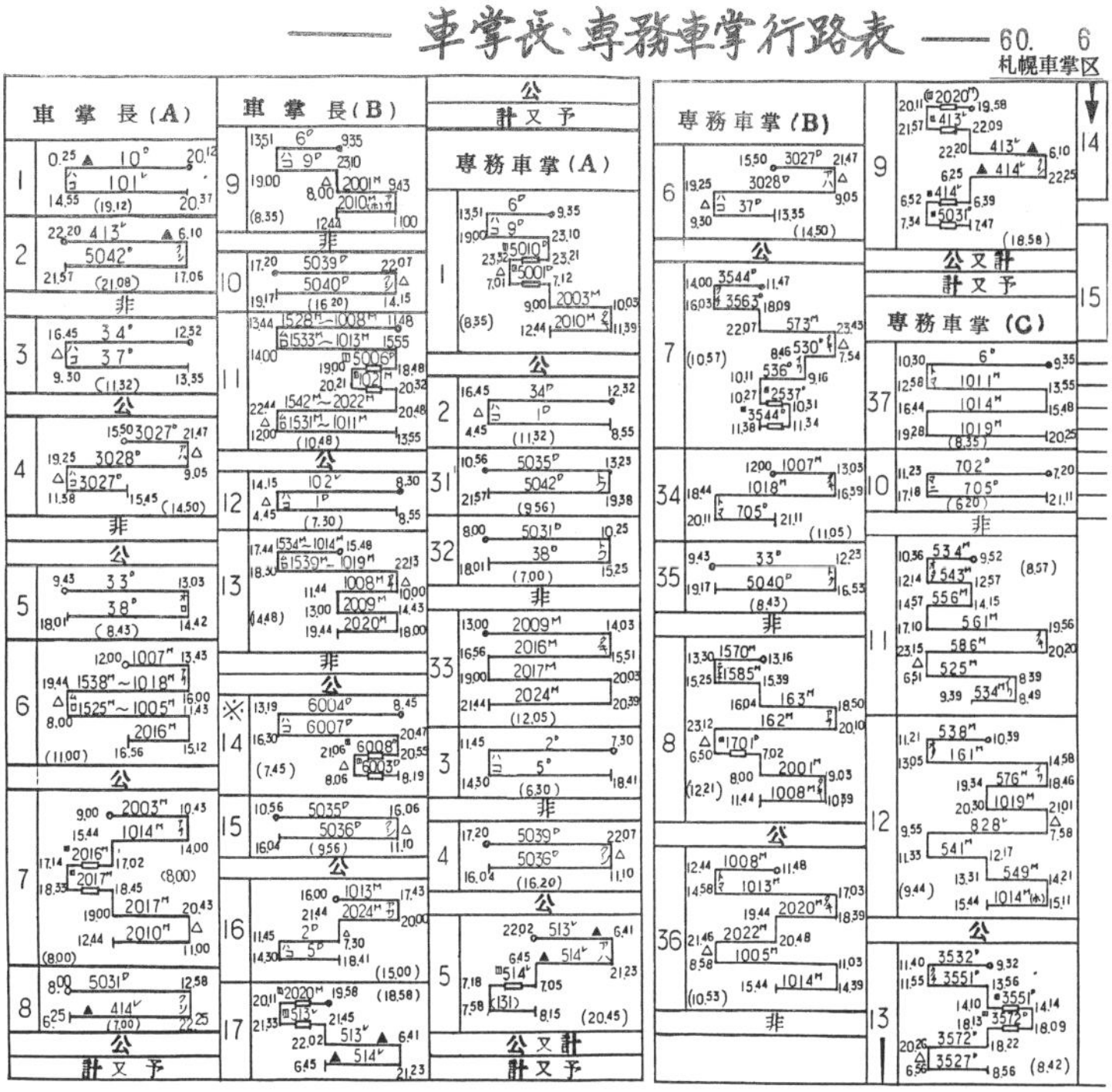

札幌車掌区車掌長・専務車掌行路表の一部（昭和60年６月改正）

了後三十分、待合時間は一時間までを勤務時間に加え、徒歩時間は十分を超えるときに勤務時間に算入ということに決められていた。だが、時刻改正ごとに乗務基準も改定され、一週平均四十八時間という勤務時間はそのままで、準備・待合時間の短縮が行われた。列車の高速化にともなって列車乗務員の仕事も年々きつくなっている。

一九八五(昭和六十)年の乗務行路表から

航空機利用客が年々増加するなど輸送環境が大きく変化したのを受け、千歳空港(現・南千歳)駅が開設された。これまでの函館経由の本州方面行きという列車体系を、千歳空港利用客の連絡輸送と札幌を中心とする列車体系に改めたのは一九八〇(昭和五十五)年十月の時刻改正からである。翌年には千歳空港・新得間の石勝線が開通し、帯広、釧路方面の主要列車はすべてが石勝線経由となった。釧路・函館間の長距離直行列車は一往復を残して札幌止まりとなり、その後、数次の時刻改正で列車体系は完全に札幌中心になった。

三十二ページの表は一九八五(昭和六十)年三月の時刻改正時の札幌車掌区の行路表の一部である。行路表の1番から8番までは車掌長A行路、9番から17番までは車掌長B行路。専務車掌はA、B、Cの三行路があり、ここにはA行路だけを載せた。このほかにも普通車掌の行路表があり、やはりA、B、Cの三行路に分けられている。

車掌長A行路の1番は、函館・札幌間の往復乗務で往路は札幌発車二十時十二分の函館行き特急「北斗10号」。函館到着は日が変わった零時二十五分。▲記号は乗務先の宿泊。復路の函館発車は十四時五十五分発の札幌行き急行「ニセコ」で、札幌到着は二十時三十七分。カッコ内の数字は出務時刻。縦書きのカタカナの「サツ」は札幌、「ハコ」は函館、「クシ」は釧路、「アサ」は旭川、「アハ」は網走、「オロ」は帯広、「ムロ」は室蘭の、それぞれの電報略語。数字の「10D」の10は列車番号、DはディーゼルのD、「101レ」

の101は列車番号、レは客車列車の電報略語。Mは電車のモーターカーのMである。時刻表に載せる列車の記号は一九六一（昭和三十六）年から、列車番号の末尾につけることになったのである。

車掌長のA行路で一番の長時間乗務は4番である。札幌発車十五時五十分の網走行き特急「おおとり」で、網走到着は二十一時四十七分。翌日九時五分に網走を発車して一路函館へ。函館到着は十九時二十五分。復路は翌日の函館発車十一時三十八分の網走行き特急「おおとり」。札幌到着は十五時四十五分。三日目でようやく乗務終了となる。函館・網走間七百キロを十時間二十分。実乗務時間二十時間四十分である。

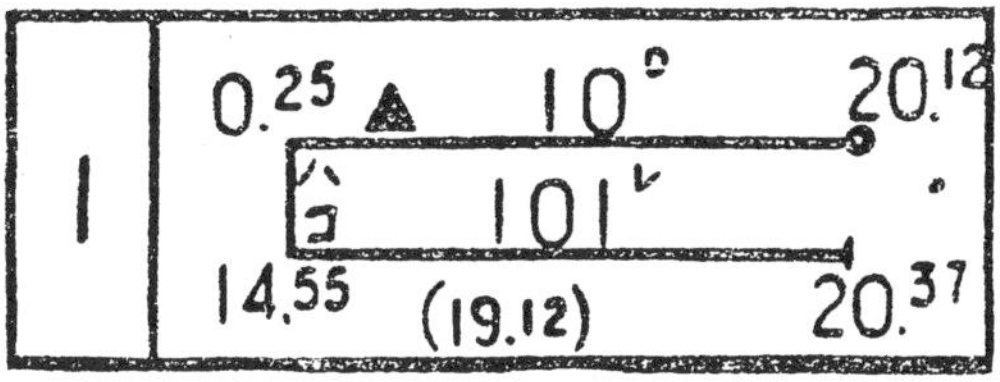

車掌長A行路1番

こうした行路を「S形行路」（えすがたこうろ）と呼んだが、一九六三（昭和三十八）年から函館・札幌・釧路間の特急「おおぞら」も「おおとり」と同じように「S形行路」だった。

最後まで残った「おおとり」の「S型行路」も一九八八（昭和六十三）年、津軽海峡線開業時の時刻改正で廃止になった。

JR北海道の最近の行路表

一九八七（昭和六十二）年四月、北海道旅客鉄道株式会社（JR

なった。

北海道）が設立された。車掌区の指揮系統の名称は変わったが、車掌の仕事は国鉄時代と変わりはない。ただ、これまでの車掌長、専務車掌の職名はなく、主任車掌と車掌だけとなった。

新会社発足時の札幌車掌区の社員は二百四十人。うち乗務員は主任車掌七人、車掌二百十八人だった。行路はＡからＦまでの六行路で、特急、急行、普通列車を六行路に平均的に組み入れていた。各行路ともに二十八日から三十日で一巡するのは、国鉄時代と同じだ。

一九九〇（平成二）年三月の名称改正で札幌車掌区は札幌車掌所となったが、札幌車掌所の車掌行路表を見てみよう。会社設立十五年後、二〇〇二（平成十四）年十二月改正の行路表である。車掌行路表はＡからＧまでの七行路、ほかに予備として特改（特別改札）行路がある。

Ａ行路トップの１００番の乗務の始まりは、札幌十一時四十分発の岩見沢行き普通列車で１７５Ｍ。出務時刻は発車四十五分前の十時五十五分。出務時刻は乗務する列車の種別によって四十分前、あるいは四十五分前もあるが、基本的には五十分前の出務である。

１７５Ｍは岩見沢到着十二時二十一分で、折り返し岩見沢十二時四十分発の小樽行き快速列車３１９６Ｍに乗務。札幌到着十三時十八分で、車掌交代。続いて札幌十五時十四分発の新千歳空港発小樽行き快速「エアポート１４５号」３８９９Ｍに乗務し、小樽十五時

ＪＲ北海道札幌車掌所の指揮命令系統

車掌所長 ―┬― 副所長
　　　　　└― 助役 ―┬― 事務係
　　　　　　　　　　└― リーダー ―― 主任車掌 ―― 車掌 ―― 車掌見習

札幌車掌所車掌行路表の一部（平成14年12月改正のもの）

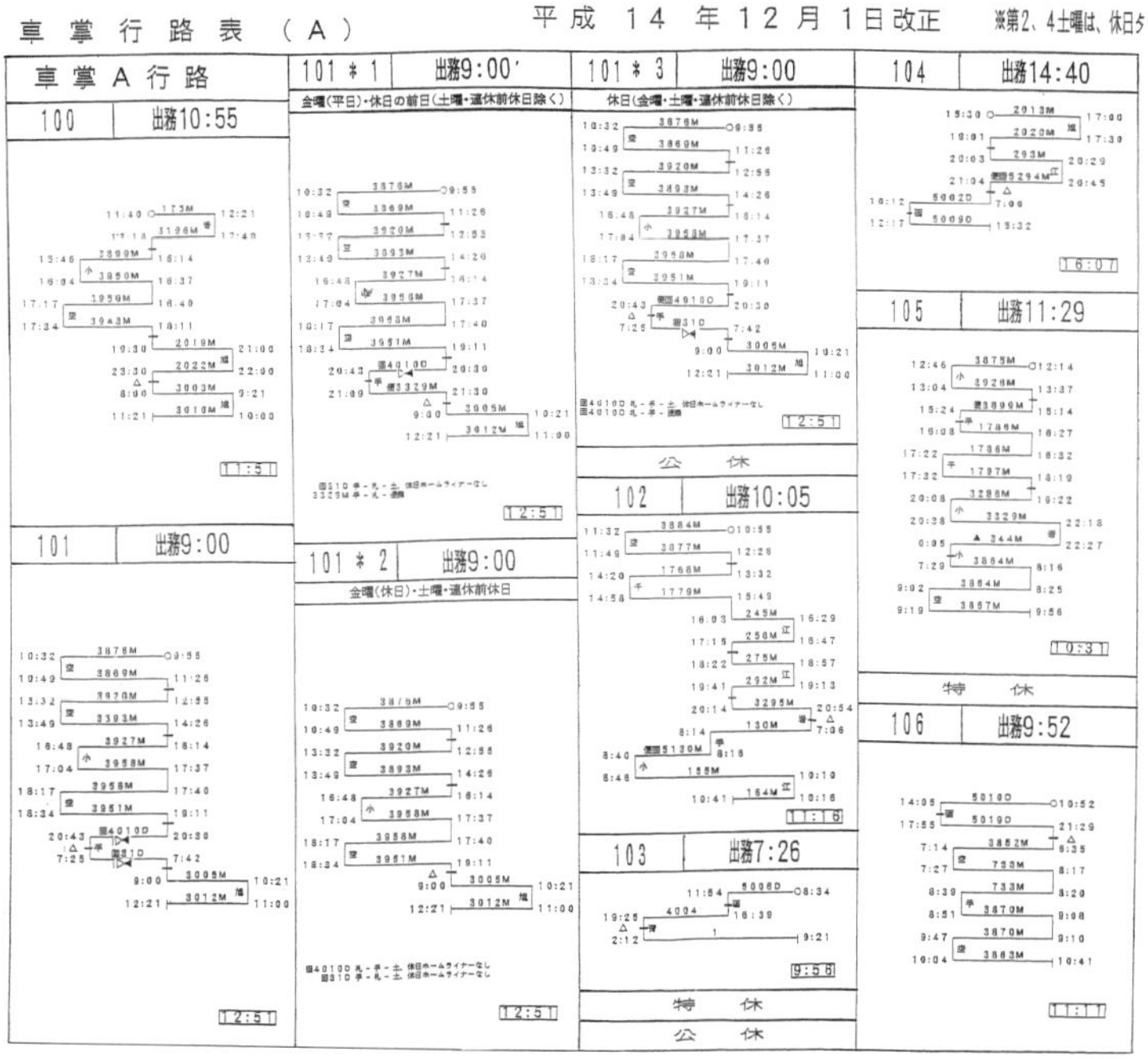

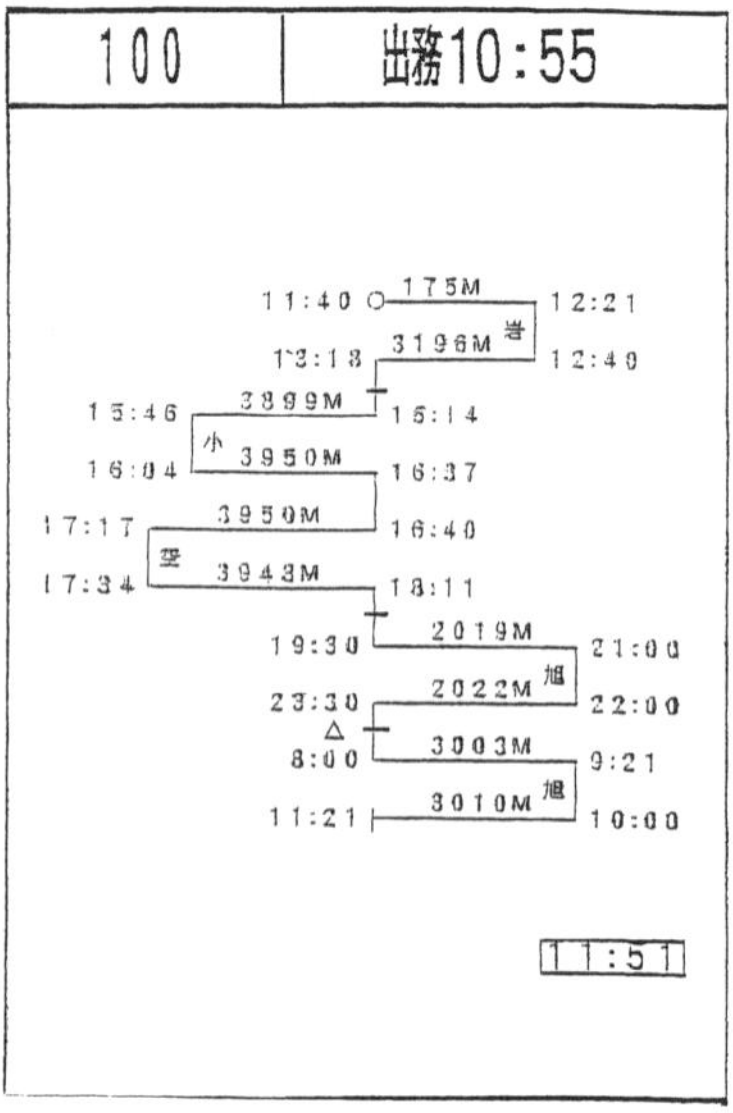

車掌Ａ行路100番

四十六分の到着。折り返し小樽十六時四分発千歳空港行き快速「エアポート１６４号」３９５０Ｍの乗務で、新千歳空港十七時十七分到着。折り返し千歳空港十七時三十四分発小樽行き快速「エアポート１７５号」３９４３Ｍに乗務し、札幌到着十八時十一分。ここで車掌交代となり、車掌所へ戻って夕食をとる。再び札幌駅に戻って札幌十九時三十分発旭川行きＬ特急「ライラック１９号」２０１９Ｍに乗務、旭川到着は二十一時。折り返し旭川二十二時発札幌行きＬ特急「ライラック２２号」２０２２Ｍに乗務し、札幌到着は二十三時三十分。これでこの日の乗務は終わり、車掌所へ戻り、宿泊室で睡眠をとることができる。翌朝の乗務は札幌八時発旭川行きＬ特急「スーパーホワイトアロー３号」３００３Ｍで旭川到着は九時二十分。折り返しは旭川十時発新千歳空港行きＬ特急「スーパーホワイトアロー１０号」３０１０Ｍに乗務し、札幌で交代。札幌到着は十一時二十分。「スーパーホワイトアロー１１０号」は、札幌・新千歳空港間は快速「エアポート１１２号」となる。

車掌A行路の100番はこれで乗務終了。あとは車掌所へ戻って車内乗車券発行機や収入金、携帯電話機を返納し、帰着点呼を受けるのである。

列車が高速化したので実乗務時間が短くなった。待合時間も、出務時間も準備時間も短縮された。それだけに多数の列車に乗務しなければ勤務時間に満たないことになる。私たちが乗務をしていた時に比べ、きつい乗務になったようだ。

列車の発着がひんぱんな札幌駅（東側・苗穂方面の上空から）

専門用語と電報略語

鉄道電報の規定から

鉄道には専門用語が多い。閉塞区間、脱線転轍器、スイッチバックなどは鉄道に精通しているマニアの方々は別として、一般の方には理解できないと思う。そこで本書は、できるだけ専門用語そのままの使用を避け、理解しやすい表記を心がけていくつもりである。マグロとかマルという国鉄部内の慣用句もあったが、今は消えたようだ。長い歴史の中で培われてきたものが多数あっただけに惜しい気もする。

一九一三（大正二）年に制定された「鉄道電報規定」の中に「電報通話表による用語」というのがある。印刷電信やＦＡＸがなかった時代はモールス音響機で、意思伝達は電報によるほかなかった。このため電文は短く、要点だけを送信するため電報略語を作り出した。携帯電話やＦＡＸ、Ｅメールなどが当たり前となったいま、ほとんど使われていない死語となったようだ。車掌行路表に使われていた駅名も、電略のカタカナから漢字書きに変わった。それはそれとして、車掌に関係がある部分を抽出し、慣用句と合わせて紹介してみたい。

鉄道電報略語（電略）

○職名		運転	テン	入換信号機	イシキ	桑園	ソウ
客扱専務車掌	カレチ	定時刻の通り運転	テ	閉そく信号機	ヘシキ	札幌	サツ
荷扱専務車掌	ニレチ	運転休止	ウヤ			苗穂	ナホ
車掌	レチ	連絡船	レラセ	○駅名		白石	シイ
車掌見習	レチミ	構内	コナ	函館	ハコ	厚別	アヘ
列車手	レテ	入換	イレ	五稜郭	コリ	森林公園	シコ
荷扱手	ニテ	連結	レケ	大沼	オマ	大麻	オア
改札掛	カイ	解放	カイ	森	モリ	野幌	ノツ
小荷物掛	コカ	組織編成	ソセ	八雲	クモ	江別	エツ
貨物掛	カカ	重連	ジウ	長万部	マン	豊幌	トホ
乗客掛	ジカ	列車行先札	サボ	二股	フタ	幌向	ムイ
駅務掛	エカ	尾灯	ビト	黒松内	マツ	上幌向	カミ
運転掛	ウカ	側灯	ソクト	上目名	カメ	岩見沢	イワ
操車掛	ソシ	増結	ゾケ	目名	メナ	美唄	ヒハ
信号掛	シカ	屋根灯	ヤネト	蘭越	コシ	滝川	タキ
駅手	エテ			昆布	コフ	深川	フカ
転轍手	テンテ	○車両		ニセコ	ニセ	旭川	アサ
連結手	レンテ	機関車	キ	比羅夫	ラフ	苫小牧	トマ
機関士	キカ	電気機関車	デキ	倶知安	クチ	登別	ノホ
機関助手	キタ	補助機関車	ホキ	小沢	サワ	東室蘭	ヒム
		単行機関車	タンキ	銀山	キン	室蘭	ムロ
○運転		けん引機関車	ケンキ	然別	シカ	帯広	オロ
列車	レ	客車	キヤ	仁木	ニキ	釧路	クシ
旅客列車	リレ	貨車	カヤ	余市	イチ	北見	キミ
貨物列車	カレ	有がい貨車	ヤネ	蘭島	シマ	網走	アハ
電車列車	デレ	無がい貨車	ヤム	塩谷	シホ	名寄	ナロ
定時着	テチ	雪かき車	ユキ	小樽	オタ	稚内	ワカ
定時発	テハ			南小樽	タル	新札幌	シン
定時通過	テツ	○信号		小樽築港	タコ	上野幌	ミノ
遅着	チチ	信号	シゴ	朝里	アリ	北広島	キヒ
遅発	チハ	信号機	シキ	銭函	セニ	島松	ママ
遅通過	チツ	出発信号機	ハシキ	星置	ホシ	恵庭	エニ
早着	ソチ	場内信号機	ナシキ	手稲	テネ	長都	オツ
早発	ソハ	遠方信号機	エシキ	琴似	コト	千歳	チセ

車掌はレチで、列車長のレッシャチョウから

車掌の電略は「レチ」。開業時から列車長（レッシャチョウ）のレとチを抜き取り「レチ」としていた、その踏襲である。専務車掌は「カレチ」、本来の職名は客扱専務車掌で客扱のキャク＝カクの「カ」を抜き出し、「レチ」と合体させたもの。車掌長についての電略はない。車掌長制度は一九六九（昭和四十四）年の導入である。車掌区は「レク」。車掌区長は「レクチ」、長は「チョウ」の「チ」である。

興味があると思われる電報略語を表にまとめたのでご覧いただきたい。

なお、先に挙げた「マグロ」は轢死体。「マル」とは失敗や事故を表沙汰にせず、隠すこと、円く治めるというところからきた慣用句らしい。

鉄道電報略語は乗務員にあてた公衆電報にも使われる。

『アスキンムヘコ七バ　ン二一二デ　ジヨウムシツムジ七ジ　二〇プンヨロタムレクチ』

「明日勤務変更、七番二一二D乗務、出務七時二〇分、よろしく頼む、車掌区長」

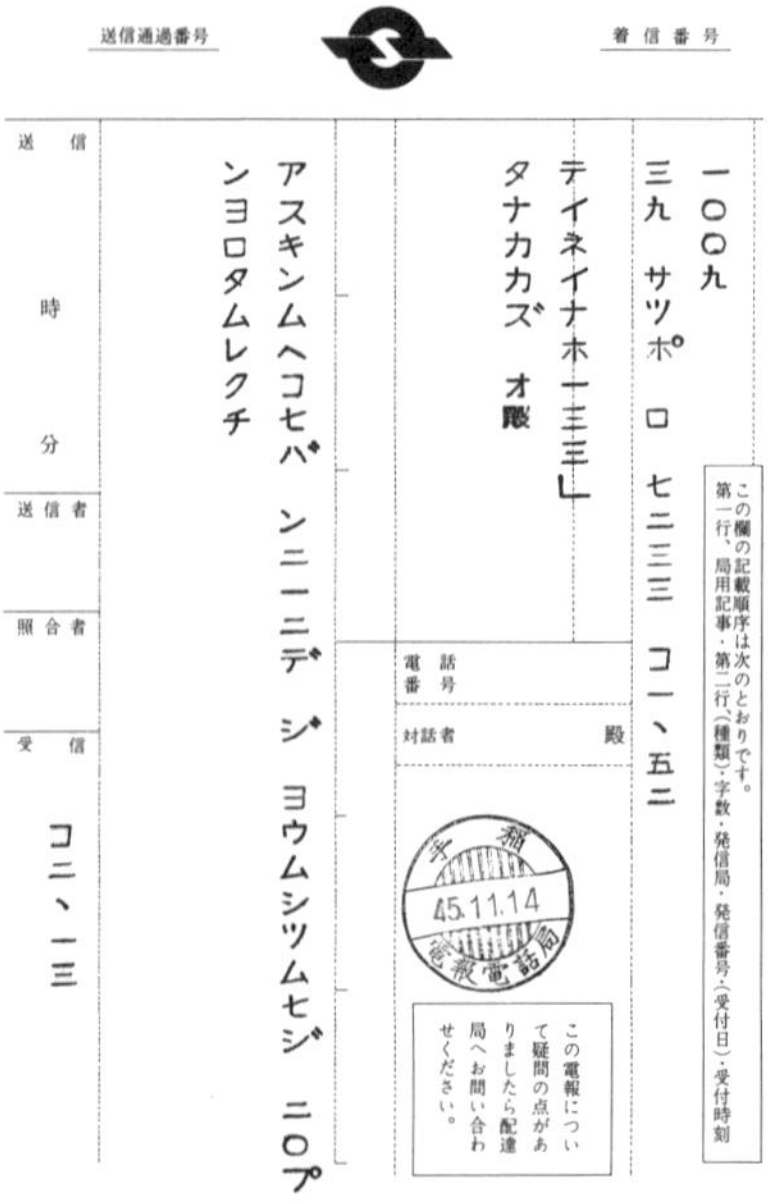
送信通過番号　着信番号

一〇〇九
三九　サツポロ　七二三三　コ一、五二
テイネイナホ一三三レ
タナカカズ　オ殿
アスキンムヘコ七バ　ン二一二デ　ジ　ヨウムシツムセジ　二〇プ
ンヨロタムレクチ

この欄の記載順序は次のとおりです。第一行、局用記事・第二行、（種類）・字数・発信局・発信番号・（受付日）・受付時刻

電話番号
対話者　殿

45.11.14

この電報について疑問の点がありましたら配達局へお問い合わせください。

送信　時　分
送信者
照合者
受信　コ二、一三

車掌宛の公衆電報の通信文にも鉄道電略

という緊急の電報である。電話がまだ各家庭に引かれていない一九七〇（昭和四十五）年のもので、専務車掌C行路7番の札幌八時二十分発車の室蘭・豊浦行き急行「ちとせ1号」への乗務変更の至急電報である。ヘコは変更、二一二デは列車番号でデはディーゼル、ヨロはよろしく、タムは頼む。電報を受け取った者はすぐ車掌区に了承の連絡をするのだが、鉄道電報略語はこのように外でも活用されていた。ちなみに、この電報の受信者は私である。

乗務前の準備

遅れてはならない出務時刻！

乗務行路はさまざまで、たとえば札幌八時発車の釧路行き特急「おおぞら1号」に乗務の場合、発車一時間前の七時が出務時間である。札幌市内に住んでいれば、五時ころに起きて自宅を出なければならないのだが、こういう早朝出勤の乗務員を待ち受ける徹夜勤務の当番助役はやきもきするのである。寝過ごして出務時間に遅刻したり、通勤途中で交通渋滞に巻き込まれて出務時刻に間に合わなかったり、また他列車の乗務と勘違いして出務してこない者もいたりで、心配のタネは尽きない。

そういうことのないように車掌区内に早朝出務者用としての宿泊室が用意されている。

乗務の前日から乗務員の身柄を確保しておけば当番助役も安心であり、乗務員ももちろん安心して熟睡できるというわけである。宿泊室はいまも変わらずに確保されている。

出務するとすぐに当番助役に行路番号と列車名を申告し、出務確認表に捺印、実出務時刻を記入する。このあと制服に着替え、携帯品を入れたジュラルミン製のケースをロッカーから出して乗務の準備に取り掛かる。普通車掌は胴乱と称する皮製の肩鞄にびっしりと携帯品を詰め込む。

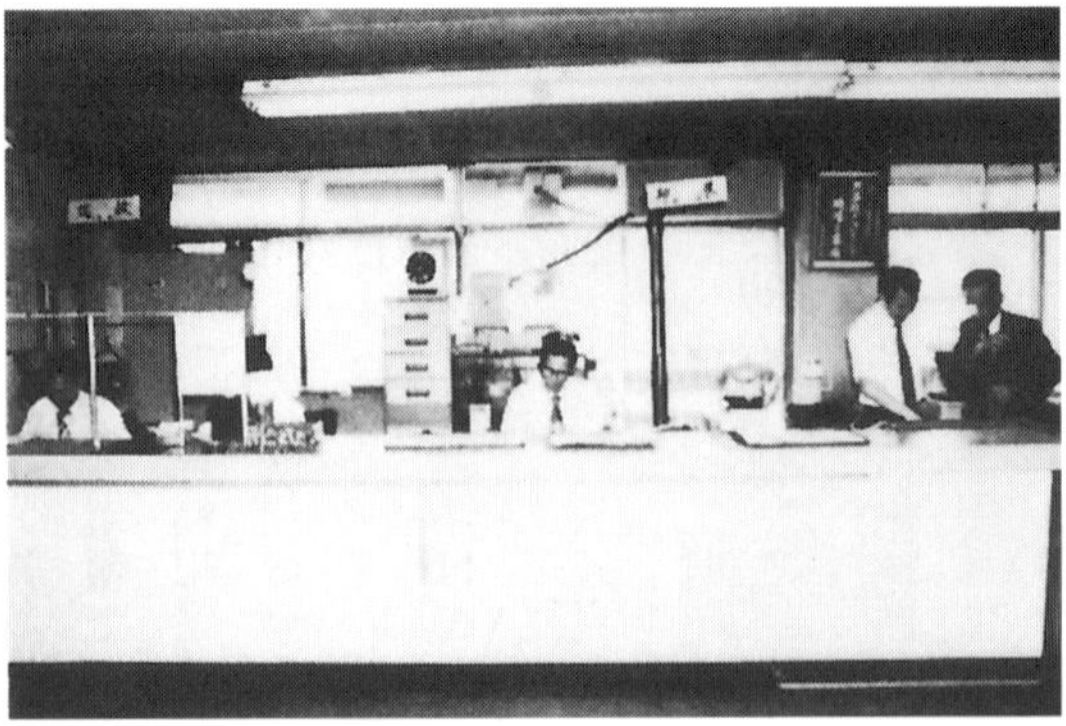

札幌車掌区当番室の点呼カウンター

車掌の携帯品

国鉄時代、乗務するときの携帯品は車掌区の運転作業内規で「整備し携行する」次の物が定められていた。

列車乗務員関係規程類集　抜粋だが旅客営業規則、同基準規程、周遊割引乗車券発売基準規定などの営業関係から、運転取扱基準規程、特殊運転取扱基準規程、運転事故報告規程などの運転関係の規程が一冊に綴じられている。五㌢ほどの厚さで重量がある規程類集だが、信号機や合図の種類、標識なども書かれている重要な物で、携帯品のトップに挙げられている。

列車運転時刻表　すべての定期、季節、臨時列車の駅・信号場・操車場の着発時刻、通過時刻を十五秒単位で表記したほか、列車種別、速度種別、着発番線などが書かれている業務用の時刻表である。

北海道時刻表　交通公社発行の北海道内の時刻表。同公社発行のものを「業務用」として道内各駅区に配布し使用していた。

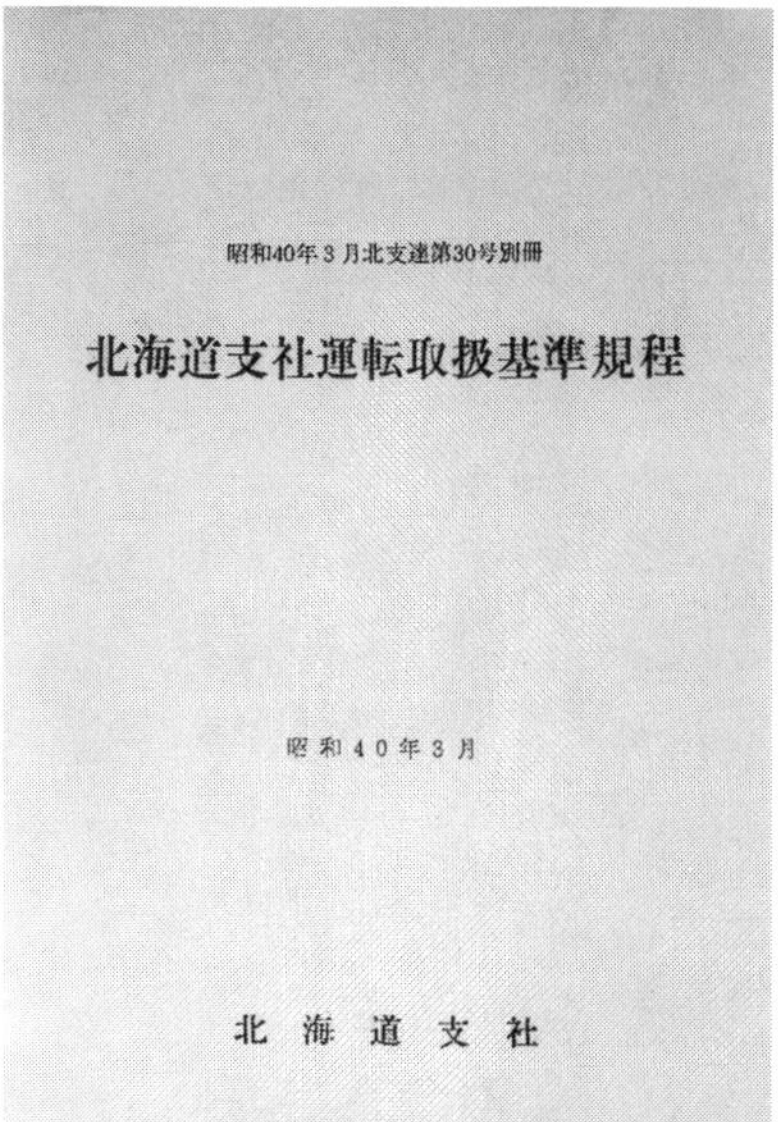
昭和40年3月北支達第30号別冊

北海道支社運転取扱基準規程

昭和40年3月

北海道支社

北海道支社運転取扱基準規程。道内の取扱関係分はこれに集約されていた

全国時刻表　交通公社発行の全国時刻表。同公社発行のものを道内各駅区に配布し使用していた。車掌区では車掌長、専務車掌に配布され、携帯していた。

函館・青森基点旅客運賃算出キロ表　北海道総局が出している国鉄線鉄道・航路の営業キロ程表で、函館駅から北海道内各駅までと青森駅から本州方面各駅までのキロ程が詳細に載せられている。末尾には駅名索引表もある。本州ローカル線のどんな小駅でも駅員無配置駅でも、即座に旅客運賃、通用日数が算出される貴重なキロ程表。B五判の大型だが、長距離・直行列車乗務員必携のものである。

表紙に「業務資料用」と印刷された北海道時刻表

函館・青森基点旅客運賃算出キロ程表

旅客運賃算出キロ程表　北海道総局が出している北海道内の各駅相互間の営業キロ早見表。B六判の携帯用で、末尾には経路変更早見表や連絡運輸会社線の旅客運賃一覧表もあり、車内巡回中の乗務員必携のもの。

鉄道・航路旅客運賃・料金表　国鉄本社旅客局刊行の冊子で、普通旅客運賃の基本賃率表、特別急行料金表、在来線の特定特急料金の適用区間、列車寝台料金表、主要駅間指定席特急料金表などが掲載されている。

運転作業内規　北海道総局運転取扱基準規程に基づいて定められた車掌区内の作業内規。

乗務線区内の運転取扱、車両入れ換え作業、合図、事故の処置、服務などが収められている。

一般取扱方　時刻改正ごとに乗務線区内の作業取り扱いを運転、営業関係別に指定、指示して全乗務員に周知を目的としたもの。

異常時の取扱方　踏切、列車火災、地震、轢死、急病人、冷房・暖房機故障など事故発生時の処置、機器の取り扱い、列車防護、事故発生の速報要領、事故報告などを具体的に記したトラの巻き。

列車運行図表　列車ダイヤともいわれ、時刻を横軸に、距離を縦軸にして列車の運行状況の時間的推移を図表に表したもの。乗務員は常に先行列車や後続列車の間隔、行き違い列車の関係に留

運転作業内規。服務や乗務線区内の入換作業、合図などを定めた内規

旅客関係すべての規程をコンパクトに収めたＢ６判の旅客関係単行規程集

意しなければならないが、その確認はこの列車ダイヤによるのである。

構内配線図　乗務線区内の駅構内の諸設備を書き入れた線路配線図で要注意箇所、要注意作業が書き込まれていた。札沼線、千歳線、小樽・蘭越間は普通車掌が入れ換え作業を担当したほか、専務車掌も胆振線、日高線、洞爺駅、小沢駅などでポイントの転換、車両の連結や切り離し作業を行った。構内を知らなければそうした作業は危険だった。

運転事故速報用紙　踏切事故の発生などを「列車指令」に速報するための用紙。簡略に、要点を速報し、関係の各所への連絡と事後の処理を依頼する。

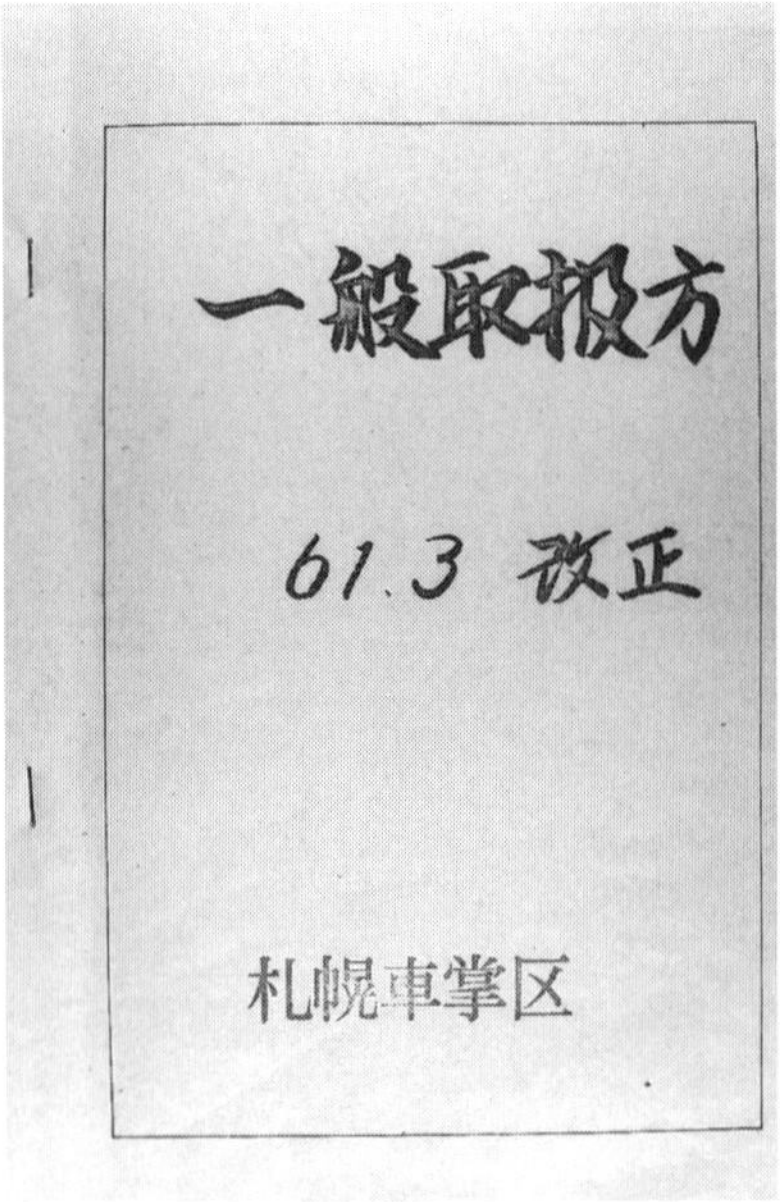

一般取扱方。時刻改正ごとに乗務線区内の取扱いを全乗務員に周知させる冊子

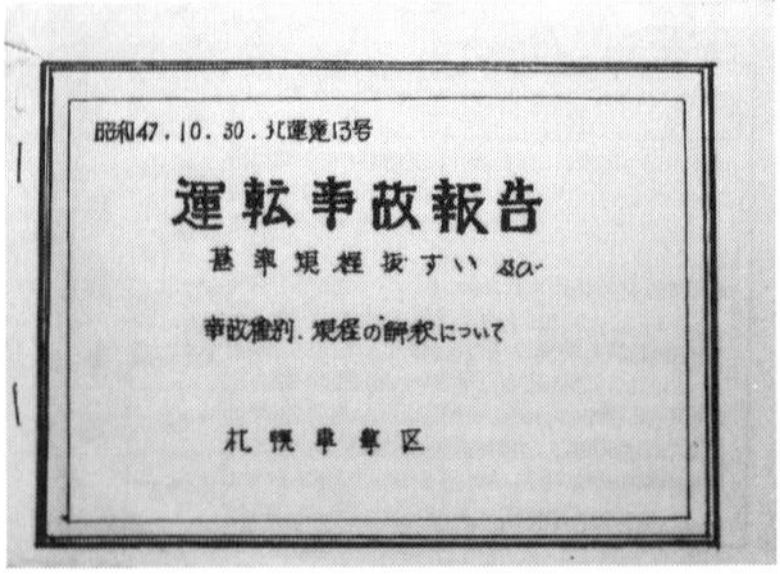

異常時の取扱い指導書で、札幌車掌区作成の運転事故報告の虎の巻

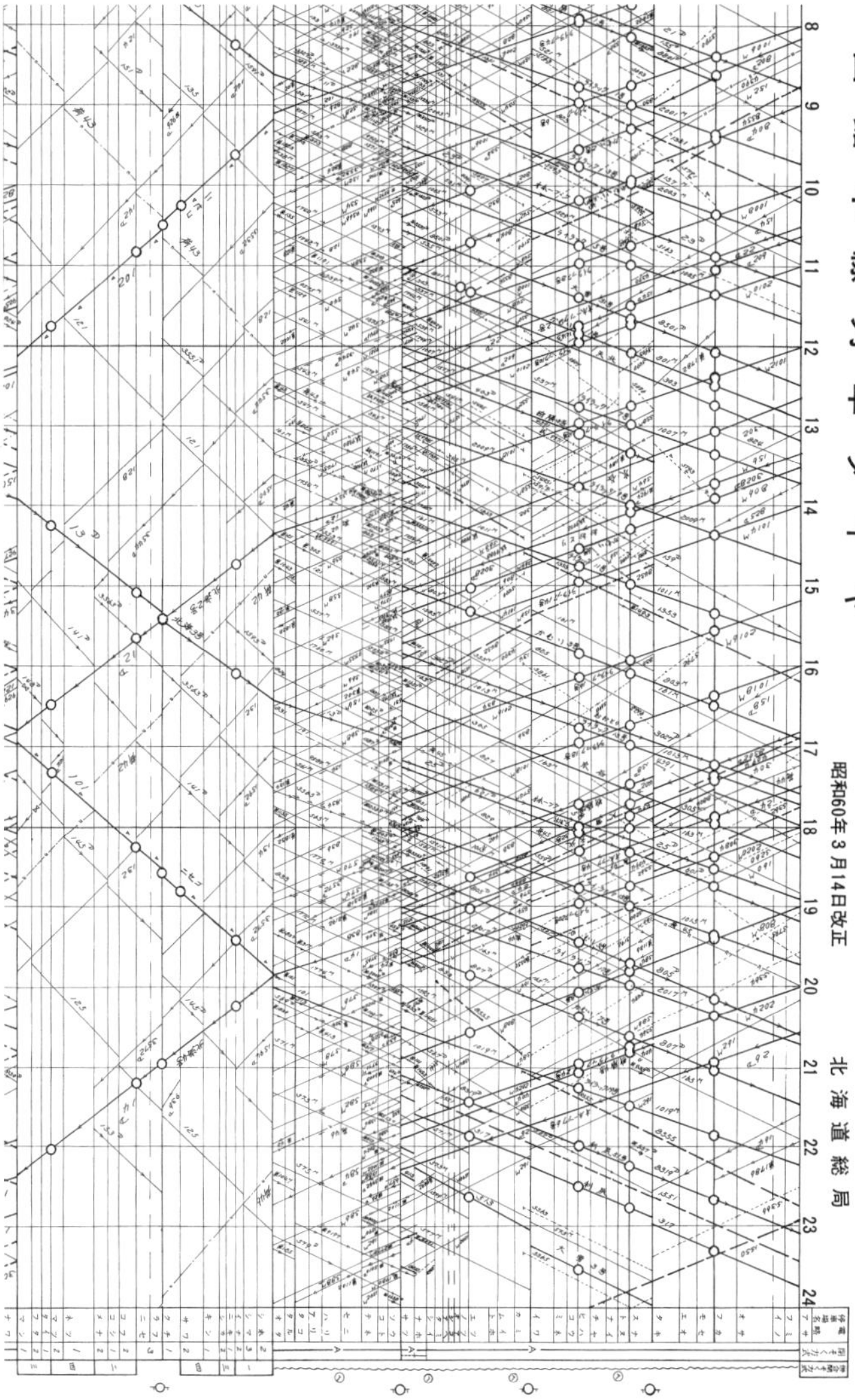

列車運行図表。列車ダイヤともいわれるもの（函館本線列車ダイヤ　昭和60年3月14日改正）

その他の関係報告書、用紙類　特急座席整理表、普通急行座席整理表、グリーン座席整理表、寝台車整理表、客扱乗務報告、車掌引継書、旅客車故障個所通告券、遺失物授受証、乗車人員調査票、業務連絡書、青函連絡船旅客名簿など。

乗務員用携帯無線機　乗務員相互間（運転士と車掌）の連絡、打ち合せ、または乗務員と駅間の緊急の連絡に使用する。ただし、列車の運転中は使用できない。

時計　乗務員は出発前の時計の整正が必要。一九七二（昭和四十七）年ころまでは懐中時計が貸与されたが、その後は腕時計に変わった。

手旗　赤、青の二色の旗。乗務員には欠かせない携帯品。

合図灯　赤、青の二色のカンテラ。夜間用だ

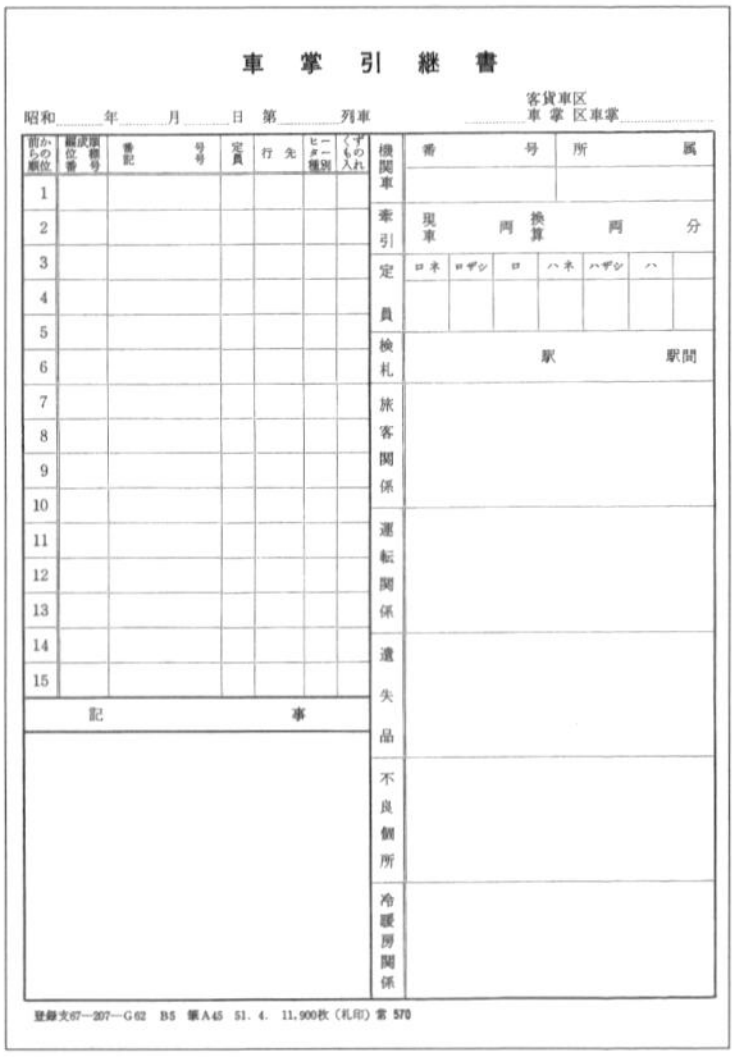
車掌引継書
昭和　年　月　日　第　列車　客貨車区 車掌区車掌
前からの順位 / 編成順位番号 / 番号 記号 / 定員 / 行先 / ヒーター種別 / くずもの入れ
1 2 3 4 5 6 7 8 9 10 11 12 13 14 15
記事
機関車　番号　所属
牽引　現車　両　換算　両　分
定員　ロネ　ロザシ　ロ　ハネ　ハザシ　ハ
検札　駅　駅間
旅客関係
運転関係
遺失品
不良個所
冷暖房関係
登録支67—207—G62　B5　藁A45　51. 4.　11,900枚（札印）営 570

車掌引継書。車掌交代時に使用する引継書

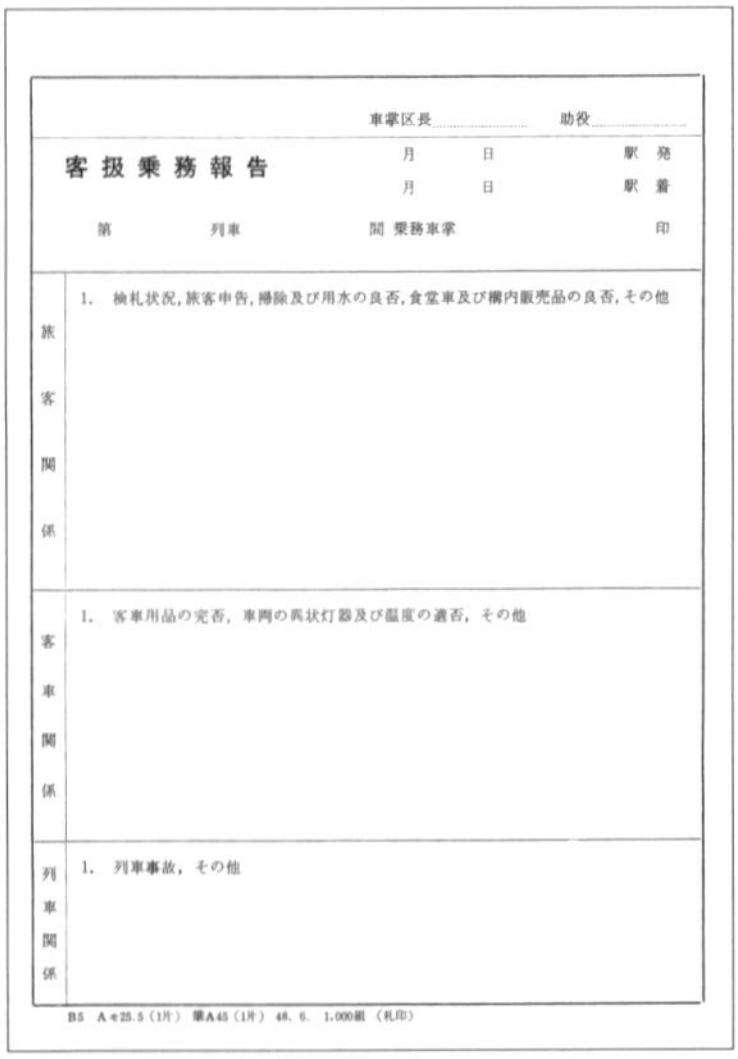
車掌区長　助役
客扱乗務報告
月　日　駅　発
月　日　駅　着
第　列車　間　乗務車掌　印
旅客関係　1.　検札状況，旅客申告，掃除及び用水の良否，食堂車及び構内販売品の良否，その他
客車関係　1.　客車用品の完否，車両の異状灯器及び温度の適否，その他
列車関係　1.　列車事故，その他
B5　A ⊕25.5（1片）　藁A45（1片）　48. 6.　1,000組（札印）

客扱乗務報告。乗務中に発生した客扱いに関わる事故、事件を詳細に報告

が長大なトンネルが増えたので、昼間の乗務であっても必ず携帯しなければならない。

ホイッスル　出発合図用であるが、注意を与えたり、緊急を知らせるときも使う。

このほかにも携帯が義務付けられていない小物が入っていた。簡単な携帯用の工具類である。走行中、いつ、どこで何が起こるかわからない。そのたびに車両関係者を呼ぶわけにはいかない。多少のことは車掌がドライバーを使い、ペンチを使って応急処置をする。備えあれば憂いなしで、作業

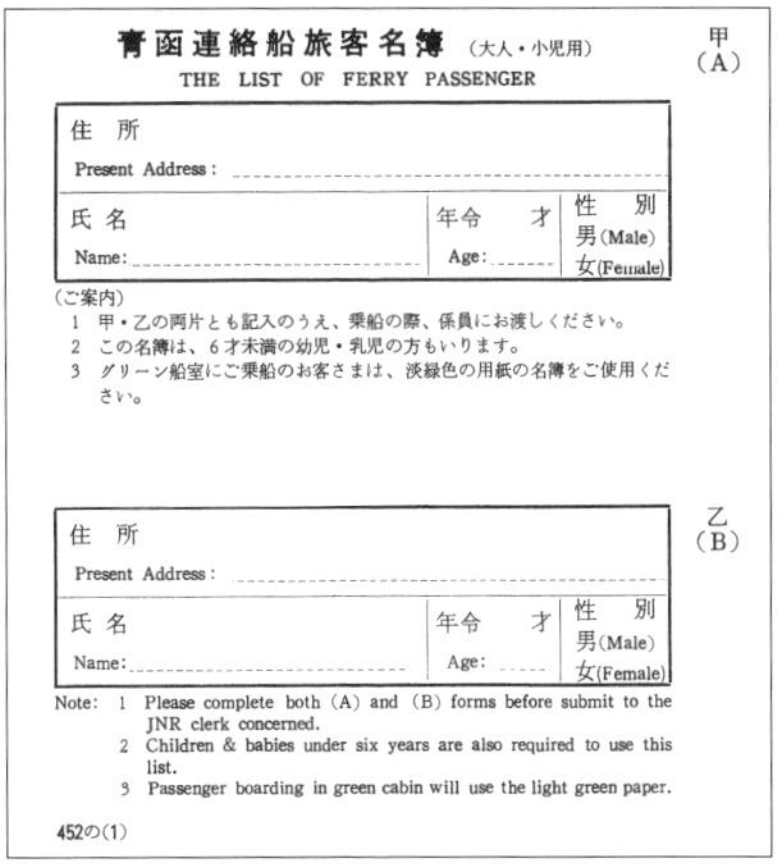

青函連絡船旅客名簿（大人・小児用）　甲（A）
THE LIST OF FERRY PASSENGER

住所
Present Address :

氏名　Name:
年令　才　Age:
性別　男(Male)　女(Female)

（ご案内）
1　甲・乙の両片とも記入のうえ、乗船の際、係員にお渡しください。
2　この名簿は、6才未満の幼児・乳児の方もいります。
3　グリーン船室にご乗船のお客さまは、淡緑色の用紙の名簿をご使用ください。

乙（B）

住所
Present Address :

氏名　Name:
年令　才　Age:
性別　男(Male)　女(Female)

Note:
1　Please complete both (A) and (B) forms before submit to the JNR clerk concerned.
2　Children & babies under six years are also required to use this list.
3　Passenger boarding in green cabin will use the light green paper.

452の(1)

青函連絡船旅客名簿

懐中時計

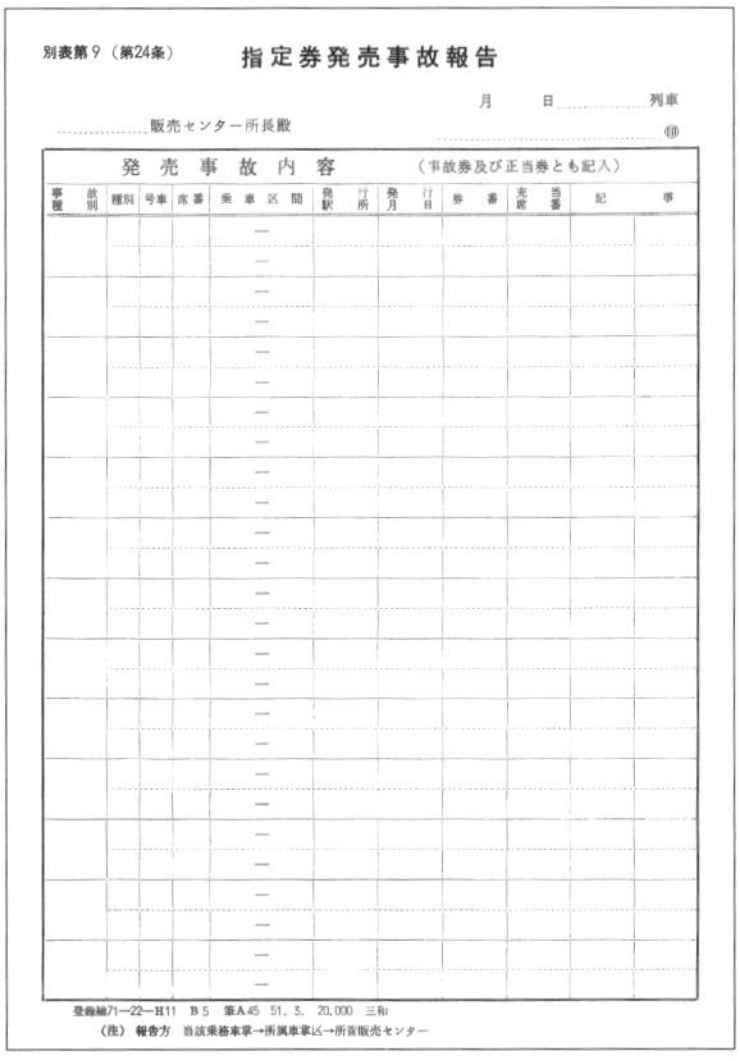

別表第9（第24条）　**指定券発売事故報告**

月　日　列車

販売センター所長殿　㊞

発売事故内容（事故券及び正当券とも記入）													
事故種別	種別	号車	席番	乗車区間	発駅	行所	発月	行日	券番	売席	当番	記	事
				—									

登録組71—22—H11　B5　筆A45　51．3．20,000　三和
（注）報告方　当該乗務車掌→所属車掌区→所管販売センター

指定券発売事故報告。特急券、指定券、寝台券などの発売事故を販売センターに報告

用の軍手も一足は必ず鞄に入れていた。

今はどうかというと、乗務員用携帯無線機が運転室に設備されたほか、乗務行路別に指定された携帯電話と車内乗車券発行機を携帯するので、携帯品は大幅に減ったようだ。車内乗車券発行機はキロ数も通用日数も運賃計算もクリックするだけで済むので、旅客運賃算出キロ程表も運賃・料金表も特に携帯する必要はないらしい。全国時刻表はグリーン車、あるいは車掌室に備え付けてあるので、車掌携帯は北海道時刻表だけで済む。運転関係については携帯電話で関係の各所と連絡がつく。だから携帯品は、乗務線区内の作業取り扱いを指定・指示した「一

携帯品を収納する胴乱。国鉄時代のものよりハイカラになったようだ

携帯品収納のケース

手旗。青、赤の２色で車掌の必需品

合図灯。夜間用だが、これも車掌の必需品。蓄電池式の国鉄時代のものとは一変

般取扱方」、事故発生時の処置を具体的に記した「異常時の取り扱い方」、その他の関係報告書や用紙類、手旗、合図灯などが主なところである。

乗務記録の作成

乗務記録とは？

携帯品の準備が終わったあとは乗務記録を作るのだが、これは国鉄時代とほとんど変わらない。Ａ面には年月日、行路番号、常務列車、氏名を書き、営業、運転欄には鉄道公報や鉄道管理局報、関係達示類を閲覧し、これから乗務する列車に関わる必要事項を乗務記録に転記する。掲示類や周知簿には団体乗車の人員や団体名、車両の増結、時刻変更、着発線の変更などが書かれており、これもまた乗務記録に転記する。

　掲示板にはさまざまな掲示が張られているが、これにも目を凝らす。家出人の捜索依頼の顔写真や、鉄道公安室からのスリ常習者の手配写真もある。列車乗務員に宛てたお客の礼状もある。それらを丁寧に読み、頭の中に入れておくのも車掌の仕事である。

　B面には列車の編成区間ごとの定員と乗車人員、車内発売の車内補充券の発行枚数と収入金、車内改札区間などを記入する欄もある。

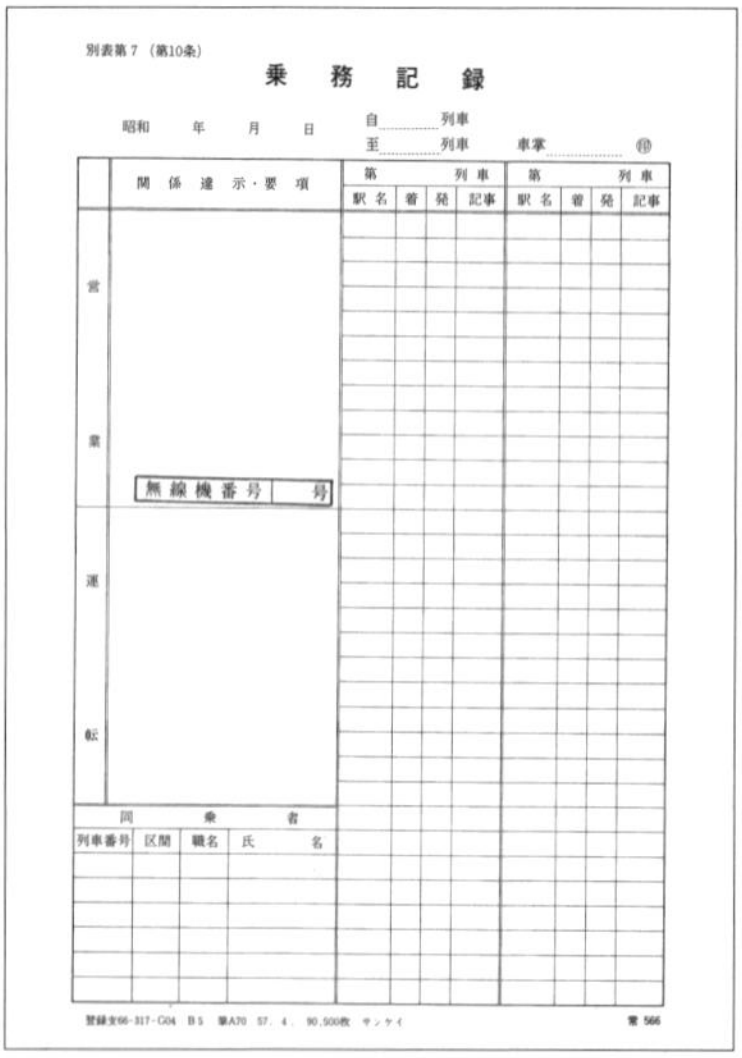

別表第7（第10条）

乗　務　記　録

昭和　年　月　日　自　列車　至　列車　車掌　㊞

関係達示・要項 ／ 第　列車（駅名・着・発・記事）／ 第　列車（駅名・着・発・記事）

営業 ／ 運転 ／ 無線機番号　号

同乗者（列車番号・区間・職名・氏名）

乗務終了後に当番助役に提出する乗務記録。乗務中の一切の出来事を詳細に書き、表面は乗務列車の運行状況の報告が中心

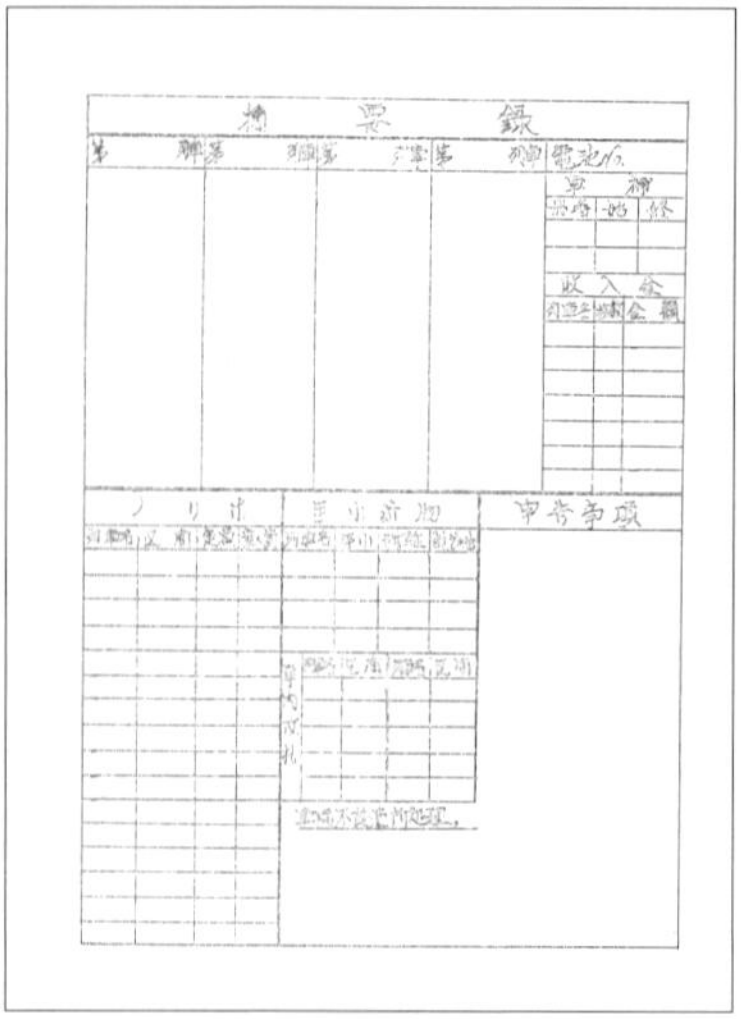

摘要録

乗務記録の裏面。摘要録で各区間ごとの乗車人員や車内改札区間、収入などを記入

乗務記録には忘れ物の取り扱い、急病人など乗務中の一切の出来事を詳細に書き、乗務終了後に当番助役に口頭で報告した後、提出する。

教導掛から車内補充券、車内特急券、車内急行券を受け取る

乗客は駅や旅行センターで切符（乗車券）を購入して列車に乗ってくるのだが、無人駅（駅員無配置駅）から乗ってきたり、時間がなくて切符を購入できずにきたお客もいた。乗ってから行き先を変えるお客もいた。自由席車から指定席車やグリーン車へ、あるいは寝台車へ変更するお客もいた。特急券や急行券を持たないお客もいた。

国鉄時代、そうしたお客に車掌が車内で発行するのが「車内補充券」であり、「車内特急券」「車内急行券」「車内座席指定券」である。乗務記録を書き終え出発点呼を受ける前に車掌は、当番室で帳表類を管理する教導掛から車内補充券を受領し、腰に下げた車補（車内補充券）鞄に収納する。札幌から南端の鹿児島までの乗車券を作れる車内補充券の保管にはいつも万全の注意を払い、乗務中は絶対に体から離さなかった。万一、紛失しようものなら厳しい処分が待っていた。将来の昇進の道がせばまったことを悟り、転勤願いを出して車掌区を去った同僚もいた。今は教導掛は配置されず、「車内乗車券発行機」の受領がすべてだが、その管理が厳重であるのは今も変わらない。

出発点呼

乗務の準備が整うと、いよいよ乗務前の出発点呼。列車出発の三十分前を標準にして、当番助役の前に寝台急行などの同一列車に乗務する車掌長、専務車掌、車掌、乗客掛はじめ、同じ時間帯に出発する列車の乗務員が集合し、整列して点呼を受けるのである。

制帽はかぶらないが服装を整え、直立不動の姿勢で、最右翼に立つ者の発声で交礼から始まる。この瞬間から列車乗務員である。それぞれが職別の行路番号、乗務列車、変更事項の申告を行う。当番助役からは乗務列車の編成、増結、減車、着発線の変更などの注意事項が伝達される。当番助役も列車運転状況を確認した上で乗務員と同じように掲示や周知簿に目を通し、点呼のときに改めて伝達するのである。

当番助役の注意事項の伝達が終わったあとは、時計の整正である。当番助役の前に懐中時計が置かれ、十秒前、五秒前、ジャスト！の声に合わせ、一斉に時計のリューズを押す。時計の整正は鉄道開業時から行われてきたもので、運転関係者にはセーコー社製の懐中時計が貸与されていた。貸与された制服のズボンの右のバンド下には懐中時計を入れる、小さな

出発点呼

ポケットが付いていた。

時計の整正が済むと、再び、最右翼者の発声で交礼があり、点呼は終わる。今は制帽をかぶって挙手の敬礼で始まり、挙手の敬礼で終わる。

ホームでの発車準備

列車の組成点検

乗務員が駅ホームに着くのは、函館、釧路、帯広、網走などの始発駅では列車が発車する二十分前。乗務員が交代する乗り継ぎ列車は到着五分前と定められている。始発列車の場合は、お客が乗る前に客室内の点検をしなければならない。列車がホームに入ってくる前に車両基地である運転所で整備は完了しているのだが、やはり実際に乗務する乗務員の再点検が必要だ。携帯品を車掌室に置きながら、車掌室備え付けの消火器と列車防護用具の有無を目で確認する。そのあとすぐに車両の状態確認をする。

客車、気動車、電車によって違うが、まず放送設備の確認である。電源を入れて拡声器のテストを行い、全車の正常を確かめ、次に音量を調整する。放送は車掌の重要な仕事のひとつである。次は洗面所とトイレ。ボタンを押して湯・水の状態と石鹸の有無の確認。飲料水の確認と紙コップの確認。トイレではペーパーを確認し、ペタルを踏んで水量の確認。客室内では温度計で室温を確認し、場合によっては暖房、冷房を操作する。室内清掃や室内灯の状態確認をして客室内の点検が終わると、車両の外側へ移る。行先標、編成順序標、後部標識などを指差し確認しながら全車を見て回る。

こうした列車の組成点検が終わるころには、発車時間が近づく。不良個所が発見された場合には駅に連絡して関係者に来てもらい、手直しを行う。このため、場合によっては発車が遅れることもあるが、洗面所の水が出ない、客室内の蛍光管不点灯など、不十分なままでの発車は、逆にお客に迷惑をかけることになるので整備に万全を期す。

運転士との乗務員用携帯無線機の通話テストは、発車五分前くらいに行う。「こちらは、○○列車車掌。○○列車の運転士さん、応答願います」「ただいまから無線機の通話テストを行います。感度、明瞭度いかがですか?」「こちらも感度、明瞭度ともに良好です」という手順。ディーゼル機関車、電気機関車けん引の時の発車合図など運転士と車掌の連絡、打ち合わせ、また駅への緊急連絡に使用する無線機である。

発車数分前、ホームに降りているお客を見まわしながら車内放送が始まる。車掌の組成点検は時代が変わっても同じ要領で行われている。

列車監視

車掌は列車が停止しているとき、または出発するときは列車を監視しなければならない義務（？）がある。列車が停止しているときは、列車の停止位置、列車の整備状態、お客の乗り降り、荷物の積み卸しなどを、列車が出発するときは出発信号機の状態に注意するとともに、列車が駅構内を出終わるまで列車の状態と後方を監視する。また、列車の運転中も時々その状態に注意しなければならない、ということが「運転取扱基準規程列車乗務員編」のなかの「車掌の列車の監視」という条文で定められていた。

その運転取扱基準規定の基となっているのが「安全の確保に関する規定」である。一九六四（昭和三十九）年四月に管理規定として定められたもので、その冒頭に安全確保の原則五項を掲げている。車掌を含めた運転従事員の基本的な業務遂行上の心構えや執務態度を定め、運転従事員として絶対に遵守しなければならない拘束力がある規定である。

一、安全は輸送業務の最大の使命である。
二、安全の確保は、規定の遵守及び執務の厳正から始まり。不断の修練によって築き上げられる。
三、確認の励行と連絡の徹底は、安全の確保にもっとも大切である。
四、安全の確保のためには、職責をこえて一致協力しなければならない。
五、疑わしいときは、手落ちなく考えて、もっとも安全と認められるみちを採らなければならない。

この安全綱領の制定は一九六四（昭和三十九）年だが、これは昔もいまも変わらず、鉄道に職を奉ずるものが絶対に守らなければならない金科玉条であって鉄道のどの職場にも掲示されているはずである。

札幌車掌所を訪れ、所長室に通されたとき真っ先に目に入ったのは所長室の壁に掲げられていた「安全綱領」だった。ＪＲという会社に変わっても安全綱領は一言一句も変わらずに引き継がれ、厳然と生きていたのである。心が熱くなるのを感じながら見入っていた私に木戸口裕司所長が言う。「この綱領は以前とまったく同じです」。私はうなずくだけだった。決して目立つものではないが、先人が築いたものがこうして引き継がれ、営々と生き続けていることにある種の感動を覚えたのである。すでにカビが生えたようなものだが、

車掌所所長室に掲げられている「安全綱領」

かつて国鉄魂というものがあったと聞く。

鉄道官舎でのささやかな結婚披露宴の最中、かすかに機関車の汽笛が聞こえた。保線関係者を呼び寄せる救援の長い汽笛。事故？　と誰かがささやいたとたん、新婦一人をその場に残して全員が現場に駆けつけたという話を聞いたことがある。相当古い話である。これは五年前のことだが、加入している鉄道文学会の全国大会が東京で開かれ参加したとき、懇親会が始まってまもなく参加者が静かに会場から姿を消し始めた。理由は直ぐわかった。新潟地震が発生し、上越新幹線の「とき325号」が脱線したのである。上司の指示を待つために、それぞれが一斉に地元に戻ったのである。全国各地からの参加者が大半となった懇親会は閑散としたものになったが、不満を漏らす者はいなかった。これが国鉄魂の延長とか伝統などと言う気はまったくないが、「安全は輸送業務の最大の使命である」ことを当り前のことにして生活する姿が会場からうかがわれた。

「安全綱領」を冒頭に掲げる「安全の確保に関する規定」の始まりは次のようなものである。

（規程の携帯）

第一条　列車及び自動車の運転並びに船舶の運航に関係のある従業員のうち、特に定められた従事員は、勤務中常にこの規程と運転取扱基準規程を携帯しなければならない。

（規程の遵守、励行）

第二条　従事員は、この規程及び関係規程達示に従い、全力を尽くしてこれを励行しなければならない。

（従事員の修練）

第三条　従事員は、この規程及び関係規程達示をよく理解するとともに、作業に熟練するように務めなければならない。特に安全の確保についての修練を怠ってはならない。

（規定の解釈）

第四条　従事員は、この規程及び関係規程達示にわかりにくいところまたは疑わしいところがあるときは、直接指揮者に解釈を求め、その解釈によらなければならない。もし、その暇のないときは、最も安全と認められる方法によって作業をしなければならない。

規程の携帯と遵守、励行、解釈。そして従事員の修練。規程はまだまだつづくが、次の第六条は重要である。

（旅客、公衆及び貨物の安全）

第六条　従事員は、常に旅客、公衆及び貨物の安全のため、万全の注意を払わなければならない。

運転取扱基準規程列車乗務員編の第三十七条は以上の条文に準拠し、(車掌の列車の監視)の方法を具体的に書いている。停車監視、出発監視、到着監視、通過監視などだが、その内容はこの項の始まりに書いたとおりである。

この列車監視を行う場合は列車全体に非常ブレーキを作用させる「車掌弁」が設けられてある車掌室、乗務員室の窓から行うのだが、まだ客車のデッキドアが自動開閉でないころ、出発して加速し始める列車から飛び降りようとするお客を発見した車掌の機転で、お客の死傷を防いだ事例は数多くある。

いまは客室の窓はもちろん、すべてのデッキドアの開閉は車掌スイッチによる操作で、飛び乗り、飛び降りはできないが、いつ、何が起こるかわからない。車掌の列車監視は、運転取扱基準規程の条文に具体的に書き込まれるほど重要なのである。

列車監視

一八八一（明治十四）年六月、幌内鉄道手宮・札幌間の貨物運送規則や貨物賃銭表、小荷物運送仮規則が制定された。安くて便利な汽車という評判が立ち、貨物輸送は順調な滑り出しだった。八月には明治天皇の北海道行幸が決定していたが、北海道開拓の進展を天皇ご自身の目で確認されるのが行幸目的の一つでもあった。

切符（切手）の買い方

乗客運賃は明治天皇行幸の八月に定められ、各停車場には運賃の告示とともに様々な掲示が張り出された。

「乗車セントスル者ハ遅クトモ発車時間ノ十分前にステーションニ来リ切手買イ入レノ手続ナスベシ。切手買イ入レニ手間取ラヌタメニ賃銭ハナルタケ過不足ナキヨウ、アラカジメ用意スベシ」

「切手検査ノ節ハ各自切手ヲ出シ、ソノ改メヲ受ケ、マタ切手収集ノ節ハソノ係員へコレヲ渡スベシ」

「伝染病ナド悪疾アルモノ並ビニ酔狂人ハ乗車ヲ許サズ」

車内で列車長に乗車券の提示を求められたときは直ぐに応じ、下車のときは係員に渡すようにという車内改札や停車場の改札についても触れている。今なら当たり前のことだが、汽車を見るのも、乗るのも初めての者が多いので、停車場係員はこうした張り紙で周知を図りながら細かなルール作りに励んだのである。

第二章　接客業務

列車がホームを離れ、加速がつくと車内放送が始まる。車掌がお客に接する初めである。最近の車掌の放送は実にうまい。カラオケでのどを鍛え、マイクの持ち方にも熟達しているのだろう。かつての車内放送は次駅の案内や乗り換え列車の案内が主だったが、今は鉄道という企業のＰＲと新商品販売の先兵として活躍している。この章では車内放送や、いまや時代遅れの感がある車内改札や車内で発行した乗車券、あるいは業務連絡書などについて触れてみる。

車内放送あれこれ

車内放送はいつから？
―明治・大正期は、なし―

函館・札幌間の直通列車が運転を始めたのは鉄道国有化後の一九〇六（明治三十九）年九月。その直通列車が旭川まで延長されたのは一九〇九（明治四十二）年四月。旭川止まりの直通列車が釧路までの延長運転となり、函館・旭川間が急行列車区間となったのは一九一一（明治四十四）年七月。一等寝台車も連結され、北海道にも夜行列車が走り始めた。このあと函館・旭川間、函館・札幌間の直通列車は急行列車に格上げされ、二等車や二等寝台車、食堂車も連結された。蒸気暖房の使用も始まった。

ところが、そうした豪華な車両が走る時代になったのに、車内放送の設備に触れた資料はまったく出てこない。列車本数も少なく、のんびりした時代だったから、「次は〇〇に止まります」のような車掌の案内は不要だったのかもしれない。

一九三三（昭和八）年五月、札幌で帝国鉄道協力会定時総会が開かれた。総会終了後、食堂車を中心に前後を二等車五両、合計十一両で編成した臨時列車が運転された。苗穂からスタートして釧路、弟子屈、旭川、登別、洞爺を経て函館、という三泊四日の豪華な大尽旅行である。帝国鉄道協力会というのは朝野の名士であり、鉄道にとって大事なお客さんなので、鉄道当局も大変気を使ったようである。そのとき各車に拡声器をそろえた。携帯用増幅装置と箱入りの拡声器、携帯用直流発電機を東京に注文し、苗穂工場で取り付けた。トランジスターがない時代なので増幅器は形が大きく、重い。真空管もばかでかく、消費電力も大きかった。各車両に拡声器を取り付けて増幅器を置き、客車の屋根に電線を引いてこれに接続、電源は客車のバッテリーから引いた。

列車が走り出すと沿線の観光案内がはじまり、役員の挨拶のあとからはマイクの前に立つ人が多くなり、民謡まで飛び出すなど、今と変わらないカラオケ情景が列車内に醸し出された。バッテリーの電圧が下がると、すぐ充電し、次の日にまた充電という状態がつづいた。

「北海道鉄道通信百年の歩み」によると、客車に拡声器を取り付けて車内放送を行ったのはこれが初めてで、日本最初だという。そうだとすると一九三三（昭和八）年以前、放送設備を取り付けていた客車はなく、車内放送は行われていなかったようである。

―昭和十年代―

一九四〇（昭和十五）年十月に時刻改正が行われた。日米関係が緊迫した中での全国時刻改正で、北海道では函館・稚内間、函館・根室間、函館・網走間の急行全列車が出揃った時だった。函館をトップで発車するのは五時五十五分発の網走行き。東北本線と北陸・

奥羽線の主要列車二本のお客を深夜の青函連絡船で運び、そのお客をさらに札幌や旭川に輸送する道内一の主要急行だった。その網走行きに北海タイムス社（現北海道新聞社）は長万部駅を通じて、朝刊掲載の主要なニュースを原稿にして車掌に渡していた。長万部駅到着は八時十七分で、八分間の停車。受け取った車掌は、それを車内放送で全車に流していたというから、放送設備は道内の主要な、特に急行列車については一九四〇（昭和十五）年十月の時刻改正時点で完備していたようである。

―一九四一（昭和十六）年十二月八日午前八時の車内放送―

その長万部駅から受け取った北海タイムスの一九四一（昭和十六）年十二月八日のニュース原稿を、車掌室のマイクで読み上げたのが山田広さん。太平洋戦争が始まった日である。声もよく、歯切れもよく、なによりも十七歳という若さが買われたのか、専務車掌に車内放送役を指名された列車給仕の山田さんは、マイクの前に立った。

「北海タイムス提供のニュースを申し上げます。『大本営陸海軍部発表。本日未明、帝国陸海軍は今八日未明西太平洋において米英軍と戦闘状態に入れり』―」

車内放送が終わった途端、車内は「ウァー！」というどよめきが起こったあと「万歳！」「万歳！」の連呼で埋まった。A（米）・B（英）・C（中国）・D（オランダ）包囲網の暗い情勢の中で活路を見い出そうとする戦争開始に、ついに始まったという万感の思いがこもった叫びだった。車内の熱気は、列車が札幌に着くまで変わらなかったという。さまざまな車内放送をしたが、あの日の放送が一番印象に残っているという山田さんは一九八〇（昭和五十五）年、車掌長で退職、今も健在である。

—戦後の復興期—

一九四八（昭和二十三）年七月、戦後初めての旅客輸送のための大規模な時刻改正が行われた。急行列車の増発や稚内、網走、根室の各駅と札幌や小樽を結ぶ夜行直通列車も復活した。しかし、戦時中の酷使で鉄道運輸施設は全体的に荒廃していて車両も古く、車内設備も不十分で、しかも木製のものがほとんどだった。それでも放送用アンプは急行列車と一部の長距離列車に取り付けられた。

放送用アンプといってもトランジスターが開発される以前だから、真空管のアンプだった。スイッチを入れても真空管がすぐに暖まらず、出力のメーターの上がりを待つほかなかった。大きな握り飯ほどのマイクに口を近づけて「フー、フー」と息を吹きかけてみたり、指先でマイクをコン、コンと叩いたりしてメーターの上がりを待つ。やがて、「放送」のスイッチを入れてチャイムを叩く。車掌区から持ち込んだ携帯用の鉄琴ドミソド四音のチャイムである。放送アンプが貴重な存在だったので、ベテランの専務車掌はそれぞれ工夫をこらし、個性ある独特の名放送で乗客を喜ばせた。

―普通列車での口頭案内―

そうした急行列車は別として、混合列車や普通列車は依然として拡声装置はなく、車掌の口頭での車内アナウンスが主流だった。車掌が全車を回り、客室の中央に立って叫ぶのである。「みなさま、まもなく○○でございます。降り口は○側、○分停車でございます。○○行きは○番ホームから○時○分の発車でございます。お降りの方はお忘れ物ないようにご注意ください」というようなことを、中央から客室の前後に顔を向けながら叫ぶのである。

駅と駅との区間が長ければよいが、短い区間では全車を回りきれない。そこで区間が長いときに、「次は□□、つづいて○○でございます」。それでも間に合わないと判断したときは「次は△△、つづいて□□、□□につづいて○○でございます」となる。時には酔客とおぼしき客から「おい、車掌、聞こえねえぞ！」という声もかかる。さまざまなお客の前で、バスガイドのように身振り手振りで声を張り上げ、マイクなしで話すのは気苦労するものである。しかし、それも蒸気機関車の廃車によって無煙化が進み、客車列車に代

普通列車で口頭案内する車掌（昭和30年代）

わって気動車が入ってきてからは、その気苦労もなくなった。

気動車にアンプ

―携帯用のアンプが必要だった、キハ二一形式―

一九五七（昭和三十二）年、寒地向きに製造した気動車（キハ二一形式）六十四両が導入され、道内に配置された。無煙化と客貨分離を進めた気動車だったが、両端にスピーカーは取り付けられていたものの、アンプ（増幅器）は取り付けられていなかった。キハ二一形式は運転室と客室の仕切り扉がないので、増幅器の盗難を恐れていたようである。そのため車掌は乗務のたびに、車掌区から重さ五㌔ほどのアンプを肩に下げてホームに出なければならなかった。皮ケースに収まっているとはいえ、携帯用なので性能はよいものではなかった。それでも車掌にとっては口頭での車内アナウンスから解放されたので、トランジスターのこのアンプは大好評だった。

―運転室に設置された、キハ二二形式―

一九五八（昭和三十三）年、キハ二一形式を北海道向けに改良した新製車キハ二二形式の気動車が配置された。車内放送装置が運転室に設備され、アンプも高性能になった。翌年には準急行列車にも導入された。一九六〇（昭和三十五）年にはキハ二二形式をベースにした新製の急行形気動車が続々と誕生した。高性能のマイクを使いこなし、ユニークな車内放送をする車掌も多くなった。

車内改札あれこれ

「毎度ご面倒ですが―」
―昔は検札―

「毎度ご面倒ですが、乗車券を拝見させていただきます」という車掌の検札に出合った経験は、列車に乗った方なら誰でもお持ちだと思う。いまは「おくつろぎのところ、まことに申し訳ございませんが、ご案内かたがた乗車券を拝見させていただきます」と、やや表現はやわらかいが、「検札」を「車内改札」という表現に改めただけで、乗車券の検査、確認に変わりはない。

実は車内改札の区間は車掌区ごとに

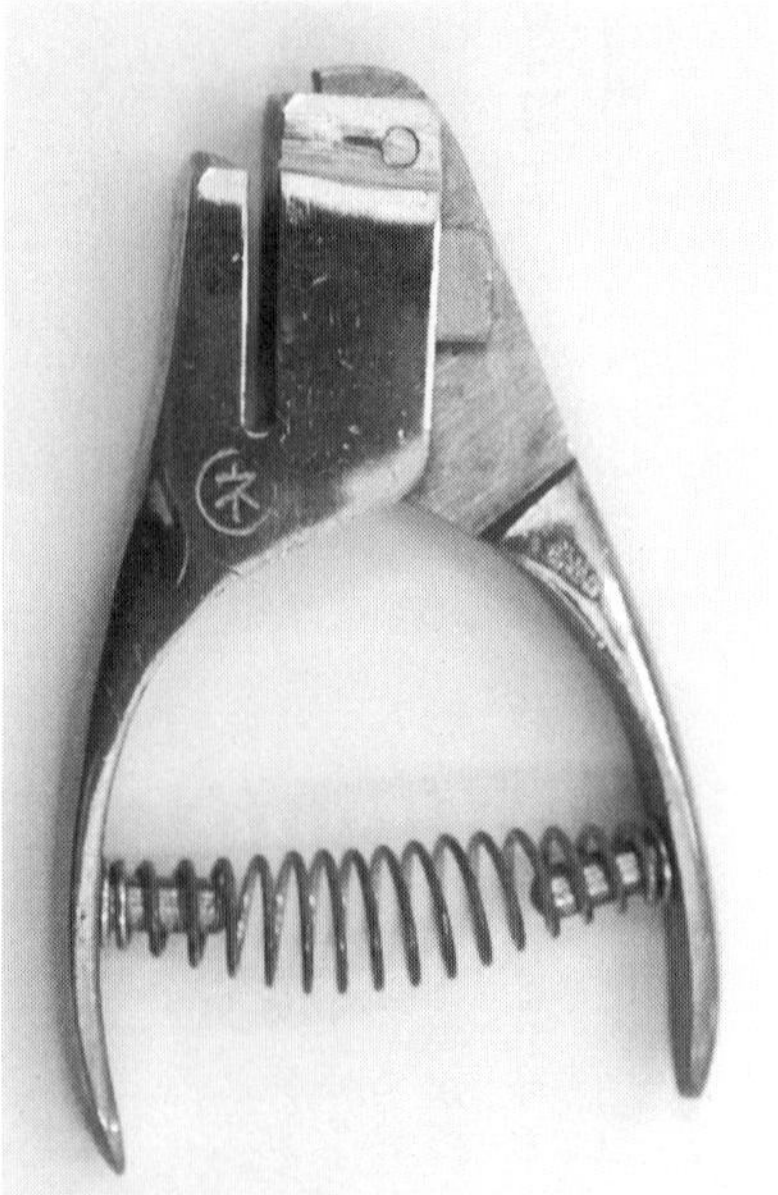

車内改札鋏。乗車路線のイニシアル「ネ」(根室本線)が切符に押される

「一般取扱方」という内規で定められていた。札幌圏の普通列車であれば函館本線は小樽・札幌間と札幌・岩見沢間。千歳線は札幌・千歳（現南千歳）間。札沼線は桑園・石狩当別間で、上り下り列車とも随時実施し、実施列車と実施区間は乗務記録に記載して、乗務終了後に報告することになっていた。

車内改札こと検札は、鉄道営業法で定められている。

「旅客は鉄道係員の許諾を得ないで㈠有効な乗車券を所持しないで乗車したとき、㈡または乗車券に示されたものより優等な車に乗車したとき、もしくは㈢乗車券に示された着駅で下車しないときは二千円以下の罰金または科料に処する」

と規定されている。検札はこの鉄道営業法という法律によるものなのである。さらに鉄道営業法では「旅客は係員の請求があれば、いつでもその所持する乗車券類の改札を受けなければならない」とある。

―車内改札の指定区間―

車内改札の区間に指定されている札幌・岩見沢間のうちの札幌・江別間は二十一キロ。国鉄全盛時の一九五八、九（昭和三十三、四）年ころの客車列車のこの区間の所要時間はおよそ三十八分。札幌圏では最も鉄道の利用者が多く、それだけに不正乗車も多かったらしい。当時の駅は苗穂、白石、厚別、野幌、江別で、それぞれが六分から七分の駅間の所要時間。手馴れた車掌なら五分もあれば二両の検札（車内改札）ができるので、札幌から江別までなら六、七両は軽く回れる。

頻繁に不正乗車客を発見して駅へ引き継いでくる車掌がいた。本人は大真面目なのだが、周囲の評判は芳しくなかった。車掌は検札だけが仕事ではない、という見方からである。

車掌が車内で発見するのは、たいていは定期乗車券の不正使用。他人使用、日付改ざんなどいろいろあるが「中間無札」が一番多い。一般に「キセル」といわれるポピュラーな不正である。乗車区間の両端だけの定期券をそれぞれ購入し、その中間は無賃乗車。きざみタバコを詰めて吸う、あのキセルをもじったものだ。

この「中間無札」区間で、「キセル」を見破られた？　お客は大変なことになる。定期乗車券を購入した日から、不正に全区間を往復したものとみなされて普通運賃の他に二倍の割増運賃を支払うことになり、併せて普通運賃の三倍を支払う羽目になる。六カ月定期乗車券の期限切れ近くに発見されたら、これは大金である。乗車区間にもよるが、その期のボーナスは吹っ飛ぶかもしれない。もちろん、定期乗車券は没収である。

「切符は正しく買いましょう」というポスターを見たことがある。切符は正しく買って、心安らかに車窓を楽しんでほしい。

—特急列車の場合—

特急列車や急行列車の車内改札は特に区間が指定されているわけではない。石北、宗谷本線方面では札幌・岩見沢間、旭川・上川間、北見・網走間、旭川・名寄間。千歳、室蘭、函館本線方面では札幌・千歳間、苫小牧・登別間、長万部・八雲間、大沼・函館間。石勝、根室本線方面では追分・新夕張間、帯広・池田間など、お客の乗り降りが最も多い区間に入ると、車掌が座席整理表を携えて乗車券と特急券（急行券）、あるいはグリーン券のチェックを行う。車内改札ではあるが、これは不正乗車客を見つけるのではなく、乗車券の誤発売、誤記入、印字漏れがないかを確認しながら、お客の行き先を座席整理表に書き入れるためであ

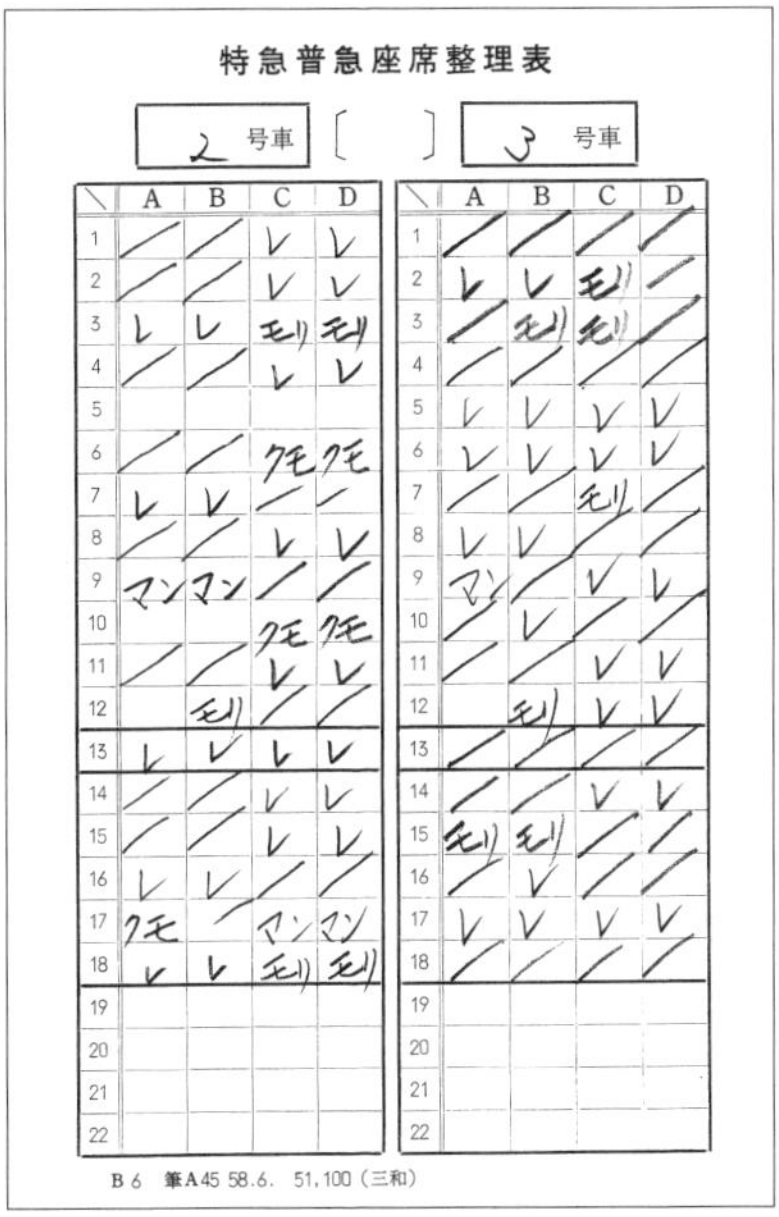

特急普急座席整理表

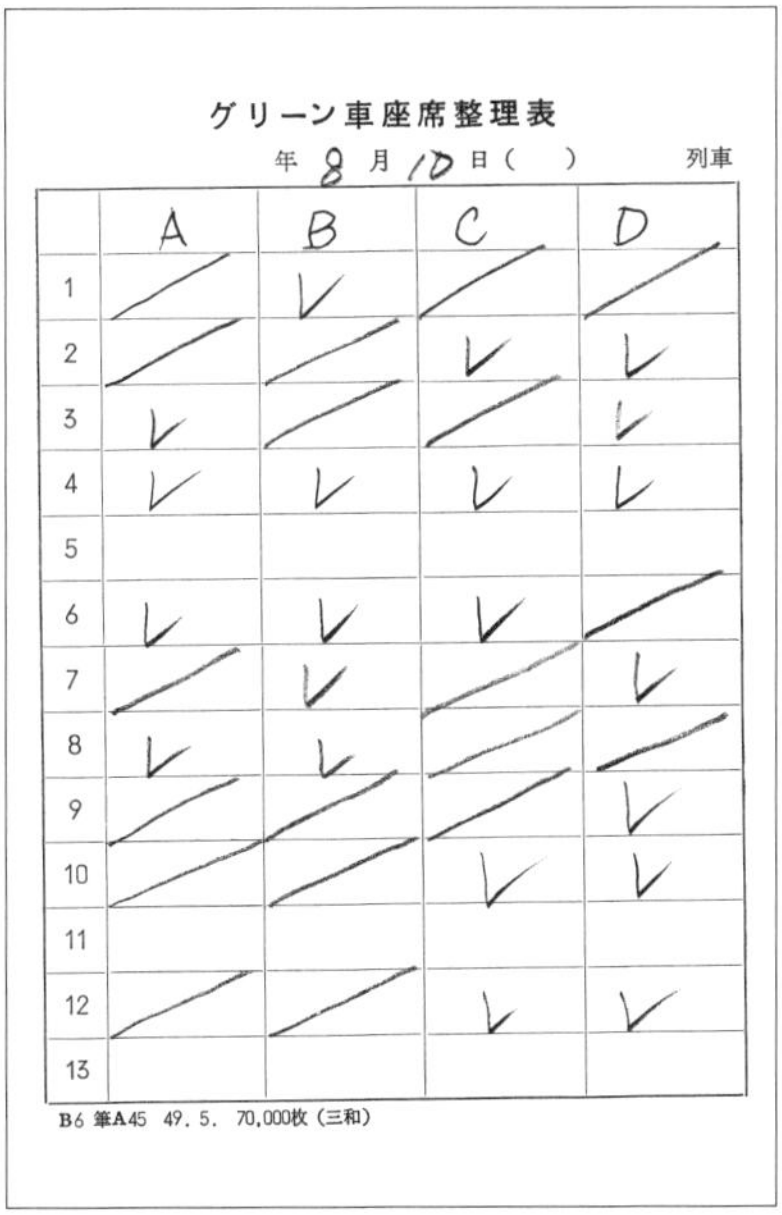

グリーン車座席整理表

る。上り列車ならば連絡船乗船客は座席整理表の座席欄に連絡船のレを記入。函館下車のお客の座席欄は／で抹線。長万部下車のお客は電略のマン。東室蘭下車のお客はヒムと記入しておくと、お客の下車駅がわかり、空席も把握できる。区間ごとの正確な乗車人員も、青函連絡船の乗船人員も把握できる。

　このあたりが普通列車とは違うところである。

　いまはコンピューターによる端末機での乗車券、特急券の発行が当たり前になったのでミスはほとんどないだろうが、駅職員が手書きで発行していた当時は間違いが多かった。同じ日、同じ列車、同じ座席を指定した特急券という重複発売の、いわゆるダブリ。これは乗車券センターからの月日、号車番号などの聞き違い、書き間違いが原因で駅側のミスである。それも盆や正月という多客繁忙期に起こる。全車満席でも数件くらいなら処理できるが、これが列車内のあちこちで起こっては車掌もお手上げである。ついには特急券購入の日時をめぐって、お客同士のトラブルにまで発展する。

B寝台整理表

―車掌だけが知っている、マル秘の席―

そういうミスを想定しているかのように、調整席というのがある。車掌に与えられた自由裁量用の座席で、指定席車を連結する列車には必ずこの調整席がある。グリーン指定席車はもちろん、普通指定席車、寝台客車にも、この秘密の席が確保されている。いまも活用されているので、ここではこれ以上詳しいことは述べられない。

ところが旅行慣れしているお客や鉄道マニアは調整席の存在を知っていて、満席で特急券が買えなかったときに「車掌さん、○号車の調整席、空いていますね？」と言ってくる。自分の目で空席を確かめてから「空いてますね？」だから、小憎らしくもあるが、「重複などがあったときは立っていただきますよ」と断りを入れながら、しぶしぶ承諾してしまうのである。

―いまは―

ＪＲでも車内改札は行っており、札幌車掌所の車掌行路表には十七の特改（特別改札）行路がある。基本編成八両までが車掌一人の乗務、それを超えた編成のときや増結などのときは二人乗務になり、特改行路が運用される。多客期にも実施される。特改行路は特急が主で「乗り越しや区間の変更をされる方は車掌にお申し出てください」の車内放送のあと、車内を回る。無人駅や自動改札機が多い昨今、乗り間違いなどを防ぐためにお客一人一人のキップも見て回る。だが昔の「検札」ではなく、「車内改札」である。

学園都市線にも特改行路がある。無人駅が多い学園都市線だが沿線人口が増加し、利用者も増えている。だが車掌はドア開閉と車内放送で手一杯、車内を回ることは難しい。そこで特改行路を設けて目を光らす。

不正乗車は、依然として後を絶たないらしい。数は少ないが、使用期限切れの定期乗車券やキップの日付や区間の改ざんなどの不正を発見し、駅に引き継いでくる車掌がいるという。一度や二度ではないので、熱心に車内改札を励行している成果にちがいない。いまも昔も不正は見逃さないという車掌気質は変わらないようである。

車内で発売する乗車券

車内補充券
―車内補充券は万能―

車掌区で乗務準備をするとき、車内補充券のほか、乗務する行路に必要な車内特急券、車内急行券、座席指定券を受領する。車内補充券は写真のL版サイズの複写式の二片制で、厚手の甲片がお客に、薄手の乙片が控えで五十組が一冊になっている。車内特急券、車内急行券、座席指定券は百枚綴りで、金額が書いてある下部を切り取り、上部の甲片はお客に、下部の乙片は控えで車掌区に帰着後、提出する。

この車内補充券（略称、車補）は、国鉄が取り扱う大半の乗車券類を発行できた。片道、往復、乗り越し、行き先き変更、経路の変更、寝台券、グリーン券、座席指定券、特急券、急行券、学生割引乗車券、身体障害者割引乗車券、戦傷害者割引乗車券など、車内補充券は万能で、すべてをこなすことができた。学生割引乗車券、身体障害者割引乗車券など証明書番号などの提示や記入で時間がかかるお客は「時間がないので、列車に乗ってから車掌さんに話をして買ってください」と、駅では上手に説明してお客を列車に乗せてしまう。駅側の対応はお客が列車に乗っ

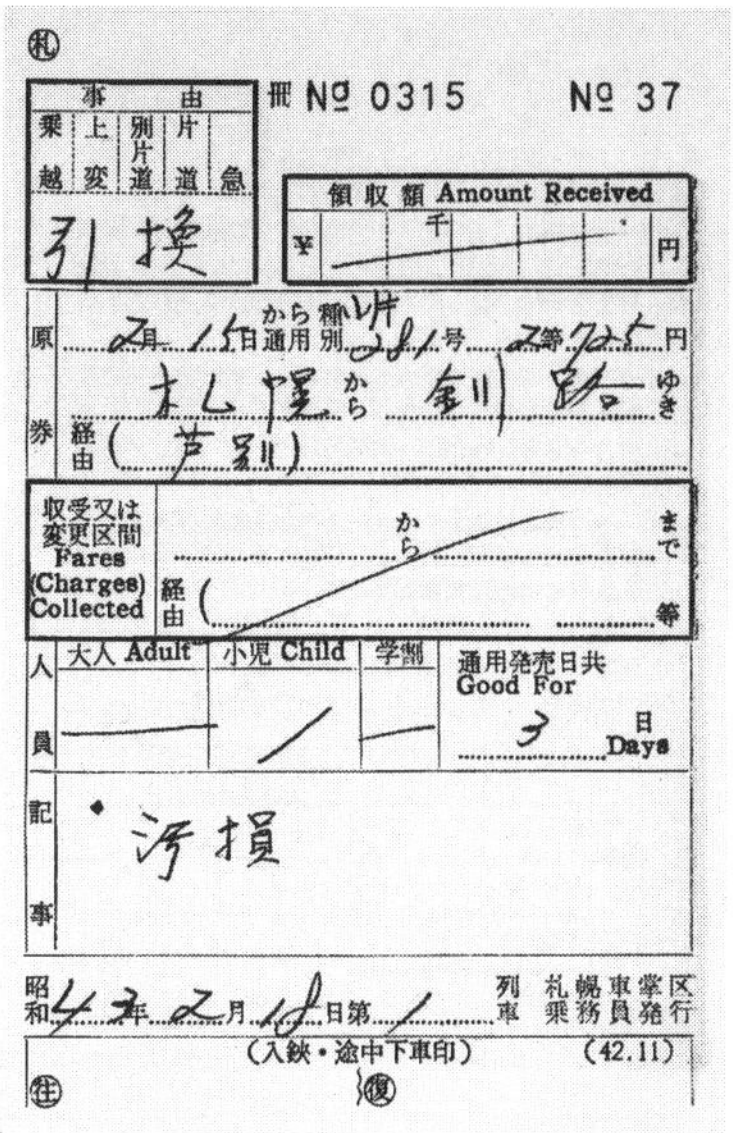

車内補充券。子供がかじったのか、ぼろぼろに砕かれた小児乗車券を「引換」で発行。記事欄は「汚損」。発行は無料

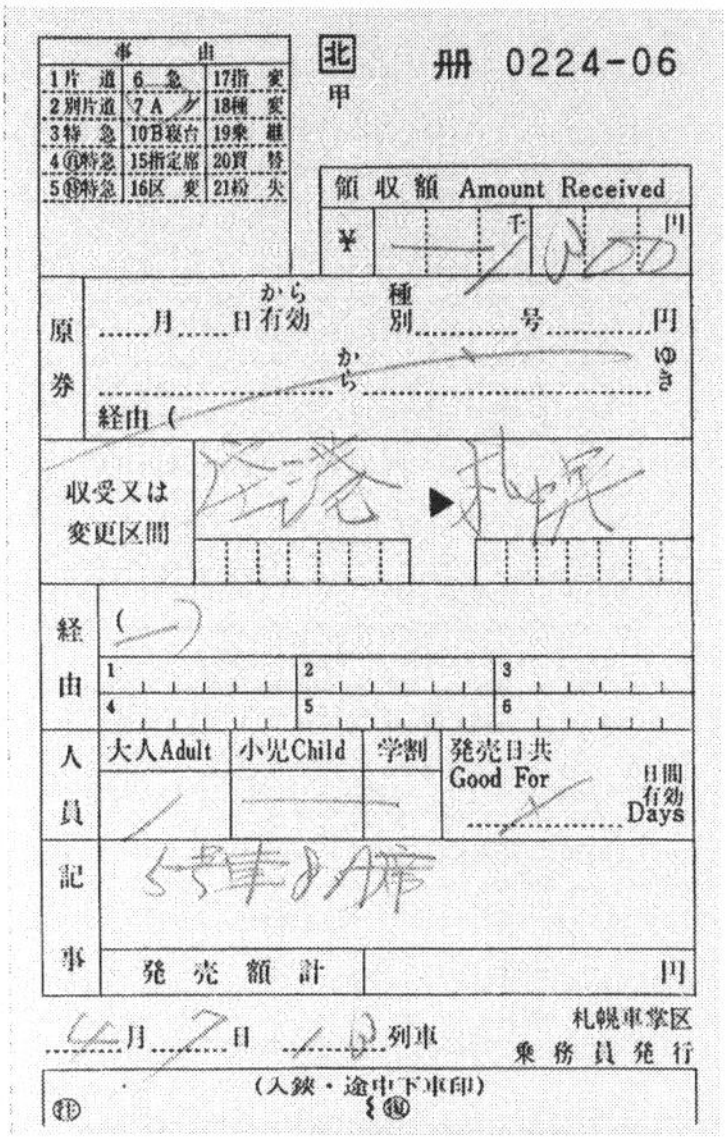

車内補充権。千歳空港・札幌間、自由席車からグリーン車へ変更。5号車8番A席

た時点で終わりになるが、車掌はお客が乗ってから降りるまでお付き合いしなければならない。時間がありません、わかりませんでは〝鉄道の顔〟が泣く。車掌は駅の後始末をさせられることもあるが、そこは腕の見せ所で大概のことは処理できる。

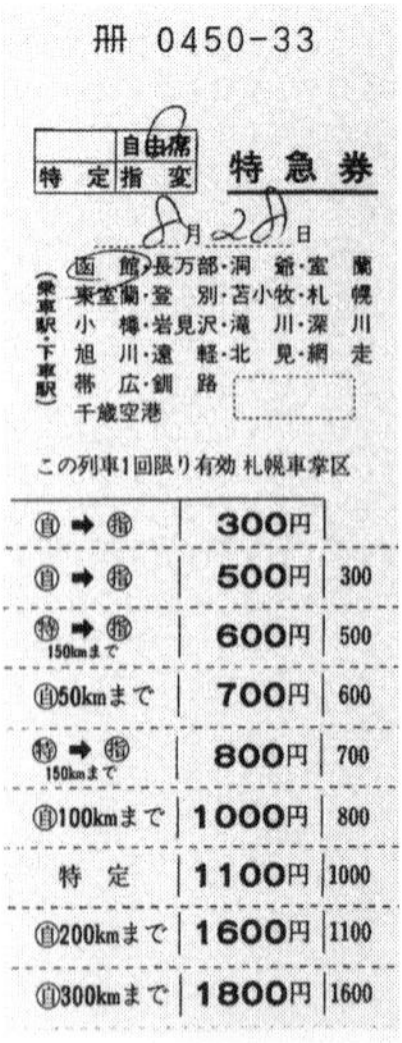

冊 0450-33

特急券

	自由席
特定	指変

月 日

(乗車駅・下車駅)
函館・長万部・洞爺・室蘭
東室蘭・登別・苫小牧・札幌
小樽・岩見沢・滝川・深川
旭川・遠軽・北見・網走
帯広・釧路
千歳空港

この列車1回限り有効 札幌車掌区

自➡指	300円	
自➡指	500円	300
特➡指 150kmまで	600円	500
自50kmまで	700円	600
特➡指 150kmまで	800円	700
自100kmまで	1000円	800
特定	1100円	1000
自200kmまで	1600円	1100
自300kmまで	1800円	1600

車内特急券

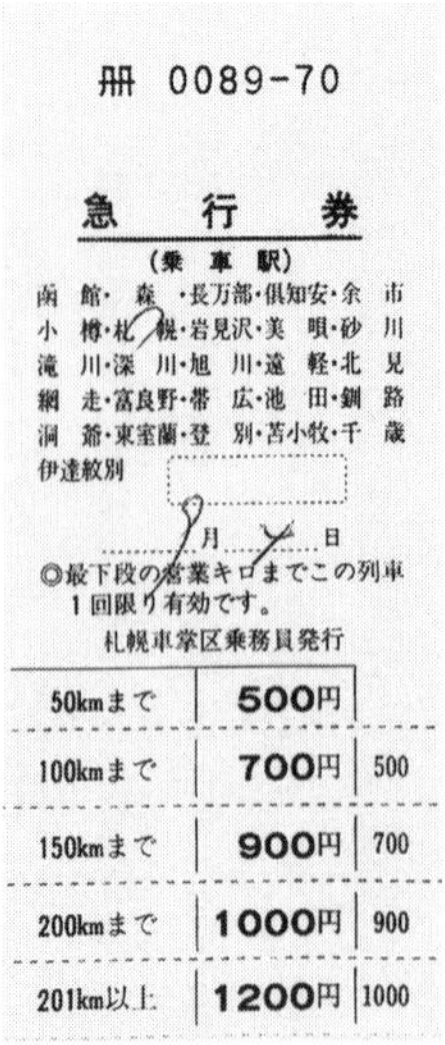

冊 0089-70

急行券

(乗車駅)
函館・森・長万部・倶知安・余市
小樽・札幌・岩見沢・美唄・砂川
滝川・深川・旭川・遠軽・北見
網走・富良野・帯広・池田・釧路
洞爺・東室蘭・登別・苫小牧・千歳
伊達紋別

月 日

◎最下段の営業キロまでこの列車1回限り有効です。
札幌車掌区乗務員発行

50kmまで	500円	
100kmまで	700円	500
150kmまで	900円	700
200kmまで	1000円	900
201km以上	1200円	1000

車内急行券

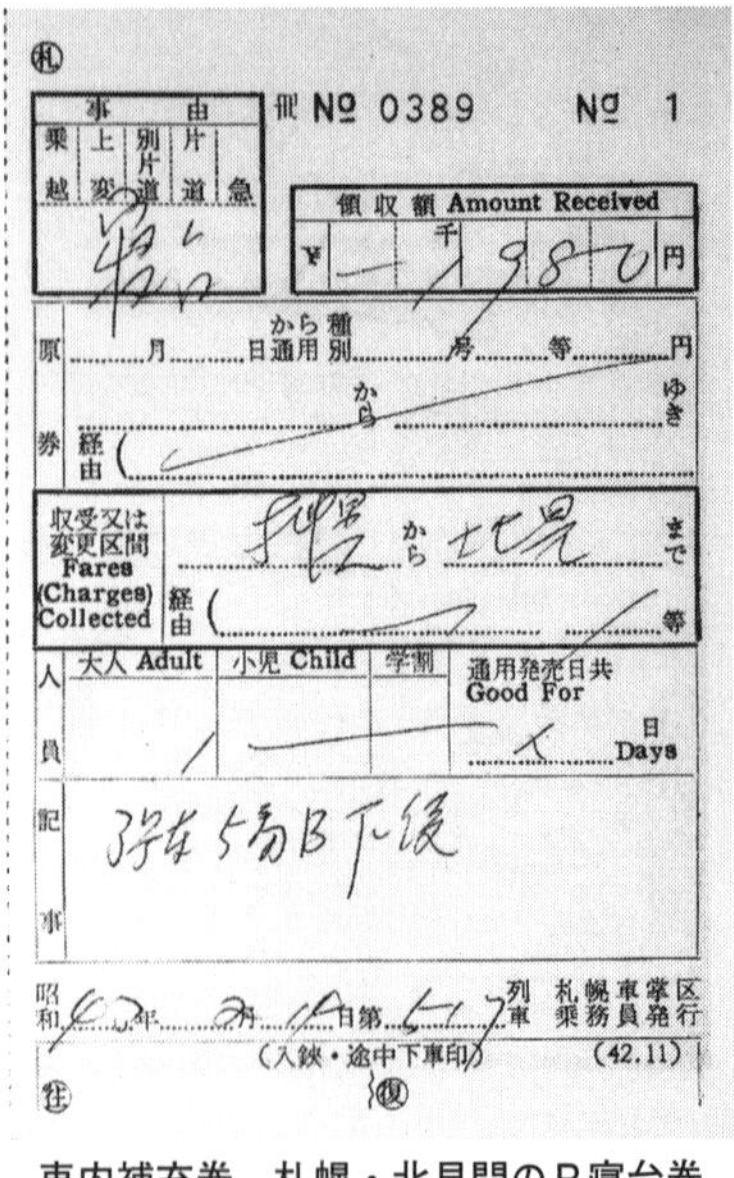

札

冊 No 0389 No 1

事由: 乗越 / 上変 / 別片道 / 片道 / 急

領収額 Amount Received ¥ 千 円

原券: 月 日通用 から 種別 号 等 円 / から ゆき / 経由

収受又は変更区間 Fares (Charges) Collected: から まで / 経由 等

人員: 大人 Adult / 小児 Child / 学割 / 通用発売日共 Good For 日 Days

記事

昭和 年 月 日第 列車 札幌車掌区乗務員発行

(入鋏・途中下車印) (42.11)

往 復

車内補充券。札幌・北見間のＢ寝台券

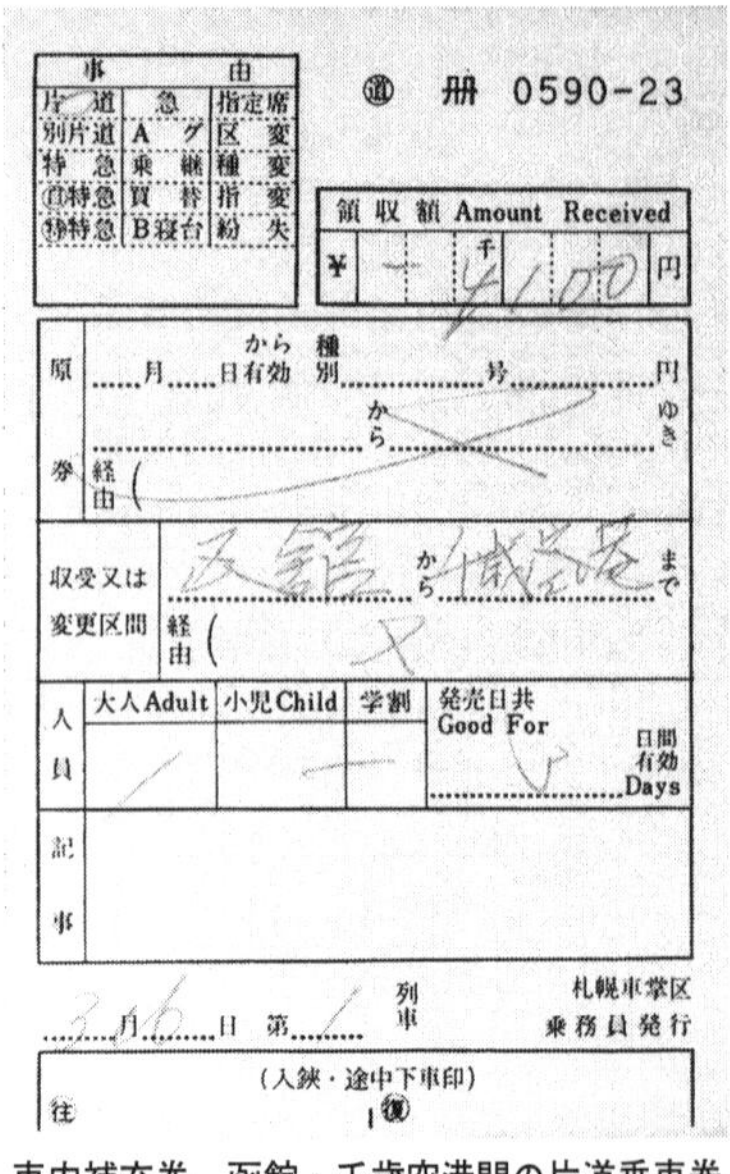

事由

片道	急	指定席
別片道	A グ	区変
特急	乗継	種変
自特急	買替	指変
特特急	B寝台	紛失

道 冊 0590-23

領収額 Amount Received ¥ 千 円

原券: 月 日有効 から 種別 号 円 / から ゆき / 経由

収受又は変更区間: から まで / 経由

人員: 大人 Adult / 小児 Child / 学割 / 発売日共 Good For 日間有効 Days

記事

月 日 第 列車 札幌車掌区 乗務員発行

(入鋏・途中下車印)

往 復

車内補充券。函館・千歳空港間の片道乗車券

―車掌必携の「虎の巻」―

車掌の携帯品の中に「車内補充券記入例」というのがある。車補の書き方を事例ごとに記したマニュアルで、客室内でピンチのときに車掌室にとって返し、急いで広げて参考にする。車掌必携の「虎の巻」である。記入例から何点かを転写し、掲載したので車内補充券とはどんなものだったのか、どうやって運賃を計算したのかなどを知っていただけると思う。

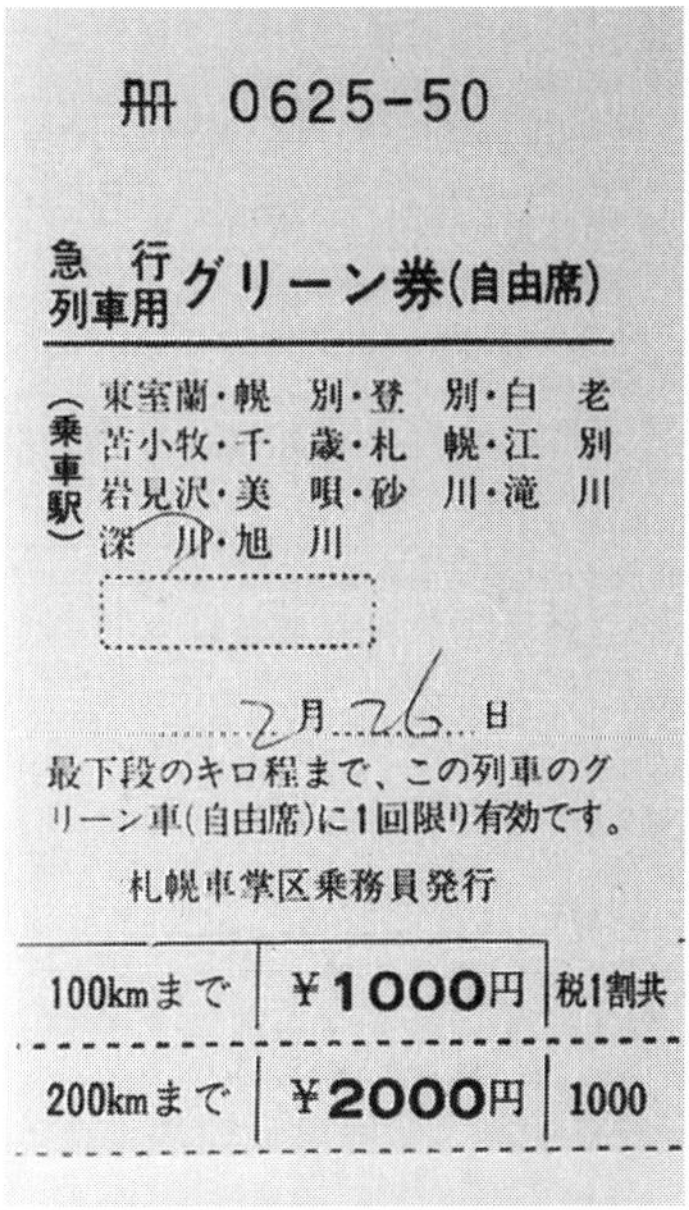
冊 0625-50

急行列車用グリーン券(自由席)

(乗車駅) 東室蘭・幌別・登別・白老
苫小牧・千歳・札幌・江別
岩見沢・美唄・砂川・滝川
深川・旭川

2月26日

最下段のキロ程まで、この列車のグリーン車(自由席)に1回限り有効です。

札幌車掌区乗務員発行

100kmまで	¥1000円	税1割共
200kmまで	¥2000円	1000

急行列車用グリーン券（自由席）

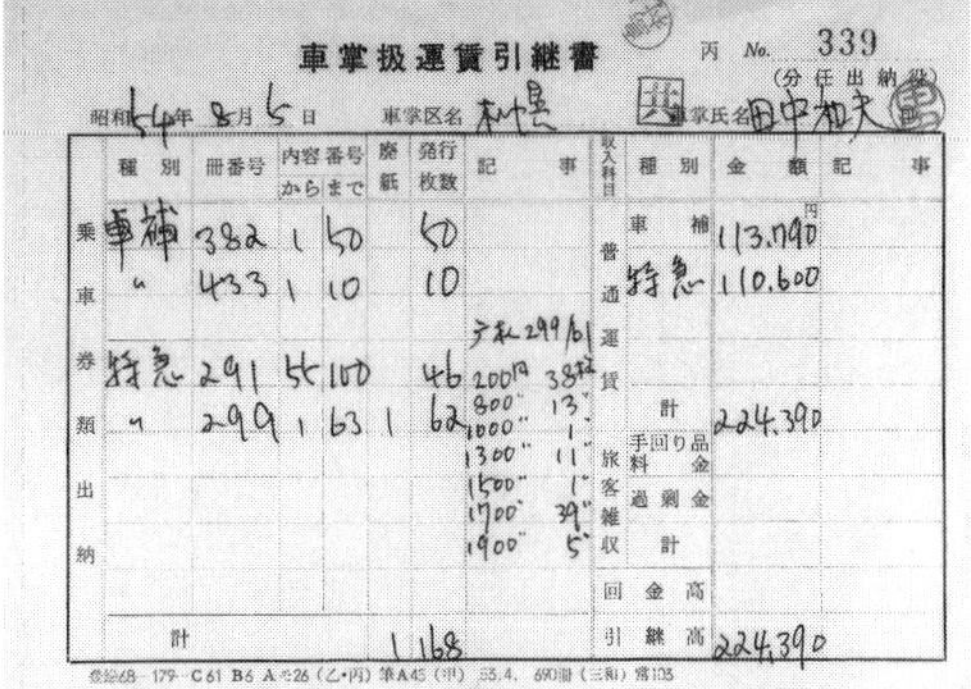
車掌扱運賃引継書　丙 No. 339 (分任出納役)

昭和54年8月5日　車掌区名 札幌　車掌氏名 田中和夫

	種別	冊番号	内容番号 から	内容番号 まで	廃紙	発行枚数	記事	収入科目	種別	金額	記事
乗車券類出納	車補	382	1	50		50		普通運賃	車補	113,790円	
	〃	433	1	10		10			特急	110,600	
	特急	291	55	100		46	特急 299/61				
	〃	299	1	63	1	62	200円 38枚 800〃 13〃 1000〃 1〃 1300〃 11〃 1500〃 1〃 1700〃 39〃 1900〃 5〃		計	224,390	
								旅客雑収	手回り品料金		
									過剰金		
									計		
									回金高		
	計					168			引継高	224,390	

車掌扱運賃引継書。乗務終了後、発行控え片と収入金を計算し担当係りに提出する。運賃違算などで不足のときは本人の自弁

◉ 記入例　区間変更

例題	都区内から浅虫・青森間着乗車券で札幌まで乗越の申し出があった場合。
例図	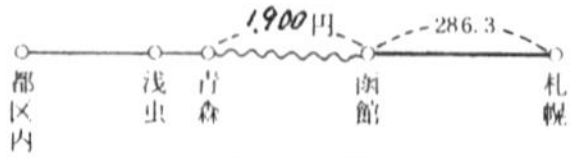
運賃料金計算方	青森・札幌間の普通運賃　6,300円
有効期間	原券の残りの日数 5日－1日＝4日
備考	青森を変更開始駅とする区間変更として取り扱う。

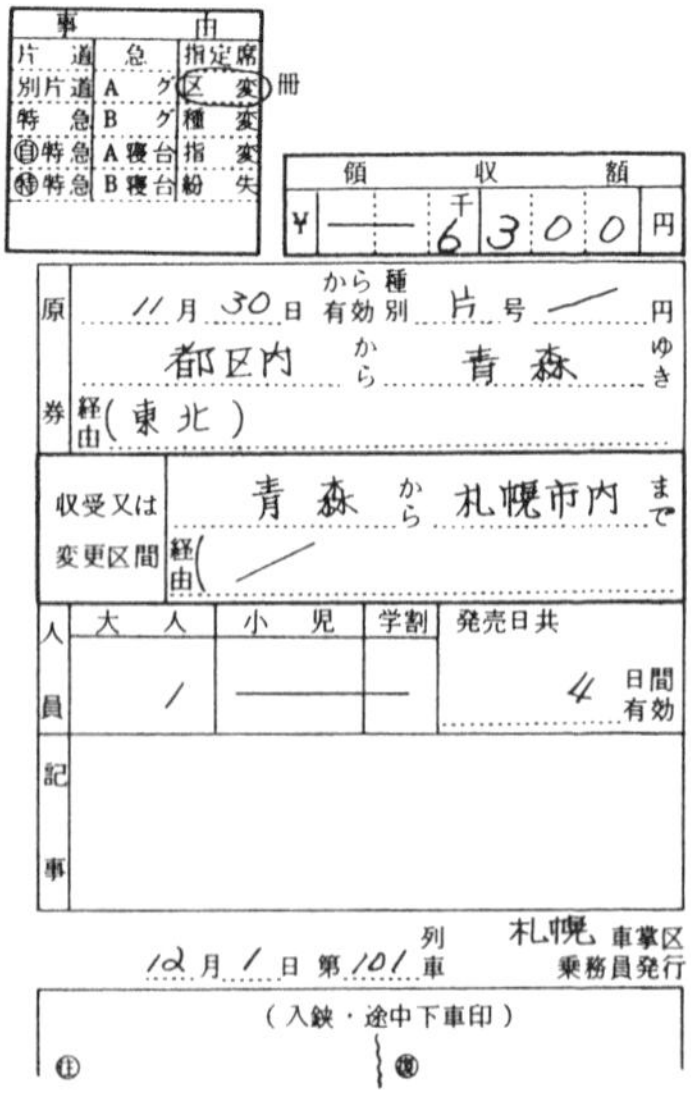

事由
片道 急 指定席
別片道 A グ 区変
特急 B グ 種変
自特急 A寝台 指変
特特急 B寝台 紛失
冊
領収額
¥ 千 6300 円
原券 11月30日 から有効 種別 片 号 円
都区内 から 青森 ゆき
経由（東北）
収受又は変更区間 青森 から 札幌市内 まで
経由（
人員 大人 1 小児 学割 発売日共 4 日間有効
記事
12月1日 第101列車 札幌 車掌区乗務員発行
（入鋏・途中下車印）

◉ 記入例　片道

例題	係員の承諾を得て、函館から手稲まで乗車の申し出があった場合。
例図	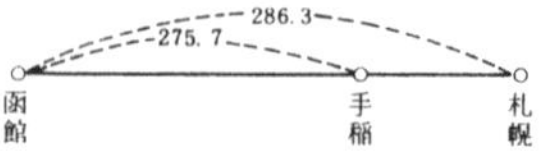
運賃料金計算方	函館・札幌間の普通旅客運賃を収受する。 4,400円
有効期間	全区間の相当日数 3日
備考	函館・手稲間275.7kmであるが、手稲は札幌市内の駅であるため、函館・札幌間の普通旅客運賃を収受する。（規則86条）

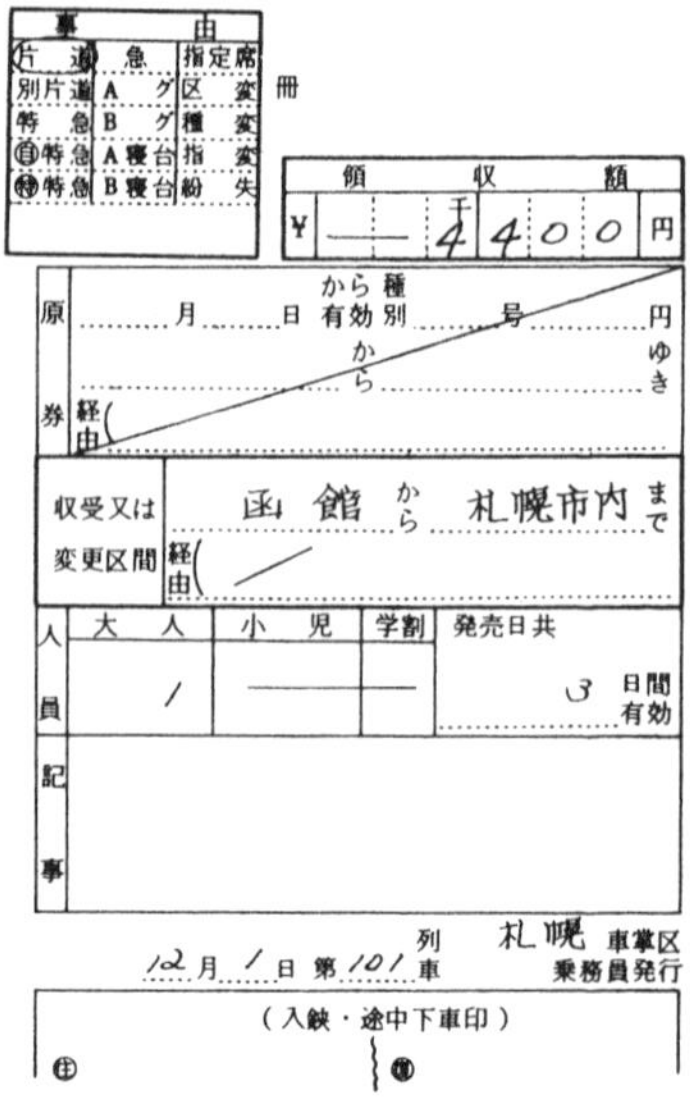

事由
片道 急 指定席
別片道 A グ 区変
特急 B グ 種変
自特急 A寝台 指変
特特急 B寝台 紛失
冊
領収額
¥ 千 4400 円
原券 月 日 から有効 種別 号 円
から ゆき
経由（
収受又は変更区間 函館 から 札幌市内 まで
経由（
人員 大人 1 小児 学割 発売日共 3 日間有効
記事
12月1日 第101列車 札幌 車掌区乗務員発行
（入鋏・途中下車印）

◉ 記入例　区間変更

例題	函館－釧路間の室蘭線、千歳線経由の乗車券で札幌に乗り入れする場合
例図	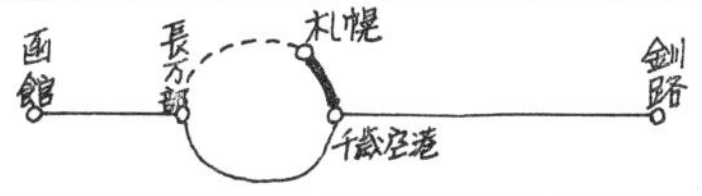
運賃料金計算方	長万部（小樽廻り）千歳空港の運賃と長万部、千歳空港間の運賃の差額を収受 3,200円－2,600円＝600円
有効期間	原券残余の日数
備考	

事	由	
片道	急	指定席
別片道	A　グ	(区変)
特急	乗継	種変
㊒特急	買替	指変
㊕特急	B寝台	紛失

冊

領収額　￥　千　600　円

原券　月　日から有効　種別　片　号　円　から　ゆき　経由

収受又は変更区間　長万部　から　千歳空港　まで　経由　小樽）

人員 大人	小児	学割	発売日共
1	—	—	4 日間有効

記事

11月11日 第9列車　札幌車掌区 乗務員発行

（入鋏・途中下車印）

◉ 記入例　片道

例題	係員の承諾を得て札幌から無札乗車割引証を提出して付添人と共に函館まで片道乗車券の購入申し出
例図	
運賃料金計算方	札幌－函館間割引片道運賃　4,400円 救護者　4,400円×(1−0.5) 付添人　4,400円×(1−0.5)
有効期間	営業キロ相当日数　3日
備考	乗車区間の訂正は発行者以外はできない 乗車区間内内方の着駅に変更する場合のみ 車掌の証明により発売できる

事	由	
(片道)	急	指定席
別片道	A　グ	区変
特急	乗継	種変
㊒特急	買替	指変
㊕特急	B寝台	紛失

冊

領収額　￥　千　4400　円

原券　月　日から有効　種別　号　円　から　ゆき　経由

収受又は変更区間　札幌市内　から　函館　まで　経由

人員 大人	小児	学割	発売日共
2	—	—	3 日間有効

記事　㊙救 ㊙添　証第123号

11月12日 第6列車　札幌車掌区 乗務員発行

（入鋏・途中下車印）

執務場所は高速で走る列車内の通路。振動で左右にゆれる中を両足で踏ん張りながら、車内補充券を書いている姿を想像していただきたい。算盤も電卓もなく、計算はすべて頭の中とメモ用紙。沿線に目をやって走行区間を確認しながら、懸命に書いているのである。

いまは車掌携帯用の車内乗車券発行機がある。電子手帳にプリンターを付けたようなもので、事由欄と区間をペンでクリックすると乗車券が

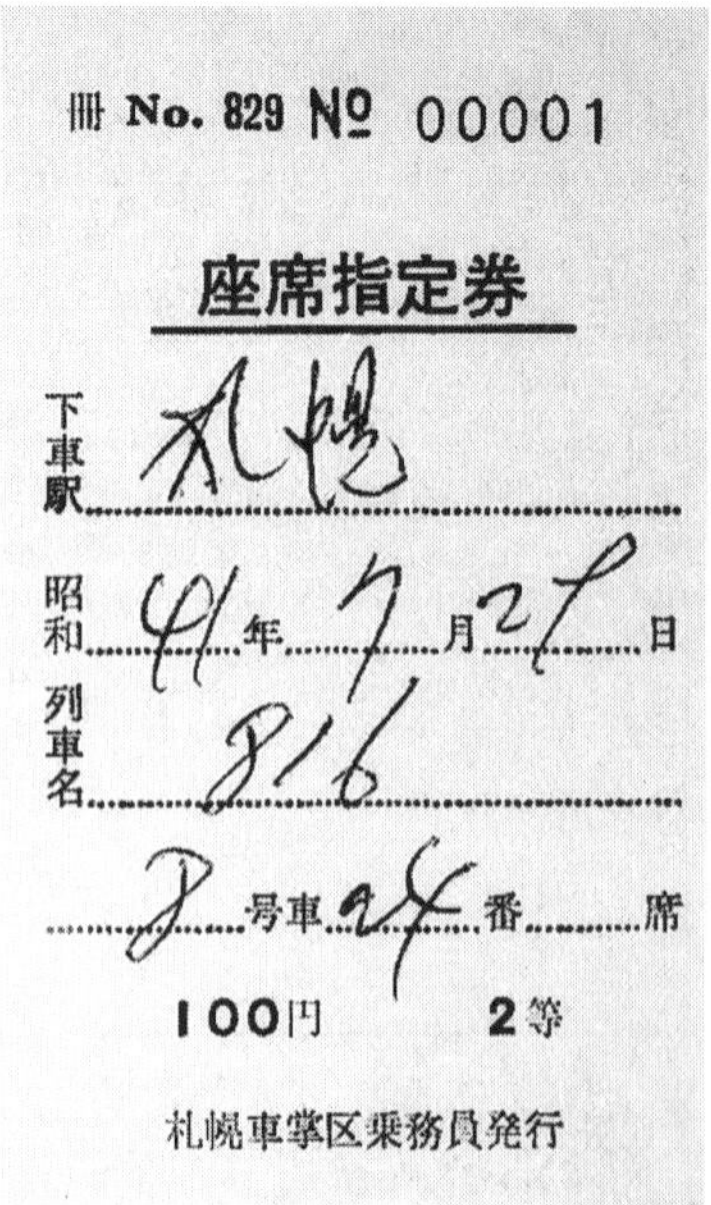

座席指定券（札幌行き急行「かむい」乗務員発行）

ＪＲ北海道の車内乗車券発行機による八戸・函館間の自由席特急券（札幌車掌所乗務員発行）

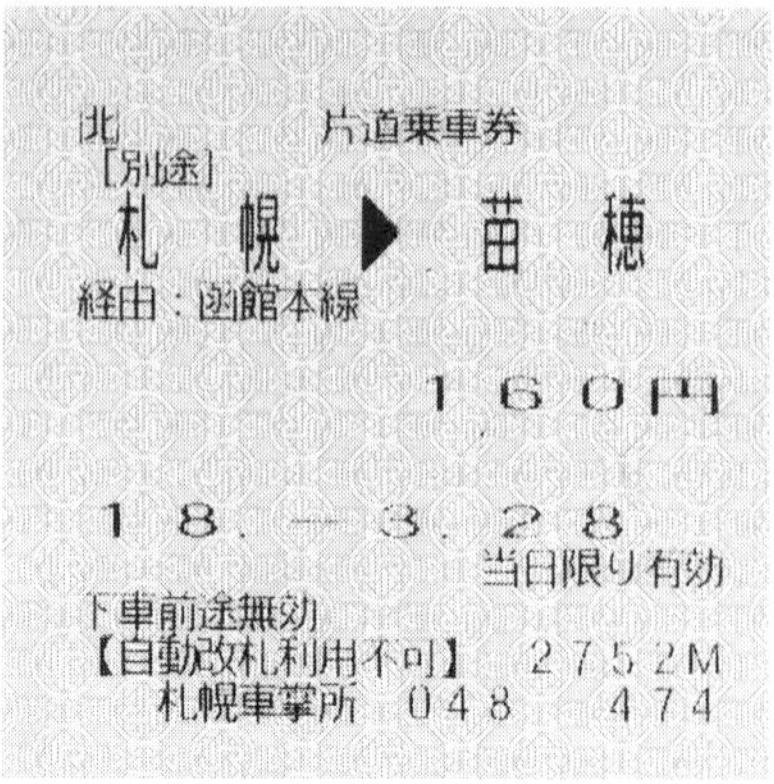

ＪＲ北海道の車内乗車券発行機による札幌・苗穂間の「片道乗車券」（札幌車掌所乗務員発行）

すうーっと出てくる。感熱式プリンターなので月日が経つと印字が消えてしまうので、切符蒐集の鉄道マニアには不評だ。だが、区間も通用日数も運賃・料金も正確に印字されてすうーっと出てくるので、車掌には便利で重宝な発行機である。一九九〇（平成二）年十二月一日から全面導入され、車内補充券の様式は同日限りで廃止された。

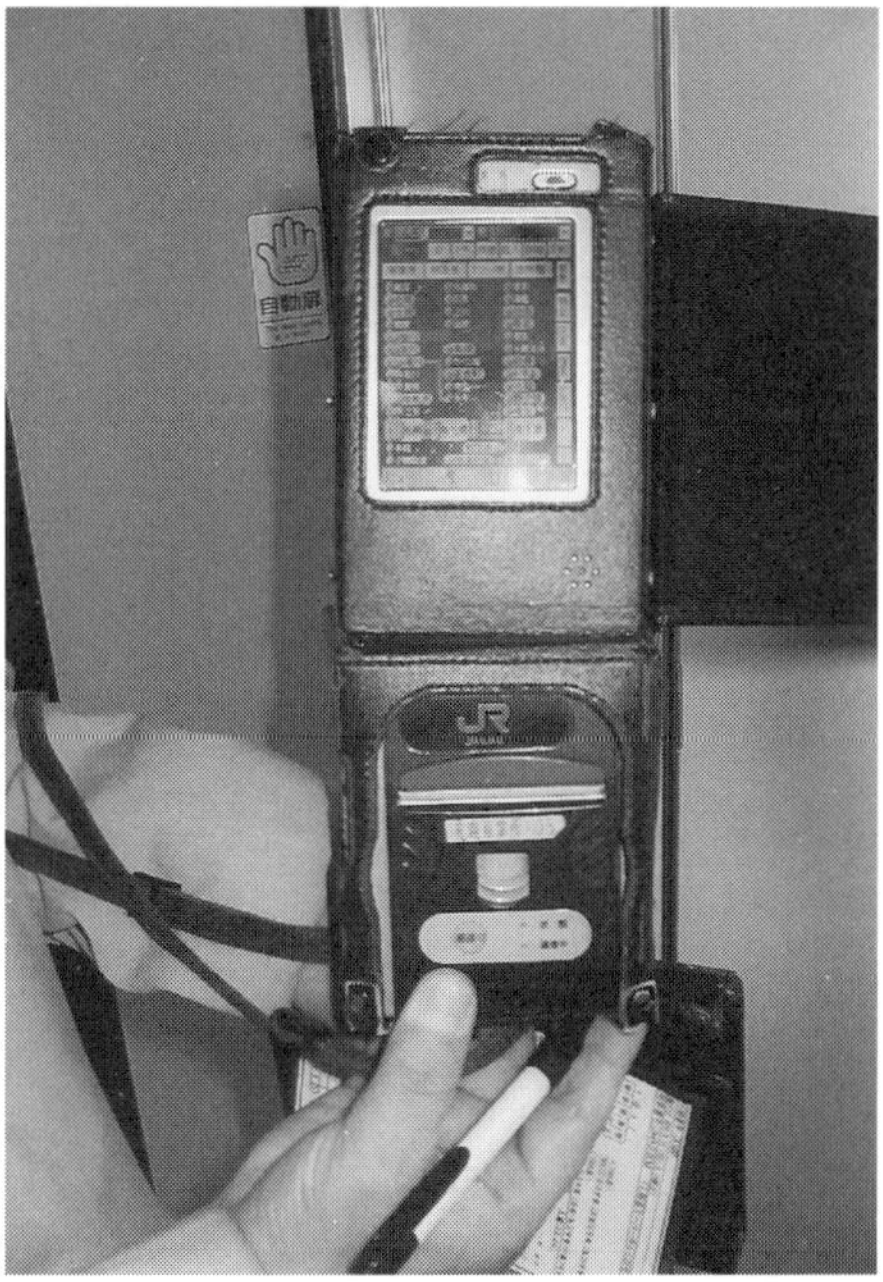

車掌携帯用の車内乗車券発行機

列車内で起こる突発的な出来事

救急箱

—救急箱は車掌の七つ道具の一つ—

函館・札幌間の直通旅客列車が旭川まで延長運転を開始した一九一〇（明治四十三）年

五月、直通旅客列車の車掌室に救急医薬品箱が備え付けられた。この年の三月に函館線で旅客列車と単行機関車が衝突し、旅客に多数の死傷者が出た。それを教訓に、現場で傷病者の手当てをするため車掌室に救急医薬品箱が備えられたのである。日中戦争開始のころから、車掌室備え付けが取り止めになった。薬品不足と盗難が原因だったらしい。

車掌室備え付けが取り止めになった後は車掌の携帯品になった。縦横二十五センチ、厚さ五センチほどのスチール製の平たい救急箱で、一九六〇（昭和三十五）年ころまでは車掌の携帯品の七つ道具の一つだった。胴乱（携帯品収納ケース）、手旗、合図灯、信号炎管・雷管、放送用チャイム、開閉棒（天井換気孔の操作棒）、そして救急箱が七つ道具だったが、車掌の携帯品の中で救急箱は主要な位置にあった。しかし、やがて必需携帯品ではなく、車掌の自由意志による個人の携帯品になった。医薬品の管理が厳しくなったためで、車掌携帯の救急薬品は「酔い止め」が主流となった。

―急病人の発生―

救急箱の中には包帯やガーゼ、三角巾、消毒液、赤チン、傷薬など救急医薬品のほか、酔い止めや胃腸薬、頭痛薬など一般的な薬品類もあった。「少量ですが、車掌室にお薬などの用意がありますので、ご気分が悪い方は車掌にお申し出ください」と車内放送をする。

列車内での急病人は汽車酔いがほとんどだが、中には一見して相当な重症だと判断できるお客もいる。近くで降りるお客ではなく、連絡船を乗り継いで本州へ行くお客なら危険である。そこで、車内放送を行う。「お客様の中で、お医者さんはいらっしゃいませんか。お加減が悪いお客様がおいでですので、至急、車掌にご連絡ください」

特急や急行のような列車には、必ずといっていいほど医師などの医療関係者は乗っているものである。放送を聴いた医師は、すぐに車掌室に駆けつけてくれる。医師のほか、看護師も駆けつけてくれる。

―緊急連絡袋の投下―

医師の診断で、この先の旅行を続けられるか、どうかが決まる。旅行継続は大丈夫という診断なら、まずは安心である。だが、そうでないときは大変である。病院搬送のためには設備が整った病院がある都市の駅での下車がいい。症状にもよるが、担架の手配、救急車の手配もある。無線電話の設備がない特急からの緊急連絡は、車掌携帯の「業務連絡書投下用砂袋」しかない。ビニール製の赤い袋

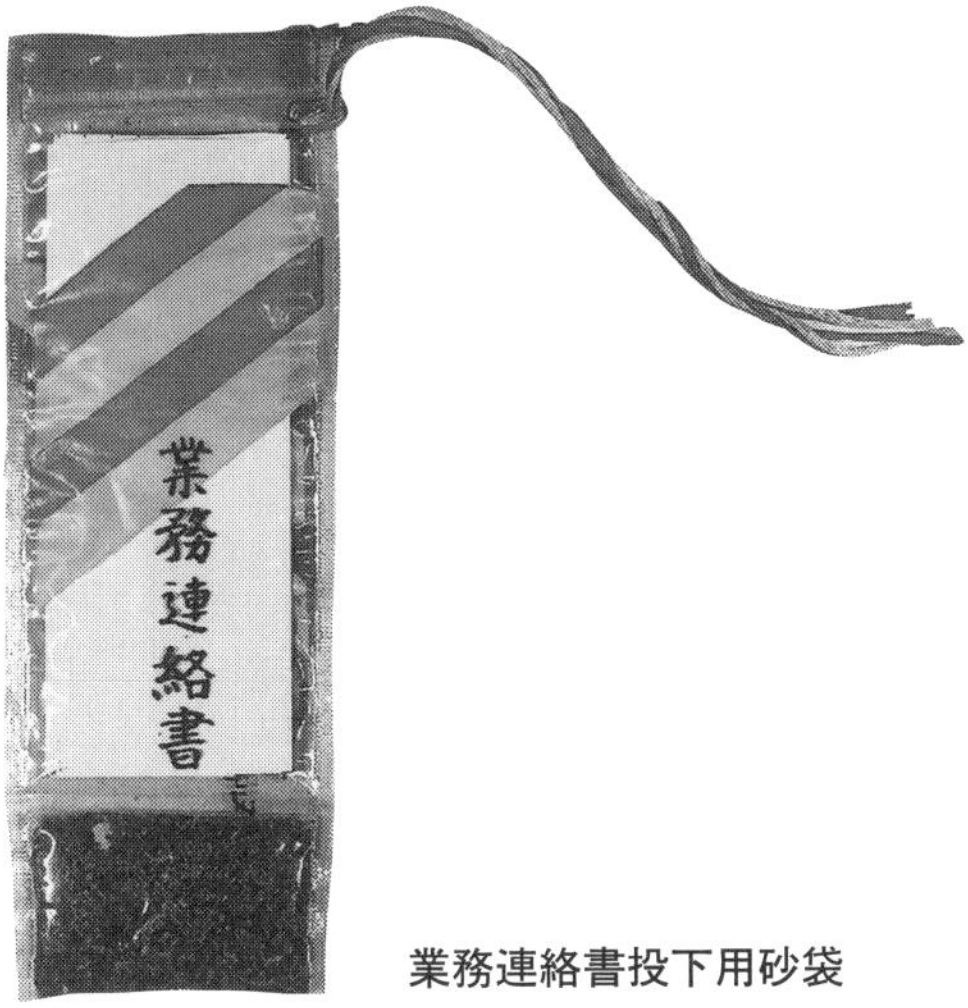

業務連絡書投下用砂袋

に要点を書いたメモを入れ、ホームで列車通過を見守る駅長めがけて投げるのである。
車掌携帯品の中に携帯電話がある現在では考えられないことだが、長距離の特急列車乗務の車掌はこうした事態に何度も直面している。

業務連絡書

列車内は人生の縮図…
—特急「○○○○」にて—

車掌が携帯する用紙に「業務連絡書」というのがある。駅と車掌間の連絡事項を確実に、そして簡潔にやり取りするための二片制の用紙である。だが、この用紙は、お客がかかわる内容のときは大きな役目を果たす大事な「連絡書」となる。実際に私が業務連絡書を使用した例を挙げてみたい。

函館・東京間
連絡船事務長、各列車車掌長、各駅改札掛、各鉄道公安室殿
十二月十五日　網走・函館間特急「○○○○」車掌長
本書持参のお客は本列車乗車の際、○○駅に乗車券、特急券、急行券を置いたまま

乗車しました。○○駅に連絡、打ち合わせの結果、お客はこのまま旅行を継続し、乗車券類は後日、着駅に送付することにしました。したがって本書を乗車券類代用とするので、途中の乗車方については配慮されるようお願いします。乗車券類の番号、ならびに本人住所・氏名は別紙のとおり。

離婚話のもつれから○○駅の改札口で、名古屋の実家へ戻るために妻（三十五歳）が購入し、所持していた乗車券、特急券、そして青森からの急行券を、夫（三十六歳）が奪い取って走り去った。そのとき、乗車を予定していた函館行きの特急列車が入ってきたので、子供二人（十二歳・男子、十歳・女子）を連れて飛び乗ったのである。

車掌の連絡を受けた○○駅では、名古屋の妻の実家へ電話をして事情を説明したところ、娘と孫たちが到着したとき、すぐに経費の全額を支払うので名古屋へ無事に戻してほしいという返事を得た。

以上の内容を札幌鉄道公安室に通報し、同室を通じて関係各鉄道公安室への連絡を依頼

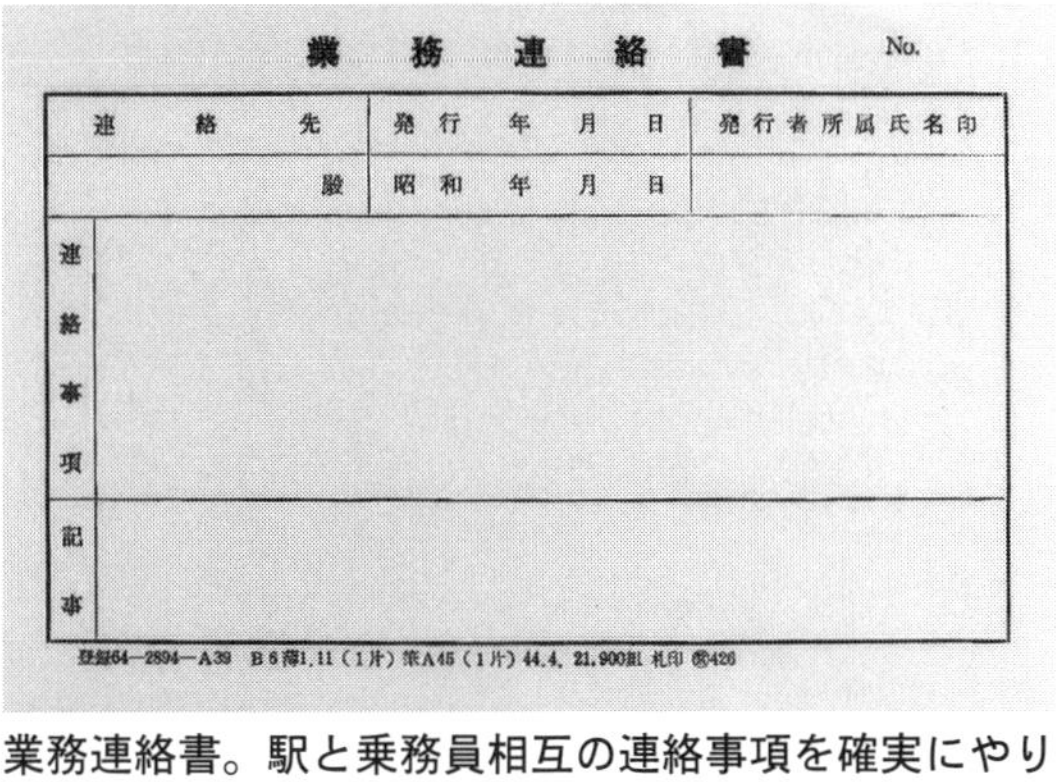

業務連絡書　No.

連絡先	発行年月日	発行者所属氏名印
殿	昭和　年　月　日	
連絡事項		
記事		

登録64—2894—A39　B6帯1,11（1片）策A45（1片）44.4. 21,900組 札印 ㊝426

業務連絡書。駅と乗務員相互の連絡事項を確実にやり取りするカーボン式の2片制の用紙

した。

鉄道の営業規則ではこういう場合、車内で運賃・料金を通常通りに収受して乗車券、特急券を「再発行」し、後日、以前に購入した乗車券・特急券・急行券に「再発行」した証明書を持って駅に行き、払い戻しを受けることになっている。だが、二人の子供連れという事情が事情なうえ、五万円を超える運賃・料金を再び収受というのはあまりにも気の毒だと判断、「業務連絡書」を発行して「乗車券類代用」としたのだった。その後、どこからも連絡がなかったので母子三人は「業務連絡書」で何事もなく、名古屋の実家に戻れたと思っている。

あれから二十五年、不安そうに母親の手をしっかり握って私を見ていた少女は三十五歳で母親と同じ年齢。二歳年上の兄は三十七歳。それぞれが家庭を持ち、幸せに暮らしているだろう。


—遅延証明をお願いします—

業務連絡書には、次のようなものもある。

○○教連中隊長殿

五月六日　釧路・函館間特急「おおぞら2号」車掌長

網走・函館間　特急「おおとり」車掌長

本列車札幌駅六十分遅着（上落合・落合間にて貨物列車の機関車故障のため、一時間不通）したことを証明します。

自衛隊員が実家からの帰りに列車が遅れ、自衛隊の門限二十一時に遅れるので「遅延証明」を求められて書いた遅延証明書である。業務連絡書は、このようなことにも使われる。遅延証明は通常はお客の下車駅で発行するものだが、その人はわざわざ車掌室まで来て、車掌さんの証明がほしいと懇願するように言う。車内を巡回するたびに私を見上げていたので、その様子から何かがあると思っていた。定時到着なら札幌には二十時五分だが、六十分遅れなので札幌到着は二十一時五分。地下鉄を乗り継いでも真駒内の自衛隊の門衛に入るのは二十一時三十分ぎりぎりだ。札幌到着前に早々と遅着理由付きの証明を受け取った青年の表情は、晴れ晴れとしていた。

―切符を駅待合室の売店に忘れてきた―

函館・岡崎間

各列車乗務員、各駅改札掛殿

本書持参のお客は、日高本線様似駅の待合室売店で買い物をした際、様似・岡崎間の乗車券を売店のレジカウンターに置いたまま、様似発の列車に乗車しました。様似駅に照会したところ同駅に保管してあることが判明したので、様似駅と打ち合わせをした結果、乗車券は岡崎駅に別途送付し、お客はこのまま旅行を継続することにいたします。本連絡書を乗車券代用とするので、ご配慮のほど、よろしくお願いいたします。なお、本列車の特急券、青森からの特急・寝台券は所持しております。

様似駅保管の乗車券番号、ならびにお客の住所、氏名は次のとおり。

愛知県岡崎市に住む専門学校の女生徒の一人旅で、「襟裳岬」の歌に惹かれ、春休みを利用してやって来たらしい。襟裳岬周辺を観光したあと苫小牧で特急に乗り換え、車内改札のときに特急券はあるが乗車券がないことに気づいたのである。

—トイレから財布が線路へ落下—

列車のトイレは鉄道開業時からずっと、垂れ落としの直下式だった。トイレのドアに「停車中使用厳禁」「停車中の使用はご遠慮ください」という表示板があるのは、発車後に見苦しい後を残して行くからである。一九六八（昭和四十三）年の電車導入から直下式に代わって、汚物と洗浄水をタンクに溜める貯留式に改められた。だがそれは新製車両だけで、他は依然として直下式だった。

釧路・根室間乗務員殿
　根室駅長殿

八月四日　函館・釧路間　特急「おおぞら1号」車掌長

本書持参のお客は島ノ下・富良野間走行中、トイレから現金（八万円）ならびに乗車券（函館・根室間）、特急券・グリーン券在中の財布を落としました。申告を受けて直ちに帯広鉄道公安室に通報し、現場付近の捜索を依頼しました。

乗車券類については札幌・岩見沢間で車内改札を行い、確認しておりますので、本書を乗車券類代用といたします。よろしくお願いいたします。

お客の住所、氏名は次のとおりです。

根室市○○町○○番地　○○　○○

釧路行きの特急「おおぞら1号」のグリーン車の乗客がトイレ使用中、ズボンの後ろポケットに入れておいた財布を便器の中に落としたというので、時間や沿線、周辺の特徴などを聞き出したところ、島ノ下駅を通過して間もない所とわかった。こういうときは直近の停車駅に連絡して捜索を依頼するのだが、この当時（一九七六年）道内一の最速が売り物の「おおぞら1号」の根室本線内の停車駅は、帯広の一駅だけ。そのため、お客の申告を受けてから一時間四十分後に到着した帯広駅の鉄道公安室に通報ということになった。お客は釧路から根室行きの急行「ノサップ1号」に乗り継いだので、その後の様子はわからないが多分、財布発見の吉報は車中で知らされたに違いない。

直下式の場合は、通報を受けた保線区の線路班職員が現地に駆けつけ探してくれるのだが、間違いなく発見されている。このほかにも同じようなことが数回あったが線路班の人たちは仕事とはいえ、時間や天候に関係なく徒歩で現地へ行き、熱心に探してくれる。

その後、直下式から貯留式に変わったが、貯留式は洗浄水も一緒にタンクに溜めるので、すぐタンクがいっぱいになってしまう。そこで、汚物を細かく砕いて、固形物は洗浄水と濾過分離してタンクに溜め、洗浄水は消毒液と混ぜて繰り返して使う循環式汚物処理装置が開発された。これが現在の列車トイレである。こうなると、トイレで落とした財布や乗車券は持ち主の元には戻らない。

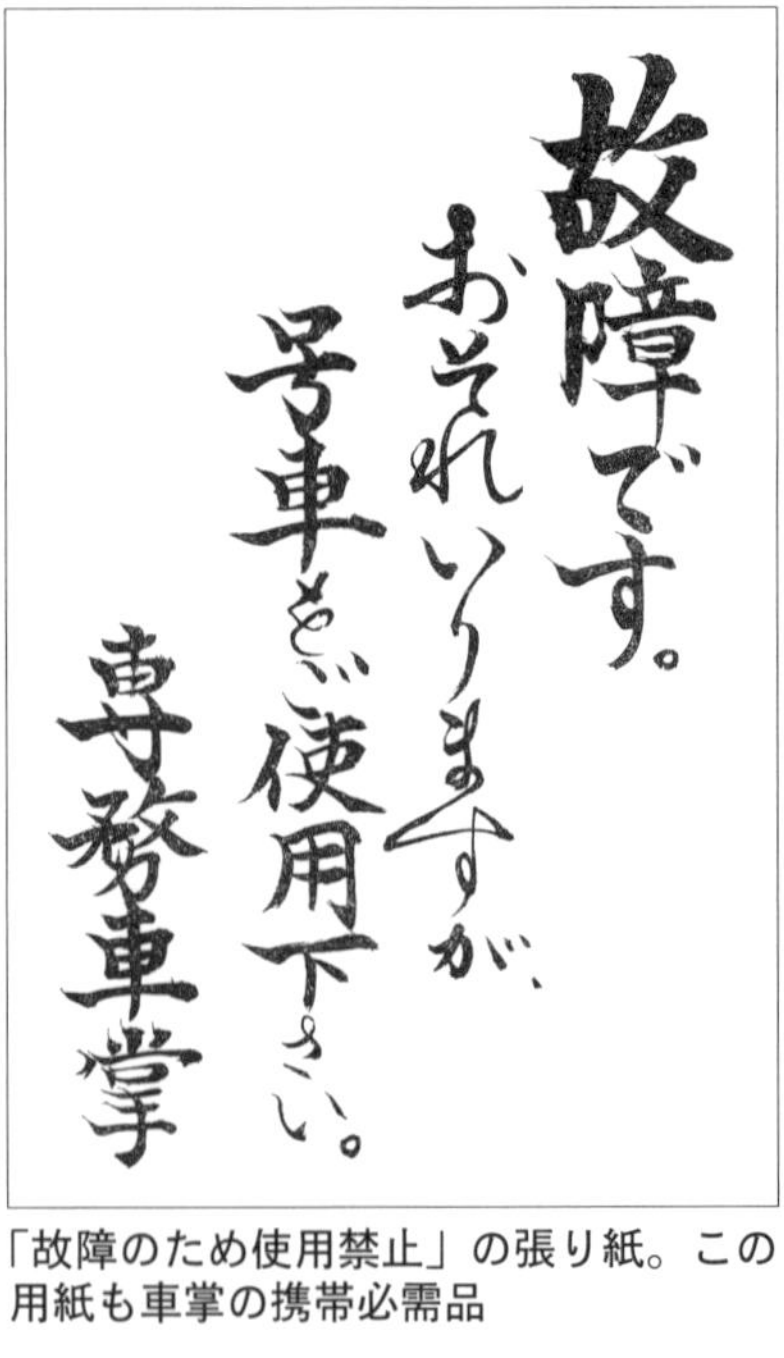

「故障のため使用禁止」の張り紙。この用紙も車掌の携帯必需品

貯留式のころ、通用期間一カ月の北海道周遊乗車券をトイレに落としたという女子学生がいた。終着の札幌に近かったので「故障のため使用禁止」の張り紙をして、札幌運転区に連絡をした。いい知らせはなかった。周遊乗車券は軟質紙なので溶解してしまうらしい。循環式なら、なおのことだろう。それを知っていてがっちりガードするのか、新製車両の導入後は車掌室に駆け込んでくるお客は少なくなった。

—念書—

広辞苑によると「念書」とは、後日の証拠として念のために書いて相手に渡しておく書面、とある。詫び

冬期間、入り口のドアが雪のため開閉不能。内側から張り紙をして「他の出入口をご利用下さい」

洗面所の水タンクが空になり、使用不能。「他の車両の洗面所を」の張り紙

状みたいなものだが、車掌時代に一度だけ書いてお客に渡したことがある。函館から釧路行きの特急「おおぞら7号」に乗務し、車内改札が終わって一息ついていると自由席車担当の専務車掌が一人のお客を伴って車掌室に戻ってきた。お客との間でトラブルを起こしたらしい。東京から札幌へ行くお客で、特急券を持っていないので専務車掌から自由席特急券を求めた。札幌までの特急券、と言うのでお客の言うままに特急券を発売した。ところがお客は上野・青森間の特急「ゆうづる1号」からの乗り継ぎだった。本州線の特急・急行からの乗り継ぎの場合、北海道内の特急券・急行券は半額になる。それは出発前、両方の特急券・急行券を同時に買い求めた場合で、乗車後は取り扱いできないのだが、車内ではお客が本州線の特急券・急行券を提示したときに限り、「事情気の毒」と認めて乗り継ぎ割引を適用していた。

無割引の特急券を発行されたことに気づいたお客は、その専務車掌に苦情を述べたが誠意あるお詫びの言葉がなかったらしい。激昂したお客はチーフの所に一緒に行こうと言い出し、ついに私のところに来たというわけである。

念書はお客の要求どおりに書いたものだが、発行は一九八五（昭和六十）年、国鉄の民営・分割が国会でも議論され、国鉄への視線が厳しくなったころである。

札幌市
○○○○殿　　　七月二十六日　函館・釧路間　特急「おおぞら7号」車掌長
函館駅発車後、お客の○○様から函館・札幌間の特急券発売を申し受けた際、担当の専務車掌は東京都区内から札幌市内行きの乗車券の提示を受けたにもかかわらず、同区間の無割引特急券を発売いたしました。発売後、○○様のご指摘で使用済みの上野・青森間の特急券所持が判明し、あらためて函館・札幌間の乗り継ぎ特急券を発売いたしました。この際の取り扱いについては自由席車担当の専務車掌は、特急券発売時に乗車済みの本州線の特急券所持を○○様に確認のうえ発売すべきで、お客様に大変ご迷惑をおかけし、申し訳なく思っております。
今後はこのようなことなく、お客様本位のサービスに努めることをお約束し、念書といたします。

意気揚々と自席へ戻るお客を見送ったあと、専務車掌は「すいませんでした」と私に頭を下げた。終わったことだから気にするな、これから注意すればいい、と答え、こういう仕事をしていれば、どこで何が起こるかわからないから、と付け加えたのを記憶している。

北海道で初めて汽車が走ったのは一八八〇（明治十三）年十一月二十八日、幌内鉄道手宮（小樽）―札幌間だった。

その第一列車に乗った北海道の車掌第一号は、開拓使雇の村上彰一。この時は列車長心得で、それも十日前の十一月九日に任命されたばかりだった。

村上は五八（安政五）年の大阪生まれで、七五（明治八）年に横浜に出て英語を学び、七八（明治十一）年に北海道へ渡って開拓使に採用され、煤田開採事務係に所属した。煤田開採というのは炭砿開発の事業所で、石炭輸送のため鉄道部門があった。煤田開採事務係は後に炭砿鉄道事務所に改称されるのだが、北海道の鉄道敷設をアメリカ式で進めることになり、英語に強い村上は、幌内鉄道にはなくてはならない人材になった。

車掌「第一号」は開拓使雇の村上さん

村上は八一（明治十四）年三月には、後の車掌である列車長兼手宮停車場長心得。四月には手宮の鉄道栈橋取締兼務となった。栈橋取締は後の栈橋長。さらに八月には明治天皇行幸の際の手宮―札幌間の御召列車にも乗務した。九月には札幌停車場長に昇進した。北海道の鉄道の最初の車掌と、初代の手宮と札幌の駅長を務めたことになる。スピード出世はまだ続く。八四年に幌内鉄道から日本鉄道株式会社（東北本線を経営）に転じ、三年後には第三代目の上野停車場長に抜擢された。幌内鉄道における業績が高く評価されたのだ。

第三章　車掌室から

電車や気動車の運転室の後ろに立ち、ぐいぐいと近づいてくる線路を見ていると線路の両側にさまざまな信号機や標識が立っているのに気づく。信号機が確認できる付近に近づくと運転士が信号機を指で差しながら「閉塞進行！」「場内進行！」ときびきびした声を上げる。「指差し確認」である。作業の正確度を高めて信号や標識の誤認を防ぐためだが、大声を上げることは大脳刺激を強めて正しい認識ができるといわれている。列車は信号で安全を約束されて走っている。猛吹雪のときや深い霧のときも、列車は信号機を確認しながら走り、時刻表どおりの定時で運行する。

この章では信号と標識、ＡＴＳ、ＣＴＣなどの列車集中制御や沿線電話、事故報告など、鉄道の安全にかかわることについて書いてみる。

運転室は、運転士と車掌の共用場所？

運転室
—車掌弁—

車両の種類や形式によって異なるが、電車や気動車には車掌室というものは特急を除いては特に設けられていない。したがって列車の最後部車両の運転室が車掌の執務場所、つまり車掌室になり、ここにはそれなりの車掌設備が整えられている。両サイドの壁に「車掌弁」がある。赤い握りが付いた紐がぶら下がっている空気弁で、非常事態で列車を止めるとき、この車掌弁を一気に引き下げる。梃子を利用した「吐き出し弁」ともいわれるもので、引いている手を緩めたり、手を離すと元に戻ることがあるので列車が止まるまで引いている。引いている間中、エアが流出して全車両にブレーキがかかる。しかし、列車運転中の突然の緊急停止なので、停止した瞬間には相当なショックがある。車内放送で緊急停止し

車掌弁。緊急停止用のエア吐き出し弁で、この弁の操作で全車両にブレーキがかかる

た理由を説明したあと「ただいまの急停車で、お怪我をされた方はいらっしゃいませんか？車掌が車内を回りますのでお声をおかけください」という案内を付け加え、急いで車内を回るのである。廃車になったが特急形のキハ82形式は、車掌スイッチの上部に「非」を表示された押しボタンがあり、これを押すと非常ブレーキが作動した。

電車には、電気スイッチがある。「非常ブレーキスイッチ」、操作は電気回路をオフにするスイッチを引き下げるだけ。空気系貫通ブレーキの車掌弁とまったく同じ制動力を持つ、電気系指令式貫通ブレーキの緊急停止装置である。

―車掌スイッチ―

列車が駅に着くとドアが開き、お客の乗降が終わると車掌がホイッスルを吹き、ドアが閉まる。このドア開閉の装置が「車掌スイッチ」である。ドア鍵を挿入してロックを解き、「開け」のときは開閉コックを押し上げ、「閉め」のときは押し下げる。

車掌スイッチ。旧型気動車のドア開閉装置

―車側表示灯―

車掌スイッチを操作したあと、車掌はドアが完全に閉じたことを確認するのだが、このとき車体の側面に付いている「車側表示灯」で確認できる。ドアが開いているときは車側表示灯の赤色灯が点灯し、閉じられたときに消灯する。車体の両側に一個ずつ付いているので、車掌は全車両の消灯を確認したのち「押しボタン」を押して、運転士に「車内ブザー」で出発を指示する。気動車の車体には赤色灯の車側表示灯のほかに、白色と黄色の表示灯がある。白色灯はエンジン停止のとき、黄色灯は車内非常ボタンが作動したときの点灯で、車側表示灯の確認で点灯車両がわかる。

黄色灯点灯の仕組みは、客室内から運転室へ車内の異常を知らせる電磁式のブザスイッチのつまみが引かれたり、あるいは車内非常ボタンが押されると運転室のブザーが鳴り、同時に操作した車両の非常用車側表示灯が点灯する。電車には当然ながら、エンジン停止の白色灯の車側表示灯はない。

新型気動車の車掌スイッチ

ホームが外側にカーブしていて列車後部の車掌室から視認できないときは、車掌はホームへ降りて確認する。函館駅の特急、急行が発着するホームは、すべてがカーブしている。

車側表示灯。ドアが開いているときは赤色灯が点灯

特急の車側表示灯。車掌は全車両の消灯を確認したのち、車内連絡合図による車内ブザーで運転士に出発を指示する

—車内ブザー—

電車や気動車の出発のとき、車掌は全車のドアが完全に閉じたことを確認したのち「車内ブザー」で運転士に出発を指示する。車内ブザーは運転士と車掌間で連絡を取り合うためのもので、ブザーによるモールス符号のような「車内連絡合図」である。主なブザー合図には「進出してもよい（出発）」「支障がある（停止）」「停止位置を直す（直せ）」「電話

車内連絡合図（ブザー合図）

番号	合図の種類	表示方式
(1)	ブザー試験	・・—・・
(2)	ブザー良好	・
(3)	進出さしつかえないか又はよい	—
(4)	支障がある	・—
(5)	停止位置をなおす又はなおせ	・・—
(6)	電話機にかかれ又は打合せをしたい	—・・—
(7)	後方防護せよ又は承知した	・—・（気笛合図と併用）
(8)	停電	—・—
(9)	ブザー取消し	乱打
(10)	車掌スイッチを「閉じ位置」にした又はせよ	・・
(11)	切替えスイッチ（電車の戸じめ用を含む）を取り扱ってよいか又はよい	・・・—

備考　合図方式中「—」は長緩ブザーを、「・」は短急ブザーを示す。

ブザー用押しボタン。古風な形をしているが運転士と車掌間で連絡を取り合う「車内連絡合図」の大事な装置

に出よ」「取り消し（合図取り消し）」「車掌スイッチを閉じ位置にせよ」などがある。ドアを閉め、出発のブザーを押したあと、乗り損ねたお客がホームに駆け込んできたときとっさに「合図取り消し」のブザー合図をしたり、ドアが閉じてから乗った列車の間違いに気づいたお客がドア

に駆け寄り必死で開けようとするときなどは「出発に支障がある（停止）」のブザー合図をする。

―携帯用信号炎管―

運転室には「携帯用信号炎管」が備え付けられている。ジュラルミン製のケース入りで、予期しないところで事故が起き、後続の列車や上り下りの反対線からの列車を停止させる必要が生じたときに使用する、赤色火炎の特殊信号の一つである。そう

事故防止実設訓練。信号炎管、信号雷管を用いた列車防護の取扱い訓練（昭和47年）

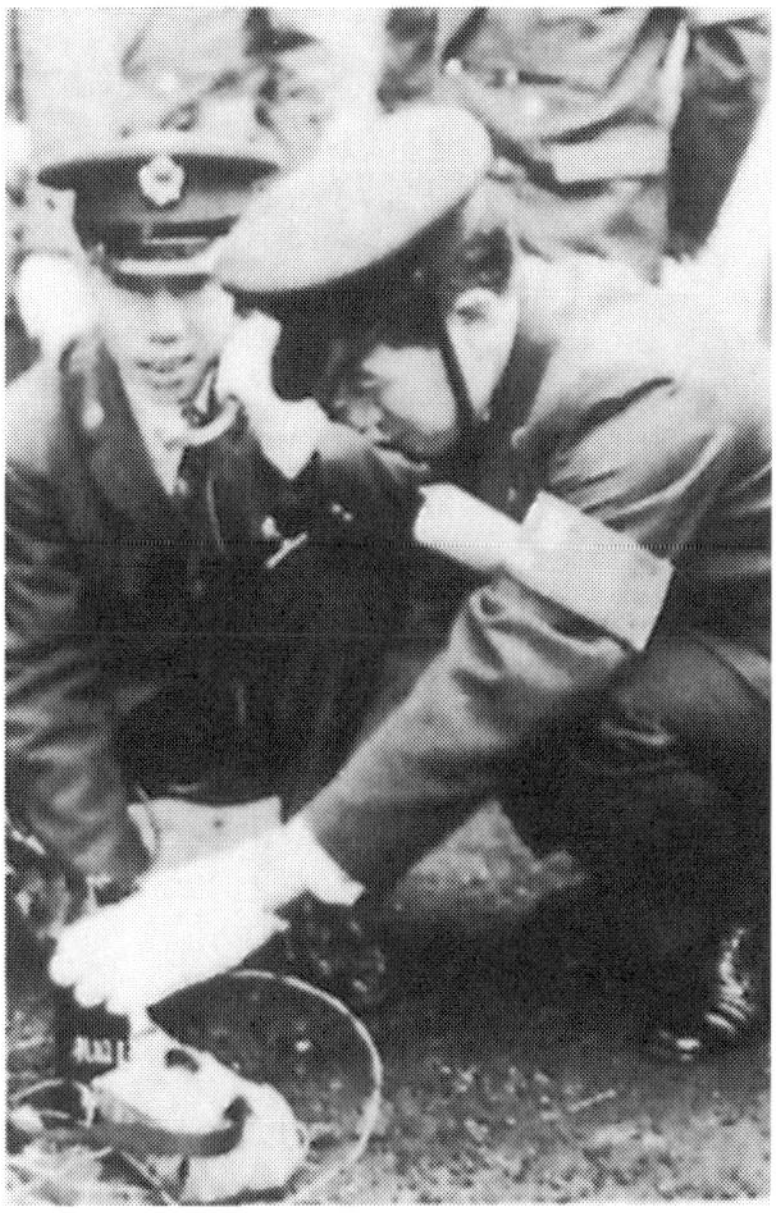

事故防止実設訓練。携帯電話機架設などの取扱い訓練（昭和47年）

した列車防護を行うときには発雷信号と組み合わせて使用するが、赤色火炎は発煙信号として緊急停止信号として単独で使用することもある。発雷信号は、信号雷管を軌条面に装置し、それを列車が踏んだ途端に発する爆音で運転士（機関士）に危機を知らせ、列車を停止させる。吹雪や濃霧で視界ゼロの時には最大の効果をあげる緊急信号である。自動閉そく方式（自動信号）の拡大で発雷信号は軌道短絡器に替わったが、これは隣接線の列車を停止させる必要がある場合、軌道短絡器を左右の軌条に装着させると信号が赤（停止信号）になって列車を停止させる器具である。

信号炎管は車掌の七つ道具の一つで以前は車掌区で保管し、乗務ごとに内容を確認し携帯していたが、のちには運転室、あるいは車掌室備え付けとなった。車掌の重要な仕事の一つである列車防護の重要な用品であり、また発雷信号は危険品でもあるので使用方法を誤らないように年に数回、実物を使っての訓練が近郊の閑散地域で行われた。今も変わらずに訓練が行われていると聞く。

信号機と標識

信号機のいろいろ
—出発信号機—

車掌のホイッスルが吹かれ、ドアが閉まる。戸締め（ドア）と連動する運転台の計器灯がパッと点灯する。車掌から「出発」の車内ブザーがくる。運転士は計器灯の点灯を確認すると同時に「出発信号機」の青色の進行現示を確認し「出発進行！」と喚呼しながら、足元の汽笛吹鳴のペタルを踏み、ブレーキを解く。これが列車出発のセオリーだが、動きの一つひとつに指差し確認がともなう。

一九八四（昭和五十九）年ころまで無人駅（駅員無配置駅）以外は、すべて駅長、あるいは助役が出発信号機を確認し、車掌に出発指示合図を行い、それによって車掌が車内ブザーで運転士に出発合図をしていた。その後は規則改正で一部の主要駅を除き、車掌が出発信号機や出発反応標識を自分の目で直接確認し、列車

出発信号機（札幌駅、下り苗穂方面）

を出発させることになった。出発反応標識とは、車掌から出発信号機の見通しが困難な駅ホームに設けられているもので、出発信号機と連動している簡単な白色灯である。出発信号機が進行の青色を現示したときに点灯する。

この章では「現示」「閉塞」「標識」「表示」「ブザー」という熟語が何度か出てくる。鉄道用語だが、これは書き替

出発信号機（手稲駅、上り方面）

出発反応標識（手稲駅上り１番ホーム）

出発反応標識の表示の方式、色彩、形状

表示の方式	出発信号機に停止信号を現示しているとき	出発信号機に進行を指示する信号を現示しているとき
昼間及び夜間		

信号機の信号の現示の方式、色彩、形状

名称	場内信号機、出発信号機、閉そく信号機				
信号現示	停止信号	警戒信号	注意信号	減速信号	進行信号
二現示（出発信号機及び出発信号機の使命を兼ねる場内信号機に限る）	赤				緑
三現示	赤		橙		緑
四現示	赤		橙	橙 緑	緑
	赤	橙 橙	橙		緑
五現示	赤	橙 橙	橙	橙 緑	緑

出発信号機の進行現示を確認し、ドア閉め体制に入る

えようがないのでここで簡単に説明しておきたい。

「現示」は色、形、音などによる信号の表示のことで、現在の状態を示している。

「閉塞」は信号機と信号機の間のことで、閉塞区間ともいう。一閉塞には一列車しか入れない。

「標識」は強制力を持った看板や灯火のことで、ただの目印である標とは意味合いが違う。

「表示」は分かりやすく形に表したもの。

「ブザー」は運転台に設置されていて「ベー」と鳴るもの。運転台（室）と車掌室との連絡に使われている車内連絡合図である。

―閉塞信号機―

駅と駅の間にある信号機を「閉塞信号機」といい、駅と駅の区間を「閉塞区間」という。この閉塞区間に列車がいなければ、閉塞信号機は自動的に青色の進行信号になる。赤色（停止）なら前方の閉塞区間に列車がいることを示し、黄色（注意）なら前々方の閉塞区間に列車がいることを示している。駅と駅の区間が長ければ、閉塞区間を細分化して閉塞信号機を設けることができる。朝里・銭函間、江別・幌向間などのよう

閉塞信号機（小樽築港・銭函間、上り線）

閉塞信号機（銭函・手稲間、下り線）

に駅と駅の区間が長いところは閉塞区間が細分化され、そこに立つ閉塞信号機の下部に「識別標識」という番号札が付けられている。3、2、1の順で、次駅の「場内信号機」に次第に近づいていくことがわかる。

信号の現示は「進行（青）」、「減速（速度を六十五キロに落とせ。黄＋黄）」、「注意（速度を四十五キロに落とせ。黄）」、「警戒（速度を二十五キロに落とせ。黄＋青）」、「停止（赤）」となっている。

―場内信号機―

「場内信号機」とは駅への進入を指示する信号機で、ここからが駅構内であり、駅長の管轄下である。線路数が多い駅の場内信号機には、線路のどのルート（番線・到着ホーム）に進めるのかを運転士に知らせる「進路表示機」が信号機の下部に付設されている。カギ矢の白色灯で、左、中、右の三方向を現示する。駅構内の都合で到着ホームが不意に変更になっ

閉塞信号機識別標識

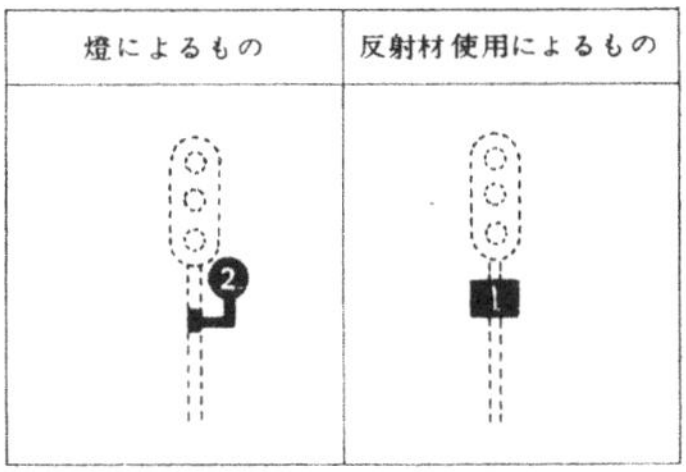

場内信号機（手稲駅、下り線稲積公園駅方面から）

たとき、場内信号機を「停止（赤）」現示にして進行中の列車を停止させた上で、カギ矢の白色灯で変更した番線やホームを現示する。すぐに場内信号機が「進行」を現示して列車は動き出す。運転士はブザー合図で車掌に電話を取らせ、到着番線の変更を知らせる。そこで車掌は「到着ホームが変わりまして、○○番ホームに到着します。降り口は右側…」という車内放送を行う。まもなく到着、というときに停止し、動き出した後にこういう放送があるときは、間違いなく突発的な到着ホームの変更である。

—中継信号機—

函館本線の桑園から札幌へ向かうとき、線路は左側にカーブしている。カーブの

中継信号機

進路表示機（信号付属機）の表示の方式、色彩、形状

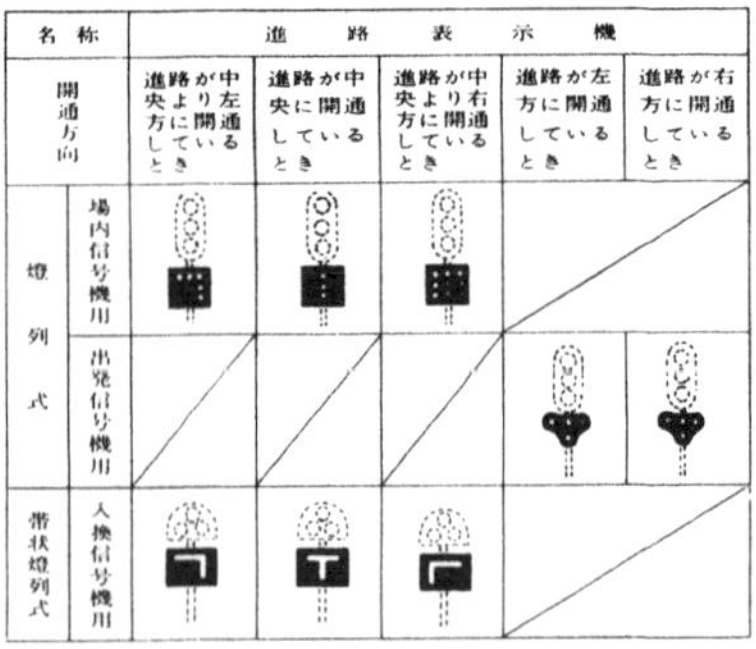

中継信号機の表示の方式、形状

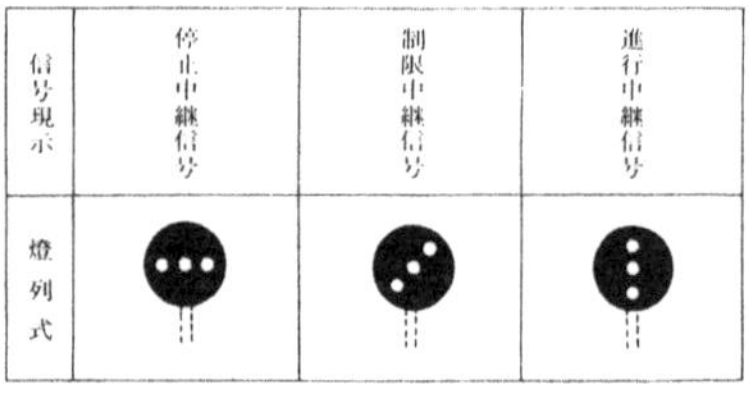

先に札幌駅の場内信号機があるのだが、カーブの辺りに繁茂した樹林や建物があり、見通しがよくない。場内信号機がそれらの陰になっていて、運転士のブレーキ操作に支障をきたすことがないとはいえない。そういうところに場内信号機をはじめ、出発信号機や閉塞信号機の補助的なものとして「中継信号機」が設けられている。

―遠方信号機―

場内信号機の現示を予告するもので、中継信号機と同じ補助的な機能を持つ信号機である。非自動区間で閉塞区間が長いところに設けられ、場内信号機から四百㍍以上の地点に立てられている。千歳線の苗穂・北広島間が現在線に付け替えになる一九七三（昭和四十八）年まで、この区間は急勾配、急曲線の連続で場内信号機の見通しが困難だったので遠方信号機が各所に設けられていた。

―入換信号機―

入れ換えというのは駅構内で車両を移

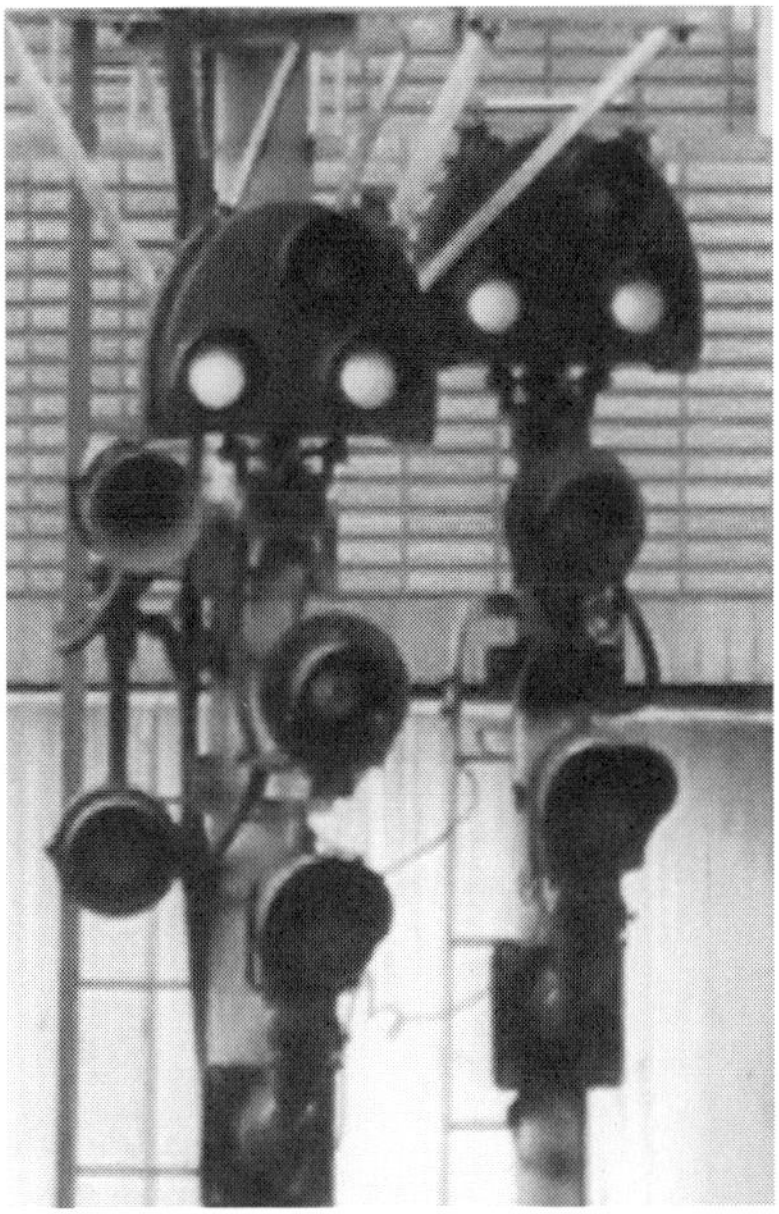

入換信号機（札幌駅、上り方面）

動させる作業のことで、その際、駅勤務の信号掛や操車掛という係員の合図や指示が必要である。その合図や指示を係員に代わって行うもので、運転士は信号を確認して進入する。「進行」と「停止」の二現示で、進行は斜め点灯、停止は白色灯水平点灯である。現在はCTCセンターが遠隔制御を行っている。

入換信号機の表示の方式、形状

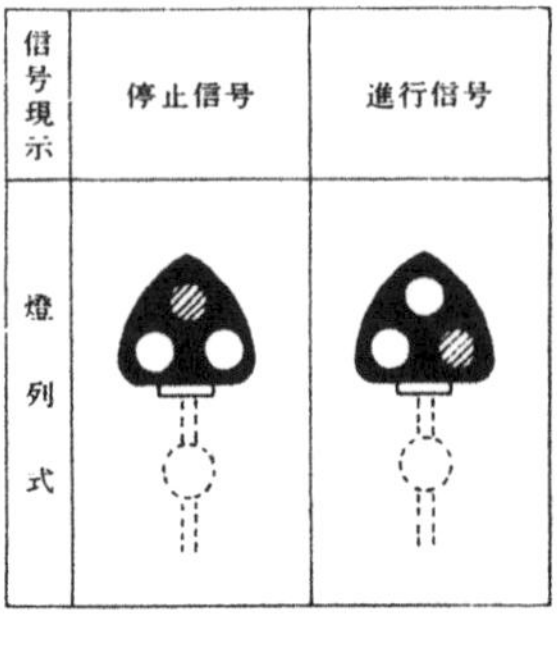

標識のいろいろ

―列車標識―

「列車標識」には前部標識と後部標識があるが、前部標識とは前照灯（ヘッドライト）、後部標識とは尾灯（テールライト）のことである。もともと前後の標識は非自動の単線区間での正面衝突や追突を避けるための防護手段で、後部標識については昼間は赤色板を掲出し、夜間のみ標識灯の使用だった。だが石勝線の第二串内トンネルのような四千メートルから二千メートル級の長大トンネルが相次いで開削され、ましてや津軽海峡線などは実に五十三キロメートルがトンネルである。いまやトンネル内の運転も夜間方式となり、後部標識は昼夜を分かたず常時点灯の時代となった。後部標識も存在価値が高まったが、その取り扱いは車掌がする。

クハ721系電車の後部標識は上部左右の２個

前照灯は形式によってさまざまで、一個から最大四個まである

—距離標—

線路に関心がある方なら、線路の左側、つまり列車が進む方向の左側の線路脇に数字が書かれた、高さ一㍍ほどの白い棒杭が立っているのをご存知だと思う。キロポストともいわれている「距離標」で、線区の起点を〇㍍にして、距離を一定間隔で書いて建てた線路諸標の一つである。一㌔おきに立てられているのは一号（旧甲号）ポスト、二分の一の表記があり五百㍍おきに建てられているのは二号（旧乙号）ポスト。百㍍おきに建てられて

いるのは三号（旧丙号）ポストである。

距離標を丹念に見ていくと区間の距離が分かり、列車の速度も計算できる。ちなみに函館・札幌間の営業距離は二百八十六・三キロメートルだが、二百八十六キロメートルの距離標は北七条西十丁目のアンダーバス上の高架の壁の上に、286と書かれて立っている。函館本線の起点は函館で、距離は倶知安、小樽経由である。

―勾配標―

線路の勾配は千分率で表され、千メートルの水平距離で十五メートルの高さを登る勾配を千分の十五、あるいは十五%（パーミル）という。

「勾配標」は線路の左側、線路の勾配の変わり目に、終点に向かって立っている二本の腕が付いた杭のことである。上り勾配を示すのは、腕木を杭に対して六十度上向きに取り付け、下り勾配の場合は

函館本線発寒・発寒中央間の下り線の脇に建つ函館起点281キロの距離標。積雪を考慮して鉄パイプの上に建つ

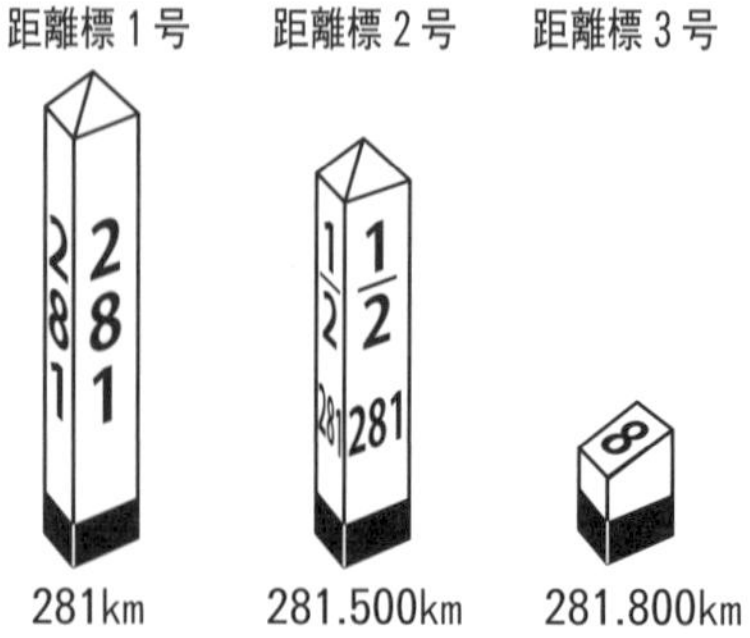

その逆になり、それぞれ前述したように勾配を千分率で書いている。変わり目が勾配でないときには腕木を水平に取り付け、水平という意味のＬＥＶＥＬの頭文字、Ｌと書いてある。勾配標は動力車乗務員にとっては重要で、冬季はもちろんのこと、列車のけん引が重い時や雨の日はブレーキの利きが悪くなるので乗務員は勾配標を見ながらの運転になる。

鉄道の最大の難敵は勾配線である。根室本線の落合・新得間には狩勝峠があり、千分の二十五の急勾配区間があった。このため、この区間の線路は険峻な狩勝峠を迂回して作られたが急勾配は避けることはできず、スイッチバックを設備した狩勝信号場が設けられた。それでも機関車を列車の前後に付けて運転するほかなかった。急勾配を避けた新ルートが作られ、使用が開始されたの

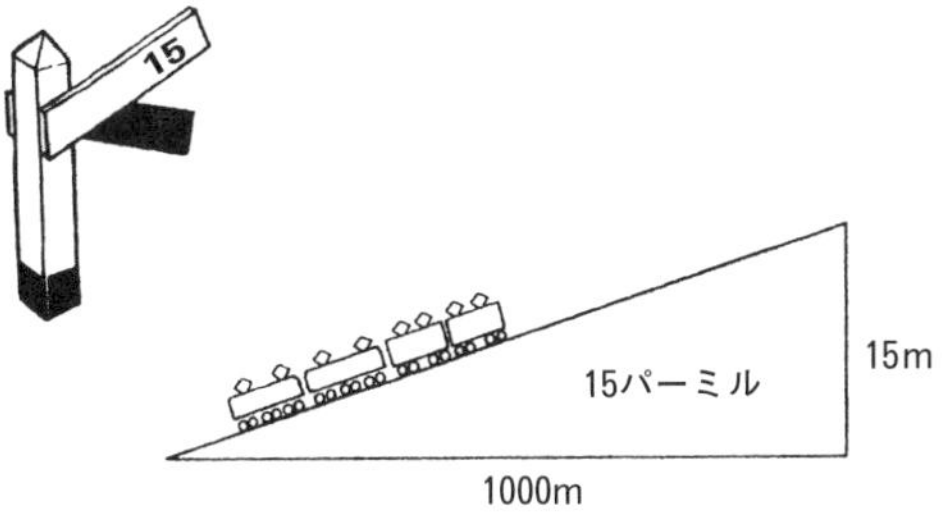

パーミルとは？

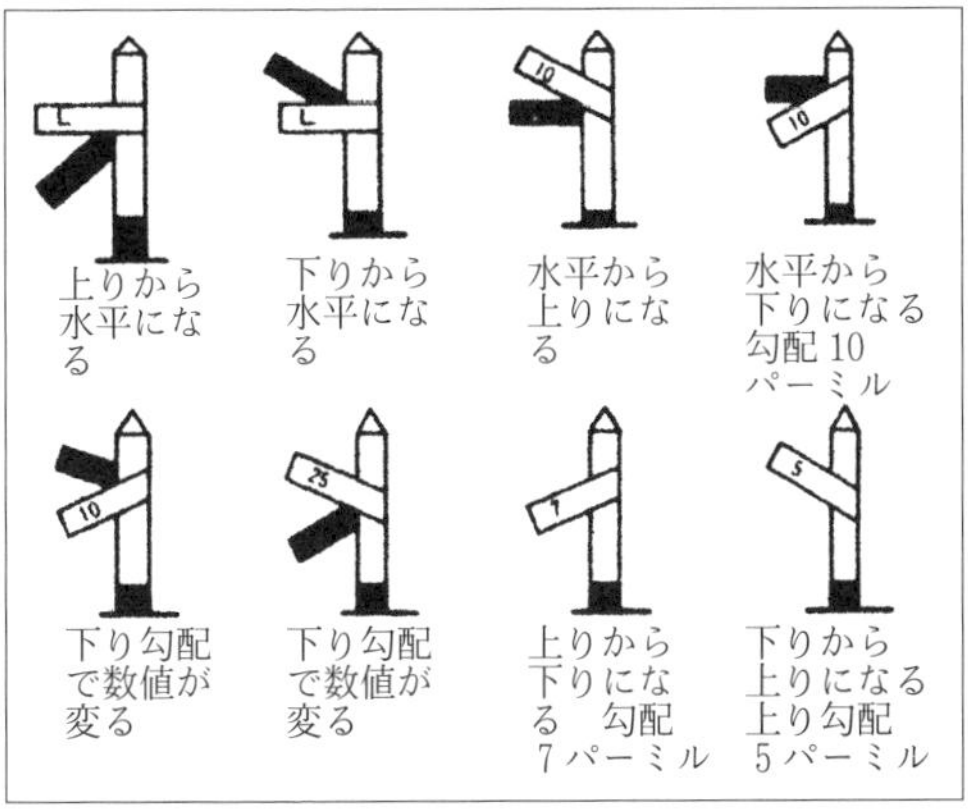

勾配標の見方

は一九六六（昭和四十一）年だった。新ルートの落合・新得間二十八・一キロの区間には上落合、新狩勝、広内、西新得の四信号場が設けられ、上り下りの行き違いで停車する列車の出発合図は車掌が行うことになった。

　このほか、急勾配の途中で退避し、平地の線に入って、あらためて出発するスイッチバックは石北線の常紋信号場や、函館本線の仁山信号場にも設けられていた。だが、急勾配の路線を難なく登りきれる強力な機関を持つディーゼル機関車や気動車の導入でスイッチバックも必要なくなり、常紋信号場は廃止、仁山信号場は旅客駅になり、道内からは二〇〇〇（平成十二）年七月かぎりで、スイッチバックは消えた。

勾配標。この地点から1000分の2、あるいは2パーミルの下り勾配になる

函館本線朝里・張碓間の下り線脇に建つ勾配標。この地点から1000メートルの水平距離で2メートルの高さを登る1000分の2、あるいは2％（パーミル）の上り勾配になる

保安システム

ATS、CTCとは？

―ＡＴＳ―

列車の運転本数が増え、しかも列車の高速化が進むと運転士の注意力だけでは安全は確保されなくなる。特に吹雪などの悪天候下では、運転士の信号見落としなどによる重大事故を招きやすい。

一九六二（昭和三十七）年五月に常磐線三河島駅構内で列車衝突事故が発生し、百六十二人もの死者を出す大惨事があった。下り貨物列車の機関士が停止信号を無視して進行したため、安全側線に進入して脱線。そこへ上りと下りの両電車が衝突した。この事故を契機に緊急防護装置やＡＴＳの全線への設置が決められた。ＡＴＳは自動列車停止装置であって、車上装置（車上子）と線路内に設けた地上装置（地上子）で構成されている。停止（赤）を現示している信号機の地上装置（地上子）の上を列車が通過すると警告音が鳴り、運転士が確認のボタンを押すと警告音のブ

ATS地上子。線路内に設けた自動列車停止装置の地上装置（函館本線手稲駅付近）

ザーはチャイムに変わる。このとき、警告音が鳴りだしてから五秒以内に確認のボタンを押さなければ非常ブレーキが作動する。

このATS装置は一九六五（昭和四十）年度末までに、道内全線区の動力車と地上に設備された。

―CTC―

CTCとは、駅や信号機、信号場の信号機、分岐器（転轍器・ポイント）の操作を制御所が集中して遠隔制御し、列車運転を管理・指令するシステムである。貨物取り扱いの廃止に伴う近代化と運転上の保安度や能率の向上が目的の導入だったが、要員合理化の一面もあったといわれている。

遠隔制御をするところをCTCセンターといい、札幌車掌区（現札幌車掌所）と同じJR札幌西総合庁舎内（現JR西ビル）に置かれた。CTCセンターには全区間の線路配線を描いたCTC制御盤があり、信号機や分岐器の動作状況、列車の運行状況、列車番号や列車の運転に必要な情報がボードに表示されている。運転司令員はそれを見ながら列車の運行を指示するのである。

道内では一九六九（昭和四十四）年十一月に函館本線の五稜郭・森間で初めて導入されたが、現在では主要な区間ほとんどにCTC方式が取り入れられ、鉄道の近代化と安全化を支えている。道内でＣＴＣが施行されていない線区は、函館本線の長万部・小樽間、根室本線東釧路・根室間、日高本線全区間、留萌本線留萌・増毛間、宗谷本線永山・南稚内間、札沼線北海道医療大学・新十津川間、石勝線新夕張・夕張間など列車本数が少ない線区である。当然、乗務線区がＣＴＣ区間か、非ＣＴＣ区間かによって車掌の業務も異なってくる。

ＣＴＣ方式の導入に合わせて番線（乗り場・ホーム）の調整が行われた。鉄道開業時から駅事務室・駅本屋前が一番線、一番ホームと定められていたのだが、ＣＴＣを導入するに当たって取り扱いの面から不都合が生じた。そこで、ＣＴＣ区間の上り線は一番線、一番ホーム。下り線は二番線、二番ホームに統一された。駅の建設位置によってホームの表示を変えたのは砂川、美唄、野幌、江別、銭函、朝里、小樽など駅事務室前が一番線、一番ホームだった各駅で、これまでの一番ホームを二番ホームに、二番ホームを一番ホームに書き変えた。

ＣＴＣセンター。駅の信号機や分岐器の操作を遠隔制御し、列車の運転を管理・指令するところ

沿線電話と無線電話

沿線電話器と携帯電話機

—沿線通信柱の黄色い矢印？—

運転中に列車が脱線事故や自然災害に遭遇したとき、すぐに関係個所へ連絡して救援などを求めなければならないが、その連絡手段は鉄道沿線に設備されている沿線電話器や、携帯電話機接続設備による以外ない。ＣＴＣ区間か、非ＣＴＣ区間かという事故発生の地域にもよるが、とにかく第一報は迅速が第一である。

車窓から、沿線に立てられている通信柱や電車線柱に黄色で書かれた矢印の標示を見たことがあると思う。裸線区間では通信柱はおよそ五本目ごとに約二百五十メートル間隔を標準として立てられ、矢印の終端に携帯電話機を接続する設備柱がある。矢印は設備柱の方向を指示している方向指示標で、非常の時、車掌は携帯電話機を抱えて矢印に従って走れば、最も近くにある上部に黄色帯を巻いた設備柱に行きついた。札幌圏については早くからケーブル化され、通

沿線通信柱。黄色い矢印は沿線電話機設備柱の方向を指示する方向指示標

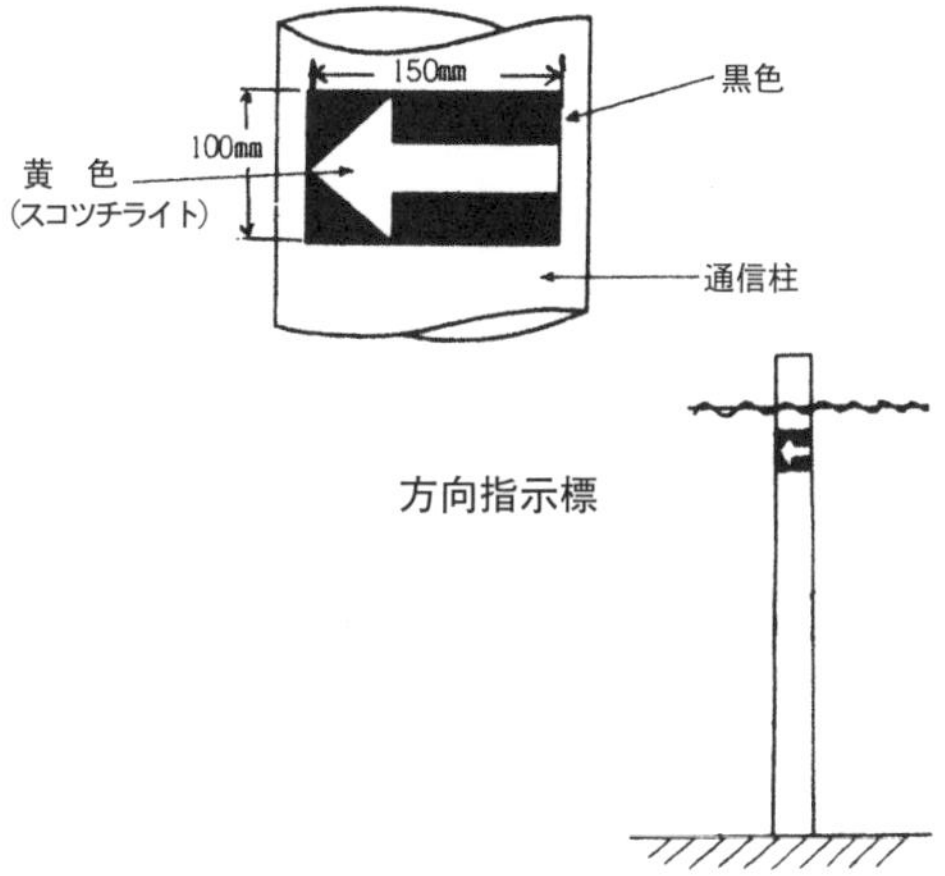

沿線通信設備の位置を示す標識

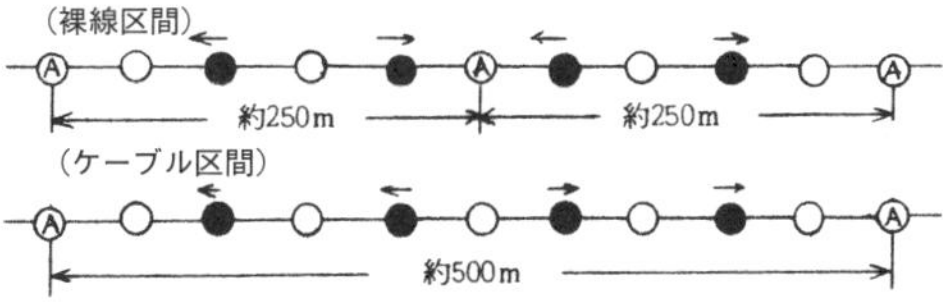

（注１）Ⓐは、設備柱
（注２）●は、方向指示標のある通信柱

沿線電話機。方向指示標にしたがって走れば直近の設備柱に行き着く

信柱、電車線柱、支持柱に方向指示標が付けられ、約五百㍍間隔で沿線電話機が設備されていた。

—運転室備え付けの携帯電話機—

携帯電話機は電車、気動車、あるいは電気機関車、ディーゼル機関車の運転室に備え付けられている皮ケース入りのものである。各線区で設備の違いはあるが、設備柱に裸線の引き下げ線があるので、これに電話器の接続コードのクリップでリード線をはさむ。

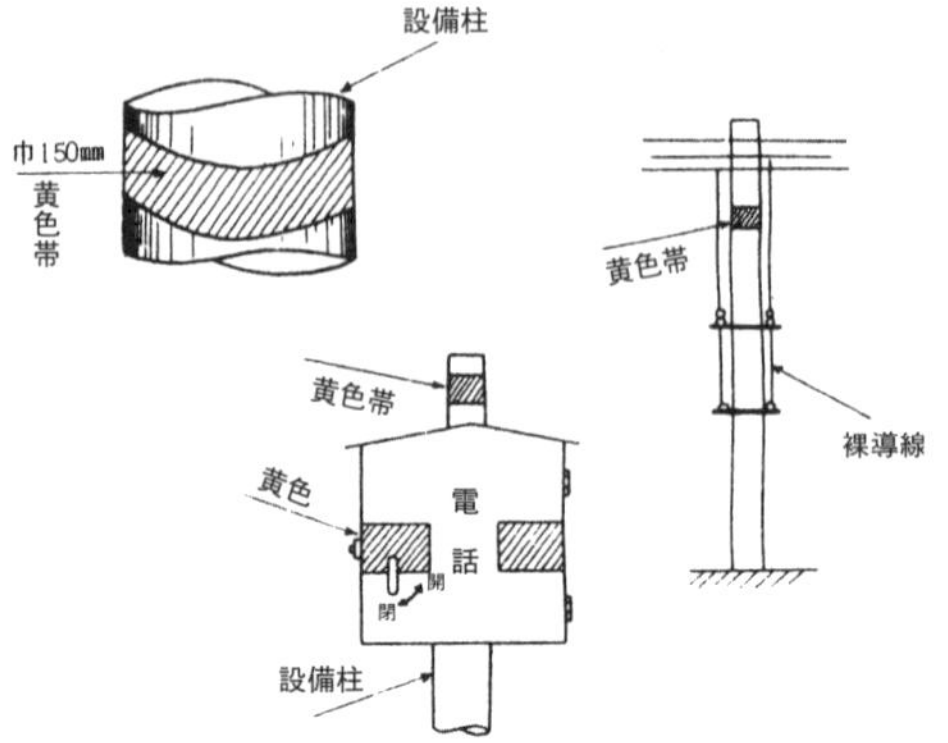

沿線通信設備の設置位置標識

—電話ボックス内の沿線電話器—

沿線電話器は設備柱の下部に鉄製の電話ボックスがあり、そこに収納されている。ドアスイッチが設けられてあり、扉を開けると電話は回線に接続される。運転、交換、電力、保線、信号などの専用回線が収容されていて、

機関車搭載の携帯電話機で脱線事故発生を速報する車掌（佐藤広雄さん撮影）

雪崩に遭遇、脱線し運転不能となった函館発網走行き急行「大雪」（昭和30年3月銀山・然別間）

回線切り替えスイッチで選択使用する。この場合の「運転」は、ＣＴＣ区間のときは列車集中制御所の「列車指令」とを結ぶ運転専用回線である。この沿線電話器のほかに運転室積み込みの携帯電話機を端子に接続すると、同時に二つ以上の通話をすることができた。事故、災害のときは運転士もまた関係個所へ連絡するので、一個の電話では足りないのである。

ＣＴＣ区間については電話ボックスがあって沿線電話器が設備されているが、列車運転本数が少ない一部区間では携帯電話機端子箱が設備されている。津軽海峡線をはじめ石勝線、根室本線、函館本線などには道内でも群を抜く長大トンネルが多いので、すべてのところに電話ボックス入りの沿線電話器が設備されている。

そうした設備も乗務行路別の携帯電話を車掌が持つようになった現在、その使用は線路

沿線電話機

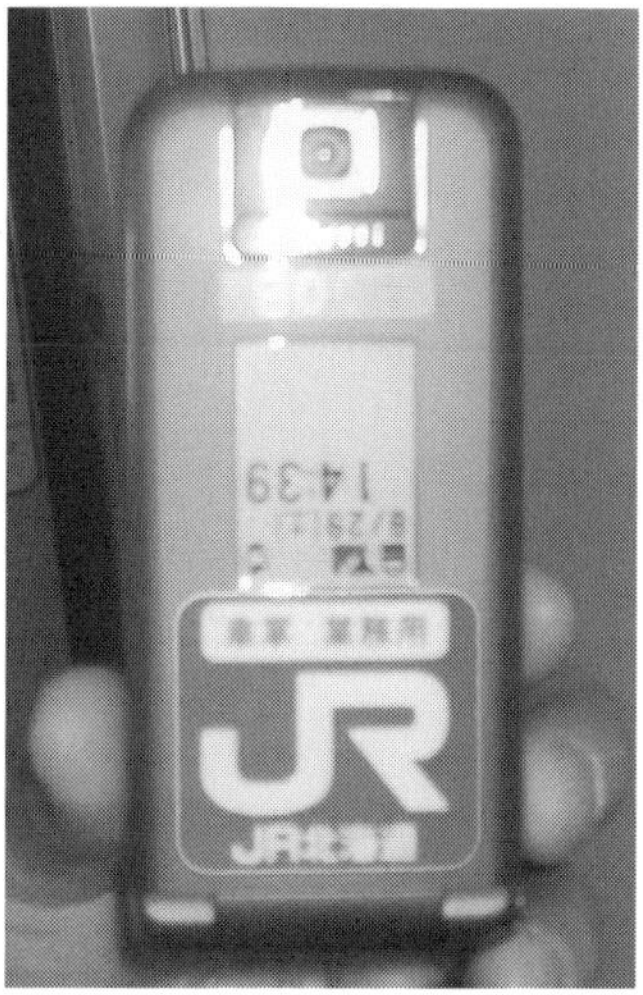

ＪＲの携帯電話

や電力、信号保安設備故障などにかかわる関係者が多いという。

なお、車掌用の乗務行路別の携帯電話についてだが、通話はＪＲ北海道の指定された箇所のみに限定され、それ以外の箇所には通じない。ほとんどが列車指令からのメール受信のようだ。

乗務員用無線電話
—使用範囲拡大の携帯無線機—

一九六九（昭和四十四）年から電気機関車、ディーゼル機関車がそれまでの機関助士、運転助士を廃止し、機関士、運転士の一人乗務となった。このため列車運転の保安度を高める施策として、駅、運転士、車掌との間の業務連絡用として携帯無線機が使用された。無線機を駅に置いて基地局とし、切り替えスイッチを「入換」にしておき、車掌が駅長と通話をするときは「入換」位置で行う。地形などにより異なるが、通信距離は約二キロメートルなので、

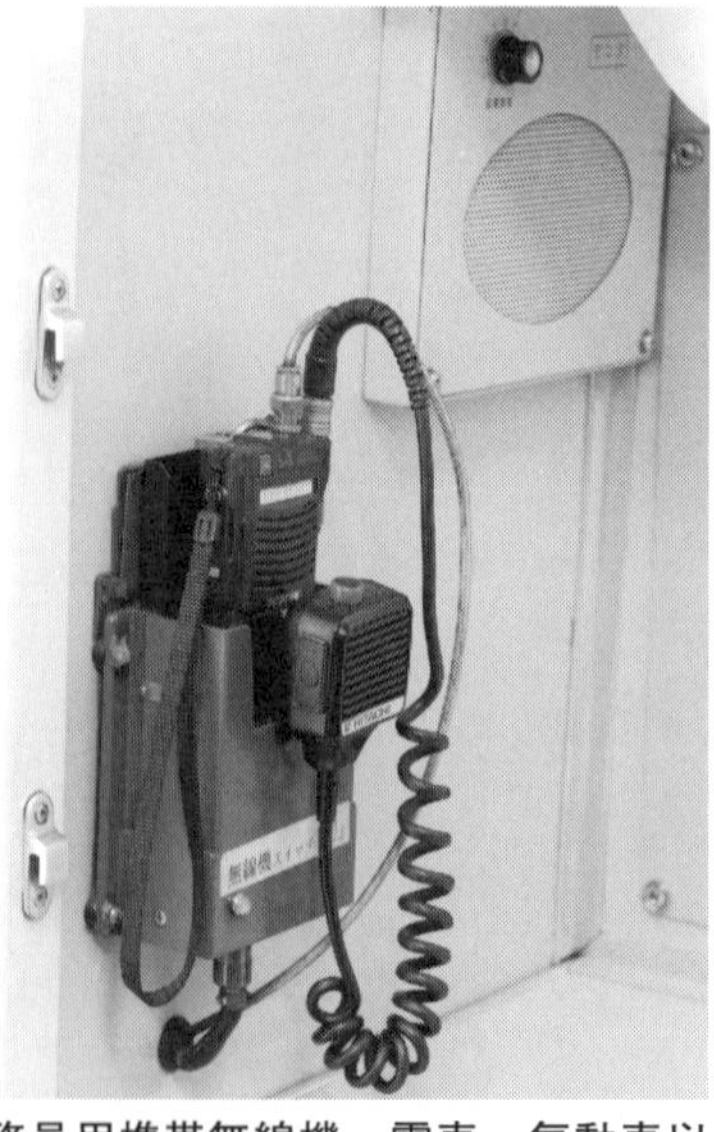

乗務員用携帯無線機。電車、気動車以外の客車列車の出発合図は、車掌が無線機で運転士を呼び出して行う

使用は列車停車中に限られていた。

機関士用は機関車に取り付けておき、無線機置台が電池の充電器になっていた。電車、気動車以外の客車列車の出発合図は、車掌が無線機を使って機関士（運転士）を呼び出して行った。

一九八五（昭和六十）年十月からCTC区間では、CTCセンターの指令員からの運転上の指令、指示、打ち合わせ、情報連絡などについては携帯無線機が全般に使用されることになった。その取り扱いは緊急時に限らず、列車の運転中にも使用できるようになった。

連絡船乗客用無線
—特急「おおぞら」搭載の無線電話機—

北海道に初めて特急が誕生した一九六一（昭和三十六）年十月、函館・旭川間の特急「おおぞら」と青函連絡船の車船接続をスムースに行うため、森駅と長万部駅、そして特急「おおぞら」のキハ八〇系の車掌室に「連絡船乗客用無線電話機」が設置された。この無線機によって「おおぞら」から連絡船への乗り継ぎ人員の正確な通報、列車運転や旅客取り扱いの指示、報告などが長万部駅から森駅付近で、青函鉄道管理局の旅客指令に連絡された。一方、旅客指令からは乗船予定の連絡船名、津軽海峡中央部の風速、風浪が知らされ、車内放送で逐一案内をしたのでお客の評判もよく、無線電話機は予想以上の効果を挙げていた。

上り「おおぞら」は旭川駅発十七時三十分、函館駅着は二十四時〇〇分。東室蘭・函館間をノンストップで走る道内最速の特急で、常に全車満席だった。

運転事故

事故の発生

―車掌は司法巡査―

列車の運転で一般人の死傷や物の損傷が生じることもあるし、鉄道職員のミスや天災地変などでも事故は起きる。一つの事故が原因で第二、第三の併発事故が起きた三河島や鶴見の事故もある。

運転事故が起こる恐れがあるとき、または併発事故を起こす恐れがあるとき、車掌は迷うことなく関係列車を停止させる手配をとらなければならない。不幸にして事故が起きたときは負傷者の収容、衝撃物の除去、線路の復旧などが大事だが、最優先されるのは人命に対しての安全処置で

様々な事故発生を想定して行われる運転事故防止机上訓練

司法巡査の章

ある。車掌はお客の誘導、退避などを進め、同時に事故処理を迅速に行い、復旧を早めるため関係個所へ事故状況を速報しなければならない。また事故現場に居合わせた鉄道職員や、乗客として列車に乗っていた鉄道職員に協力を求めなければならない。事故発生のときは、鉄道職員はその職の如何にかかわらず一致協力することが義務づけられているからだ。

運転事故にはさまざまな種別がある。列車衝突、列車脱線、列車火災、踏切事故、人身障害などが主なものだが、運転、営業、司法の関係者が現場に到着するまで、現場での指揮は司法巡査指定の車掌が行う。

―事故の速報―

踏み切りでの死傷事故は悲惨である。次に挙げるのは道東のある踏み切りでの事故。気動車列車と乗用車が衝突、乗用車は大破し運転者は即死、同乗者は重傷。気動車は前頭部を破損し、運転不能になった。このため事故後、車掌が運転不能となった前頭車で手旗で合図をしながら、後部の気動車による推進運転で次駅まで行った。

本列車○○駅を定時発車、時速八十五キロで力行運転中、上記地点○○踏切の約百二十メートル手前にさしかかったところ、列車進行の右側から突然踏切りを横切ろうとする乗用車を運転士発見。直ちに非常汽笛吹鳴とともに非常停止手配を取りたるも及ばず、これに衝突。乗用車を引きずったまま約○○行き過ぎて停止した。直ちに取り調べたところ、乗用車は線路左側土手下に横転大破し、運転者は車外に放り出されて即死。同乗者は車内で全身打撲し意識不明。気動車は前頭部制動管折損し、前途の運転不能となった。直ちに付近住民ならびに通行中の自動車の応援を求め重傷者を救出し病院収容の手配を取るとともに関係各所へ通報し、事後処理を依頼した。気動車の応急処理を

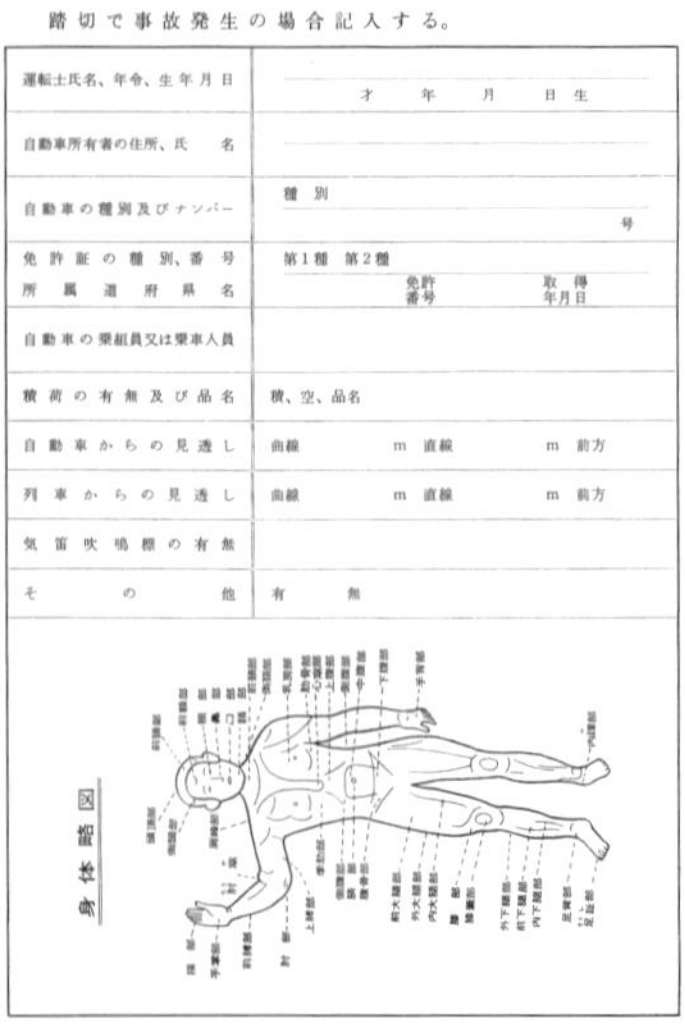

踏切で事故発生の場合記入する。

運転士氏名、年令、生年月日	才　年　月　日生
自動車所有者の住所、氏名	
自動車の種別及びナンバー	種別　号
免許証の種別、番号 所属道府県名	第1種　第2種 免許番号　取得年月日
自動車の乗組員又は乗車人員	
積荷の有無及び品名	積、空、品名
自動車からの見透し	曲線　m　直線　m　前方
列車からの見透し	曲線　m　直線　m　前方
気笛吹鳴標の有無	
その他	有　無

運転事故速報依頼書（裏面）

別表第2（第4条）

運転事故、運転阻害、死傷速報依頼書

駅長殿

報告先	下記の関係箇所へ報告方お願いします。 車掌区（　）列車指令（　）機関区（　）運転区（　）○印は 保線区（　）信号支区（　）公安室（　）客貨車区（　）必要箇所
事故種別 該当に○印	踏切障害　踏切支障　線路故障　列車支障　車両故障
発生年月日	昭和　年　月　日　時　分　天候　晴　雨　雪　吹雪　霧
場所	線　～　駅間　起点　k　m（第　種踏切）
列車又は車両	上下　旅客　混合　貨物　気動車　第　列車　号　機気（前頭車）番号　機気所属　現車　両　換算　両　定数　両
状況並びに被害程度	本列車　駅定時通過発（　分遅通過遅発）上記箇所を約　km/hで （力・惰）行運転中、進行方向（正面、左側、右側）線路（踏切）内に（を）突 然（横切り、飛込み、立入り）ろうとする（人影　車馬　自動車 輪車　）を（機関士、助士）が、約　m前で発見、直ちに（気笛、 警笛）を吹鳴とともに（非常、常用）停止手配をとり、　m前で停止 たるも及ばず、これに（衝撃、ふれ）約　m行過ぎ停止した （が直前に退避したので）相互無事 取調べたところ
線路支障時間	時　分から　時　分まで　分間
支障者	（旅客　公衆　職員）住所　氏名　才（男、女）職業
原因	（本人、保護者）　の不注意（自殺）と推定
処置	
関係者	機関（運転）士（　区）　才　分区長（　分区）　才 機関（補助）助士（　区）　才　車掌（　車掌区）　才

登録統72―270―G62　B5　軍A55　51.　4　4,600枚　サンケイ　常 578

運転事故速報依頼書（表面）

なし、現場○○分停止、推進運転を行って○○駅○○分遅着した。乗客、気動車運転士とも無事。

―事故防止のために―

鉄道事故は影響が大きい。運休列車が続出し、鉄道網を麻痺させるばかりでなく、乗客に死傷者が出た場合には刑事責任を問われることになる。一九六五（昭和四十）年代から道路網が整備されるに伴って自動車が普及し、踏切事故が多くなった。しかも自動車の大型化で、踏み切りでの衝突で脱線という重大事故も多くなっている。ここで札幌車掌区車掌の乗務列車で、お客に死傷者を出した重大事故の主な

岩見沢駅操車場構内を通過中の急行「狩勝」が機関車と衝撃（昭和49年９月）

衝撃で気動車の側面が凹む

ものを書いてみたい。車掌は、いずれも私の友人たちである。

○一九七〇（昭和四十五）年三月。函館本線山崎駅構内を通過中の函館発旭川行き特急「北斗1号」第七列車が踏み切り内に進入してきたトラックと衝撃、トラック運転手が即死し、同乗者一名と旅客八名が負傷した。踏み切り警報機を無視して直前横断を

根室本線庶路駅付近で特急「おおぞら３号」が線路の整正不良で７両脱線、２両が横転（昭和51年４月）

脱線横転事故で旅客22人と車掌ら職員７人が負傷

横転した２両

しようとしたための事故。

○一九七一（昭和四十六）年六月。妹背牛駅構内を通過中の札幌発旭川行き急行「かむい1号」第八〇一列車が、同駅で貨車入れ換え作業中の入換動車と衝撃し、旅客十四名が負傷した。

○一九七二（昭和四十七）年六月。島松・恵庭間を運転中の札幌発様似行きの急行「え

函館本線幌向・上幌向間で特急「おおぞら１号」が大型ダンプと衝撃、先頭車が脱線（昭和54年12月）

衝撃で窓ガラスが吹き飛んだ先頭車。旅客23人が負傷した

りも1号」第七一二列車が、火山灰を満載したダンプカーと踏み切りで衝撃、気動車運転士とダンプカー運転者が死亡し、旅客八十四名が負傷した。

○一九七四（昭和四十九）年九月。岩見沢駅構内を通過中の帯広発札幌行きの急行「狩勝」第四〇二列車が機関区入区中の機関車と衝撃し、旅客五十四名が負傷した。信号設備の点検職員と信号扱い職員の誤操作により発生した事故。

○一九七六（昭和五十一）年四月。根室本線庶路駅の手前を運転中の釧路発函館行き特急「おおぞら3号」第二列車の七両が脱線、うち二両が横転し、旅客二十二名と専務車掌ら職員七名が負傷した。線路道床の融解とレールの継ぎ目の隙間不足によるレールの左右方向の不整が原因。

○一九七九（昭和五十四）年十二月。幌向・上幌向間を運転中の函館発釧路行き特急「おおぞら」第一列車が大型トラックと衝撃し、先頭車が脱線、旅客二十三名が負傷した。

以上は旅客に死傷者が出た札幌車掌区関係の重大事故だが、全道的にはそれらを上回る重大事故の記録が多数ある。この章の最後に札幌市内の踏み切りで発生した事故を取り上げ、事故防止への警鐘としたい。

○一九六四（昭和三十九）年十一月二十七日十七時二十分、琴似駅を定時通過した富良野発小樽行き快速気動車第八八〇列車が札幌製紙踏み切りでバキュームカーと衝撃し、最前部一両が脱線、進行左側二㍍の築堤に転落横転した。このため旅客二名が死亡、六十二名が負傷した。

また、このとき現場を通過した下り小樽発旭川行旅客第一四七列車が、下りの線路上に引きづられていたバキュームカーと再び衝撃し、機関車が脱線した。

事故発生のこの日、公休だった私は直ぐに呼び出され、大型クレーン車二両を連結した事故救援列車に乗務した。深夜、築堤に転落横転した気動車の吊り上げ作業に目を見張ったが、粉々に割れた窓ガラスと車内に点々と付着している血痕は鉄道事故の悲惨さを物語っていた。

発寒踏切事故。転落横転した気動車
（昭和39年11月、函館本線手稲・琴似間）

北海道初の鉄道はなぜ狭軌なのか

北海道初の鉄道、幌内線（小樽・手宮—三笠・幌内）の軌道の幅、軌間は「一〇六七ミリ」の狭軌だった。これは鉄道建築兼土木顧問としてアメリカから招いたクロフォードの建言を、開拓使が受け入れたことによる。

この当時、外国ではいまの日本の新幹線が採用している一四三五ミリの標準軌が使われ、狭軌はいささか時代遅れの感があった。クロフォードのふるさと、アメリカも標準軌が主流だった。

しかしクロフォードは先行している新橋—横浜間の鉄路が一〇六七ミリの狭軌を採用しているので、一つの国に軌道の幅が違う鉄道が共存するのは誠に不便であり損害はたとえようがないとし、将来の日本国内の鉄道網を考え、イギリス式の狭軌に統一した方がベターだと説いたのである。

新橋—横浜間の狭軌による鉄道建設は、建設費の増加を恐れた明治政府の思惑もあり、北海道の場合は地続きではないし、標準軌だったアメリカの技術者の手で建設されたのだから、新橋—横浜間とは異なった軌間でもよかったのでは、という疑問は今も残っている。標準軌で設計された機関車「義経」、「弁慶」などの車両や資材をわざわざ狭軌用に改造して輸入しなければならなかった。

もしクロフォードが、標準軌を提言していたならば、路盤改良で済む北海道新幹線はもっと早くはしることになっていただろう、と残念に思うことがある。

第四章　車両知識

国鉄が民営になり、新たに北海道、東日本、東海、西日本、四国、九州の旅客鉄道会社が作られたのは誰でも理解しているが、併せて貨物会社も作られたことは、そんなに知られていないように思う。

北海道の場合、鉄道は開業時代から貨物輸送が中心だった。鉄道建設の目的は石炭の輸送だった。線路が内陸部に延びていくと木材が、農産物が輸送された。こうして鉄道線路は北海道全域に延びていった。強力な機関車も、高速運転が可能な貨車も登場した。効率的に方面別に貨車を一本の列車に仕立てる操車場も岩見沢や東室蘭、五稜郭などに作られた。

貨物列車が昼夜を問わずに走り回っていたころ、貨物列車の最後部に小型の車両が連結されていた。緩急車という名の車掌車である。貨物列車でも、荷物列車でも、客車列車でも車掌が乗務しなければ発車できない規則があった。出発した列車が信号機以外のことで停車した場合、車掌の合図なしでは絶対に発車できなかった。車掌はレッシャチョウなのである。

この章では戦中・戦後、車掌の合図を背に、北海道で活躍した機関車や客車、貨車などの車両を、写真を添えながら説明していきたい。

機関車

機関車の種類

機関車は蒸気機関車、ディーゼル機関車、電気機関車の三種類に分けられるが、それぞれに記号と番号がついている。A、B、C、D、Eは動輪の数で、Cは三軸、Dは四軸、Eは五軸。そのあとの二桁の数字は形式、そのあとの数字は製作番号である。蒸気機関車の場合、形式のテンダ式機関車とは石炭と水を積む炭水車を連結した機関車で、運転室のすぐうしろに石炭を積んだのがタンク式機関車である。形式番号の十から四十九までの二桁はタンク式機関車、五十から九十九はテンダ式機関車を表している。

ディーゼル機関車は先頭にディーゼルのD、次いで動輪の数、形式、そして製作番号。電気機関車はエレキのEが先頭で、次が動輪数、形式、製作番号とつづく。

●蒸気機関車

D51237

動輪の車軸数	形式	車両（製造）番号
C型　3個	10〜49　タンク式	
D型　4個	50〜99　テンダ式	
E型　5個		

例　D51237　動輪の車軸数が4個で、テンダ式の51形式、237番目の製造

機関区と配置機種

国鉄が最も盛んだった昭和三十年代前半、北海道内には本・支区併せて四十に近い機関区が置かれ、配置された営業用の機関車は五百両を超えていた。機関車もさまざまで、路線に対応した車種が配置され、函館・長万部間を受け持つ函館機関区は所属機関車二十八両のうち、二十二両が貨物列車用のD五一形だった。長万部機関区も二十三両のうち、九

8620形式。大正3年の新製で重量46.7トン、動輪直径1600ミリ。急行旅客列車を引いた

C11形式。昭和7年の新製で重量66トン。地方簡易線や構内入換用に使われた

C51形式。大正8年の新製で重量67.7トン、動輪直径1750ミリ。函館本線の平坦地で急行列車を引いた

両がD五一形。小樽築港機関区も三十六両のうち、十九両がD五一形、十七両が旅客列車用のC五一形とC五五形、C五七形だった。函館本線の長万部・小樽・旭川間の急行を含む旅客列車けん引の機関車を多く受け持っていた小樽築港機関区には、一九五六（昭和三十一）年九月にC六二形が一挙に九両も配置された。

千歳線と札沼線を受け持っていた苗穂機関区（現、苗穂運転所）にはC五八形が十三両、

C55形式。昭和10年の新製で重量66トン、動輪直径1750ミリ。C51形式の増備として製作

C56形式。昭和10年の新製で重量37.6トン、動輪直径1400ミリ。簡易線区のテンダ機関車

C57形式。昭和12年の新製で重量68.3トン。国鉄の代表機関車の一つ

道内機関区機関車配置一覧

1966（昭和41）年３月31日現在

機関区名	形式（両数）	合計
函館	D51（4）	4
五稜郭	C58（6）　D51（10）　D52（13）	29
長万部	C11（3）　D51（24）	27
倶知安	9600（5）　D51（6）	11
小樽築港	C57（17）　D51（16）　C62（6）	39
苗穂	C11（2）　C55（4）　C58（6）　C57（2）	14
岩見沢	C11（4）　D50（9）　D51（27）	40
滝川	9600（6）　D50（6）　D51（7）	19
富良野	D51（10）	10
追分	D50（7）　D51（17）	24
鷲別	C58（2）　D50（4）　D51（16）	22
室蘭	C55（5）　C57（7）	12
静内	C11（7）	7
新得	9600（1）　D51（16）	17
池田	9600（4）　D51（13）　D60（6）	23
釧路	8620（3）　9600（3）　C11（4）　C58（20）	30
帯広	9600（1）　8620（3）	4
旭川	9600（5）　C55（8）　D51（23）	36
深川	9600（11）　D51（1）	12
留萌	D61（6）	6
名寄	9600（15）　D51（7）	22
稚内	9600（14）	14
北見	9600（5）　C58（9）　D51（6）	20
遠軽	9600（12）　D51（7）	19
	合計	461両

C58形式。昭和13年の新製で重量58.7トン、動輪直径1520ミリ。客貨両用の機関車

C62形式。昭和23年の新製で重量88.83トン、全長21.47メートルのわが国最大の旅客列車用機関車

9600形式。大正２年からの新製で重量57.9トン。大正期の代表的な貨物列車用の機関車

C一一形が七両、九六〇〇形が四両で合計二十四両が配置されていた。C一一形は札沼線用、C五八形は千歳線用、九六〇〇形は札幌市場を持つ桑園駅構内の入れ換え作業用だった。

このように機関区は地理的条件に即して、それぞれの地に置かれていたが、道内の蒸気機関車は貨物輸送と勾配区間の関係で、貨物用のD五一形と九六〇〇形が半数を占めていた。その後、道内に登場した機種は三形だが、すべて改造車である。動輪にかかる軸重を改造して軽減したもので一九五三（昭和二十八）年にD五〇形改造のD六〇形が池田機関区に配属され、新得・釧路間の客貨両用に使用。一九五六（昭和三十一）年にD五二形を改造したC六二形をさらに軸重軽減をして小樽築港機関区に配置、当初は函館・小樽間の急行列車けん引に使用。一九六〇（昭和三十五）年にはD五一形改造のD六一形が深川機関区に配置され、深川・築別（羽幌）間の貨物列車けん引に使用された。

D50形式。大正12年の新製で重量78.1トン、動輪直径1400ミリ。重量貨物用の機関車

D51形式。昭和11年の新製で重量77.7トン、動輪直径1400ミリ。日本の蒸気機関車を代表する傑作機

D52形式。昭和18年の新製で重量85.1トン、動輪直径1440ミリ。D51形よりもさらに強力。これを改良したのがC62形式

D60形式。昭和26年、D50形式を閑散線区向けに改造した重量81.56トンの機関車

D61形式。D51形式をローカル線向けに改造した機関車。製造年は昭和34年。留萌機関区に全機配置

ディーゼル機関車

ディーゼル機関車が北海道に配置されたのは一九五四（昭和二十九）年で、室蘭機関区に室蘭駅構内入れ換え作業用としてＤＤ一一形が配置されたのが始まりである。一九五九（昭和三十四）年には、入れ換え作業用と支線区運転用に製作されたＤＤ一三形が同じく室蘭機関区に配置された。後に動力近代化計画によって富内線に投入され、同線は蒸気機

機関士（運転士）が行う汽笛合図

汽　笛　合　図	合図の方式
(1) 運転を開始するとき，ずい場，雪おおい，散火かこい，長い橋りよう等に近づいたとき及び注意を促すとき	—
(2) 交通のひん繁な踏切に近づいたとき	━━
(3) 操車掛を呼び寄せるとき	— —
(4) 車掌を呼び寄せるとき	— — ━━
(5) 誘導掛又は燃料掛を呼び寄せるとき	— — —
(6) 保線係員又は電気係員を呼び寄せるとき	━━ ━━ ━━ ━━ ━━
(7) 危険を警告するとき	・・・・・
(8) 非常事故を生じたとき	・・・・・━━
(9) 列車防護を促すとき	・━━・
(10) 列車防護を解除するとき	━━・
(11) 機関車を２両以上連結した列車又は車両が退行運転するとき	・・—
(12) 機関車を２両以上連結した列車又は車両が運転の途中で惰行運転に移るとき	—・・
(13) 機関車を２両以上連結した列車又は車両が運転の途中で力行運転を始めるとき	・・
(14) 機関車を２両以上連結した場合，重連用のコックを閉じたとき又は重連用のコックの閉そくを促すとき	—・

備考　合図の方式中「━━」は長緩汽笛，「──」は適度汽笛，「・」は短汽笛を示す。

●ディーゼル機関車

D E 1055

ディーゼル機関車	動輪の車軸数		速度	製造番号
	B形	2個	10～39最高速度85ｋ以下	
	C〃	3〃	40～49試作車	
	D〃	4〃	50～89最高速度85ｋ以上	
	E〃	5〃	90～99試作車	
	F〃	6〃		

例　DE1055　動輪の車軸数が5個、最高速度が85㎞/ｈ未満のディーゼル機関車で55番目の製造

関車使用を廃止して北海道最初の無煙化区間となった。

一九六六（昭和四十一）年三月には本線用の客貨両用のＤＤ五一形が釧路機関区に配置され、十月から根室本線の富良野・釧路間で急行「まりも」をけん引した。旅客列車をけん引するために蒸気発生装置を設けるなど寒地向きに改良されたＤＤ五一形は、蒸気機関車のＤ五一形と同等の性能を持っていて難所の新狩勝峠越えには強力な威力を発揮した。

DE10形ディーゼル機関車。C58形式など中型SLに対応する性能を持つディーゼル機関車

DD51形ディーゼル機関車。SLのD51形式と同等の性能を持つ客貨両用のディーゼル機関車

DD14形ディーゼル機関車。ロータリー除雪ディーゼル機関車として昭和35年に新製

蒸気機関車が廃止になった後の支線に対応するディーゼル機関車としてDE一〇形が一九六八（昭和四十三）年、五稜郭機関区に配置された。入れ換え作業用機関車の標準形式であるDD一三形でも入れない簡易線区用として開発されたものだった。蒸気機関車の九六〇〇形やC五八形と同じような性能を持ち、江差線や松前線を走った。

除雪兼用ディーゼル機関車

これまでは蒸気機関車がロータリー車やラッセル車を前頭に置いて除雪していたが、蒸気機関車の廃止が進む中でディーゼル機関車によるロータリー式のディーゼル機関車が新製された。一九六〇（昭和三十五）年、入れ換え用に使用していたDD一三形を母体としたDD一四形ディーゼル機関車が製作された。夏期間は入れ換え用に使用し、冬期間はロータリー式雪かき装置を取り付けて除雪車にした。機関は二基あり、一基は除雪用、一基は走行用だった。積雪が多量のときは二基を除雪用とし、走行用にはDD一三形を重連して運転した。

一九六三（昭和三十八）年には前後に複線用ラッセル式雪かけ装置を取り付けたDD一

DE15形ディーゼル機関車。複線用ラッセル雪かき装置を持ち、降雪期以外は構内入換に使用

五形が新製された。機動性と除雪性能が高く評価され、主要な機関区に多く配置されている。一九六八（昭和四十三）年には閑散線区用の複線ラッセル車のＤＥ一五形が新製された。ラッセル装置の着脱が簡単なので、夏期は取り外して構内の入れ換え作業用として使用された。

電気機関車

一九六六（昭和四十一）年九月、函館本線小樽・旭川間の電化工事が始まった。北海道電化用の電気機関車ＥＤ七五形が試作され、試験線区の朝里・銭函間で試験運転をし、さまざまな機器の試験も繰り返し行われた。その結果を踏まえて、耐寒耐雪構造を取り入れたＥＤ七六形が新製されることになった。客車をけん引する時に使う暖房用の蒸気発生装置（ＳＧ）は、試作のＥＤ七五形を上回る大容量のものを搭載できたので、冬期間の客室

●電気機関車

E D76511

（E）電気機関車	動輪の車軸数		速度		製造番号
	B形	2個	10～29	直流　85km/h以下	
	C〃	3〃	30～39	交直両用　〃	
	D〃	4〃	40～49	交流　〃	
	E〃	5〃	50～69	直流　85km/h以上	
	F〃	6〃	70～79	交流　〃	
			80～89	交直両用　〃	
			90～99	試作車	

例　ED76511　動輪の軸数が４個で最高速度が85km/h以上の交流の電気機関車。500番台で11番目の製造

内への暖房送気は蒸気機関車に比べても見劣りしなかった。量産されたＥＤ七六形は、一九六八（昭和四十三）年八月の小樽・滝川間の電化開業時から使用された。津軽海峡線専用機関車ＥＤ七九形には、津軽海峡線のイメージキャラクター「ドラえもん」が描かれ、子供たちに人気がある。一九八六（昭和六十一）年、ＥＤ七五形を改造して作られたものである。

ED76形電気機関車。電化開業で北海道向けに新製された電気機関車

ED79形電気機関車。津軽海峡線専用として新製。運転最高速度は115キロ

客車

客車の設備改善

戦後の道内の客車は老朽化し、車内の設備も十分ではなかった。客室部分も木製のものが多かった。そこで一九五五（昭和三十）年までに客車を鋼体化して長さを二十㍍に広げるとともに、設備の改善が図られた。道内の鉄道工場では戦前から客車の新製や修繕を行っていたが、この計画

普通車スハフ44形式。昭和26年に道内初登場の急行型客車

●客車

スハネ25502

重量記号		等級		用途		形式番号	製造(車両)番号
コ	22.5ｔ未満	ロ	グリーン、A	ネ	寝台車	10の位	
ホ	22.5～27.5	ハ	普通車、B	シ	食堂車	2 集中電源方式	
ナ	27.5～32.5			ニ	荷物車	5 一般形	
オ	32.5～37.5			ユ	郵便車	1の位	
ス	37.5～42.5					0～7 2軸ボギー台車	
マ	42.5～47.5					8～9 3軸ボギー台車	
カ	47.5ｔ以上						

例　スハネ25502　2軸ボギーのB寝台車の25形式、500番台で2番目の製造

によって一九四九（昭和二十四）年からは木製客車を鋼体化に改造する作業が急ピッチで進められた。道内では苗穂、旭川の両鉄道工場で改造が行われ、客室の窓は二重窓化され、車掌室は客室から分離されてデッキの外側に設けられ、車掌の列車監視が便利になった。

一九五一（昭和二十六）年には急行型客車の標準型として新形式のスハ四五形式、スハフ四四形式が道内に登場した。客室内は掛け心地がよい二段化された腰掛背ずり、通路側背ずり上の頭もたげ、室内灯が二列配置になった。一九六八（昭和四十三）年には冷房化されたスロ五四形式が転入し、これ以後、一般客車の近代化工事として室内灯の蛍光灯化、窓枠のアルミサッシ化などが行われ

グリーン車スロ54形式。昭和43年に冷房化されて転入。これ以後、一般客車の近代化工事として室内灯の蛍光灯化、窓枠のアルミサッシ化が始まった

普通車スハフ14形式。ブルートレインで知られている14系特急形座席客車を寒地向きに改造

た。

一九八〇（昭和五十五）年には近代化した一般客車としてオハ五一形式、オハフ五一形式が新製され、普通列車として活躍した。一方、急行列車用として一四系特急形座席客車を寒地向きに改造し、一九八一（昭和五十六）年二月から函館・札幌間の急行「ニセコ」で使用を始めた。翌年十一月からは夜行急行列車の「大雪」「狩勝」「利尻」にも導入された。

食堂車

食堂車は一九一五（大正四）年に二等と食堂の合造車五両が導入され、翌年四月の時刻改正から道内鉄道のエース格である函館・旭川間の急行第一、二列車、同じく函館・釧路間の急行第三、四列車の長距離・優等列車に連結されたのが始まりである。定員二十四人の二等座席車と食堂の合造車で、メニューは洋食専門だった。その後、長距離列車が増発されるに伴って食堂車の連結も増え、一九三八（昭和十三）年には二等食堂車は十八両にも達した。しかし、この食堂車も戦時体制を理由に一九四三（昭和十八）年で廃止になった。

戦後、食堂車が復活したのは一九五〇（昭和二十五）年である。函館・釧路間の急行第三、四列車に「まりも」の愛称名がつけられ、食堂車とともに特別仕様の特別二等車も連結された。戦後の混沌とした世情が落ち着くにつれ食堂車も復活、旅の楽しさを味わう時代が訪れた。「まりも」「大雪」「アカシヤ」「すずらん」など、新設される急行列車のほとんどに食堂車が連結された。一九六一（昭和三十六）年、食堂車を持つ八〇系特急形気動車が導入された。特急「おおぞら」「おおとり」「北海」へと愛称名が変わっても、食堂車

2等食堂合造車スロシ37形式。函館・釧路間、函館・稚内間の第1,2,3,4列車という北海道を代表する急行列車に連結されていた

急行「まりも」の食堂車内部とウェートレス

気動車特急の食堂車（キシ80形式）の内部

は北海道内を走り続けた。

寝台車

道内の寝台車は明治四十年代に導入されているが、上級の一等寝台車は一九一一（明治四十四）年に誕生している。これは一等寝台車と二等座席車の合造車で、その年の七月から函館・釧路間の急行第三、四列車に連結された。寝台使用区間は第三列車は倶知安・落合間、第四列車は函館・深川間である。この列車は函館・旭川間が急行として運転されていた。このころ

A寝台車オロネ10形式。昭和37年に新製された北海道向けのA寝台車。車体の軽量化を図った寝台車の第１号

A・B寝台車オロハネ10形式。A寝台とB寝台の合造車で比較的利用者が少ない宗谷、石北線などに使われた

B寝台車オハネフ12形式。昭和40年から函館・札幌間の急行列車に連結された寝台車

滝川・富良野間はまだ開通しておらず、函館・釧路間の列車はいまの富良野線経由の運転で根室本線は旭川・釧路間だった。

一、二等の寝台合造車が一九一九（大正八）年、単独の一等寝台が一九二三（大正十二）年に使用開始されている。その後、長距離列車が設定されるごとに連結されたが、一九四四（昭和十九）年四月の決戦非常措置要綱の実施で一等車、食堂車、寝台車が全廃になり、急行列車削減、貨物列車増発となった。

戦後は一九五六（昭和三十一）年から三等寝台車が復活、まずナハネ一〇形式が登場。一九六一（昭和三十六）年に改造車スハネ三〇形式、翌年には老朽化した二等寝台の取り替え用として冷房付きオロネ一〇形式、さらにその次の年には改造車オハネ一七形式などが相次いで登場した。一九六四（昭和三十九）年には二、三等合造寝台車ナロハネ一〇形式が転属してきた。さらに一九六七（昭和四十二）年からは寝台車が順次冷房化された。また、ブルートレインでおなじみの一四系特急形寝台客車も寒地向きに改造され、一九八三（昭和五十八）年四月から七月にかけてそれまでの寝台車と置き換えられ、道内の寝台車はすべて一四系に統一された。その寝台車もいまは、寝台列車の廃止で活躍の場を失ってしまった。

気動車

気動車の変遷。キハ一七から、キハ一八三へ

—室蘭本線、千歳線で活躍した、キハ一七形式—

戦前から室蘭・東室蘭間の通勤・通学用に使われていたガソリン動車に替わって一九五三（昭和二十八）年、液圧式で総括制御方式の「キハ一七」形式の気動車十一両が室蘭機関区に配置された。これが北海道の本格的な気動車（DC）発展の始まりだといわれる。キハ一七は定員七十二人、長さ一九・五メートル、最高速度は九十五キロメートル。長大なトンネルを乗務線区に持つ室蘭機関区

キハ17形式。トイレなしで片運転台のため、他車と組んで運転

キハ21形式。昭和32年の新製で道内に大量に配置され、無煙化に拍車がかかった

●気動車

・新形気動車

キハ183－16

（キ）気動車　用途・構造　形式番号　製造(車両)番号

用途・構造
- ロ　グリーン車
- ハ　普通車
- ニ　荷物車
- シ　食堂車
- ユ　郵便車

形式番号
- 100の位
  - 1～2　ディーゼル機関
- 10の位
  - 0～2　通勤形・一般形
  - 5～7　急行形
  - 8　特急形
  - 9　試作

例　キハ183-16　ディーゼル機関の特急形普通車で、キハ183形式16番目の製造

キハ281-3　ディーゼル機関の特急形普通車で、キハ281形式3番目の製造。「スーパー北斗」に使用の高速振り子気動車

・旧形気動車

キハ2255

（キ）気動車　用途・構造　形式番号　製造番号

用途・構造
- ロ　グリーン車
- ハ　普通車

形式番号
- 1～4　液体式1台機関付
- 5　液体式2台機関付
- 6～7　大馬力機関付
- 8　特急形

例　キハ2255　一般形液体式1台機関付の気動車の普通車でキハ22形式の55番目の製造

では、気動車による無煙化は好評で、しかも動力費の軽減と高い機動性などで経済性も優れていた。

後にキハ一七形式は千歳線を受け持つ苗穂機関区にも配置され、一九五三（昭和二十八）年十月には札幌・千歳間で試運転が行われた。この結果、千歳線は一九五五（昭和三十）年十二月から、客車の前に貨車を連結して走っていた混合列車が廃止になり、全線が気動車に置き換えられた。

—出入口に仕切りドアがなかった、キハ二一形式—

一九五七（昭和三十二）年にはキハ一七形式を大型にした「キハ二一」形式が苗穂機関区に配置された。車体中央寄りの出入口、Hゴムで固定したバス窓タイプの窓の上部、客室窓の二重化などの耐寒設備が整っていた。このキハ二一形式の苗穂機関区配置によって受け持ち線区の札沼線がこの年の十月、混合列車が廃止になり、全旅客列車が気動車になった。しかし、北海道用としては出入口に仕切りドアがなく、温風暖房による冬期の客室内温度の適温保持は困難だった。出入口ドアが半自動なので、ドアの戸袋に雪が吹き込んだり、ドアのレールが凍結して開閉できなくなる。そのため発車のたびに車掌がホームを走り回り、手でドアを閉めるという作業が加わった。特に札沼線の石狩当別以遠は多雪地帯なので、ドアの開閉に手間取って列車の遅れが頻発した。

これに対処するため乗務員室には冬期になると、長さ一㍍ほどの氷雪除去用の鉄製スクレッパーが用意された。

―寒冷地向けの新製気動車、キハ二二形式―

一九五八（昭和三十三）年、客室窓を小さく二重化し、出入口は前後の端に移し、客室との間に仕切扉を設けたデッキ式、室内灯は蛍光灯化、そして初めての車内放送装置を取り付けた「キハ二二」形式が導入された。なによりも特徴的なのは北海道のローカル線での一両運転を考えて、運転台が前後にある両運転台形式になっていることだった。この新製気動車の登場で寒冷地向け気動車は制式化され、北海道各地の混合列車の廃止を促し、客貨分離とスピードアップの輸送改善が行われた。

この年十月の時刻改正から、小樽・滝川間の気動車運転が開始された。翌年からはキハ二二形式使用の準急行列車が登場した。札幌・様似間「えりも」「日高」、札幌・旭川間「かむい」、札幌・室蘭間「第一ちとせ」などで、地域間準急が拡大された。しかし難点は、やはり出入口扉の戸

キハ22形式。キハ21形式全般を改良した寒地向けの標準形で、本道のディーゼルカーの主流となった

袋だった。温水暖房なので吹き込んだ雪が戸袋内の扉のレールに付着し、氷結するのである。原始的だが出入口扉の氷雪を除去するには、やかんの熱湯を注ぐしかない。駅側も手際よく、やかんの湯を沸騰させて列車の到着を待っていた。

―キハ二二形式に続く、その他の気動車―

キハ二二形式は北海道用の気動車の基本形となったが、この後に続くのはキハ二四形式とキハ四六形式である。側面形態はキハ二二形式から引き継がれたもので、ほとんど変わらない。一九六六（昭和四十一）年から製造され、札沼線や江差線で使われた。また、一九六〇（昭和三十五）年十二月には鋼体化改造客車を種車にして、キハ四〇形式

キハ40形式。昭和52年の新製でキハ22形式より一回り大きく、通勤や中距離輸送に適していた

キハ45形式改造車。余剰の客車にディーゼル動力装置をつけた改造車。苗穂工場で誕生

とキハ四五形式が苗穂工場で誕生した。余剰の客車にディーゼル動力装置を付けた改造車だが、車体改造費が割高になったうえ、一般の気動車より八トン以上も重く、設計時の性能が発揮できなかった。このため二両だけの改造で終わった。室内灯は白熱灯、客室内の窓、壁は改造前のままで、新鮮さは見当たらなかった。改造は成功とはいえなかった。

―北海道向けの急行型化、キハ五六形式―

一九六〇（昭和三十五）年、キハ五六、キハ二二形式をベースに北海道向けに急行型化したキハ五六、キハ二七、キロ二六の三形式の気動車が、道内の主要機関区に配置された。車体幅は最大限ぎりぎりまで拡大し、廃熱利用による温水暖房、蛍光灯照明などの改良が施されたほか、洗面所も設備され、とかく近代化された電車や客車に比べて見劣りするといわれていた気動車を同水準に引き上げる優れたものだった。

中長距離の高速列車にも使用できる新製車両で、増備後すぐに函館・札幌間の急行「すずらん」や札幌・釧路間の急行「狩勝」に使用された。これによって客車急行は順次、気動車急行に置き換えられていった。

キハ56形式。北海道向けに製造されたエンジン２基付の急行形気動車。道内全域で急行用として使用された

道内初めての特急。函館・旭川間をこれまでの急行よりも１時間40分短縮し、６時間30分で走った

―道内初めての特急用車両の、キハ八〇系特急形気動車―

一九六一（昭和三十六）年十月の時刻改正で、道内初の気動車特急「おおぞら」が函館・旭川間の運転を開始した。上野・青森間の特急「はつかり」（キハ八一形式）の改良八〇系で、先頭車の前面に貫通扉を設けて分割・併合ができるように改良されているのが特徴だった。基本編成は普通車四両、グリーン車一両、食堂車一両の六両で、機関騒音や振動も少なく、座りごこちはこれまでのどの気動車よりも高かった。函館・旭川間の途中停車駅は東室蘭、苫小牧、札幌、岩見沢・滝川の五駅で、虻田（現洞爺）、登別の二駅は五月一日から十月三十一日までの季節停車だった。所要時間は六時間三十分で、これまでの急行よりも一時間四十分も短縮された。

八〇系はその後も増備され、「おおとり」「北海」「北斗」「オホーツク」が誕生、釧路、網走まで足を伸ばし、全道を快走した。

だが八〇系は電化による他局からの転属車で、新製車両ではなかった。導入後十八年の一九七九（昭和五十四）年、老朽化した八〇系特急系の取り替え用として一八三系特急用車両の試作車十二両が製造され、「おおぞら」の一往復に運用されて各種のテストが実施された。テストの結果はよく、量産されて「おおぞら」「オホーツク」と「北海」「北斗」の一部に導入された。

石勝線の開業で、根室本線を運転していた「おおぞら」の経路が変更になり、札幌止まりとなった。そのため函館・網走間七〇〇キロを運転していた「おおとり」が残された唯一のロングラン特急となったが、その八〇系特急形も一九八六（昭和六十一）年十一月の時刻改正で、愛称名「おおとり」を一八三系に譲り、現役から退いた。

—北海道用として誕生した、キハ一八三系特急形気動車—

八〇系特急形の老朽取

キハ80系特急形、昭和61年11月限りで現役引退し、三笠市の三笠鉄道記念館へ

キハ183系特急系気動車。キハ80系に代わって道内特急の主力に

り替えのため北海道用として誕生した一八三系特急形は、先頭車に小型機関を搭載して駆動用機関の負担を軽減、耐寒耐雪対策に万全を期して客室端部に機械室を設けていた。また、食堂車はなく、グリーン車の片側に調理施設を持つ車内販売準備室が設けられるなど、これまでの八〇系特急形とは様子が違った特急車両だった。最高速度は道内の線路条件に対応して百十キロに抑えられていた。

電車

電車の変遷。七一一系から七八一系へ

―北海道初めての電車、七一一系近郊形交流電車―

一九六六（昭和四十一）年十一月、手稲・銭函間の電化試験線が完成し、翌年二月には七一一系近郊形交流試作電車四両が札幌運転区に到着した。各種機器の耐寒設備はマイナス三五度に対応できる設計だった。試作電車の試験運転は二両編成で深夜、乗務員訓練を併せて行われた。試作電車の一編成は四枚折戸のドア、窓は一重でガラスは複層ガラス、二段上昇式。天井には分散式のユニットクーラー装置が可能な造りだった。残る一編成は、窓はこれまでの一段上昇式二重窓、ドアも普通の引き戸だった。その後、試験線は手稲・朝里間に延伸され耐寒耐雪、性能、誘導障害などの試験が行われたが、試作電車の試験運

転には札幌車掌区車掌が乗務した。

そうした試験の結果、一九六八（昭和四十三）年八月、小樽・滝川間営業用の二十五両が量産された。車体構造は側面形態についてはキハ二二形式に似たものだった。翌年十月には電化区間が旭川まで延伸されるに伴い、三十両がさらに増備され、小樽・旭川間の気動車急行「かむい」系の一部が電車化された。電車化によって札幌・旭川間の所要時間は一時間五十五分に短縮された。電車は雪に弱いといわれていたが、小樽・銭函間の浪塩害防止対策として防潮板や架線

●電車

クハ721103

車両の種別	用途・構造	形式番号	製造（車両）番号
ク　制御車	ロ　グリーン車	100の位	
クモ　制御付電動車	ハ　普通車	1～3　直流用	
モ　電動車	ニ　荷物車	4～6　交直両用	
サ　付随車	シ　食堂車	7～8　交流用	
		9　試作車	
		10の位	
		0　通勤用	
		1～3　近郊形	
		4　事業用	
		5～7　急行用	
		8　特急用	
		1の位	
		形式の順番などによる	

例　クハ721103　交流用近郊形電車で、クハ721形式の100番の台の3番目の製造

711系交流近郊形電車。北海道電化の功労車で、いまも健在

碍子を二重化したり、パンタグラフにシリコン塗装をした効果があったのか、七一一系には風雪による車両故障はほとんどなかった。

一九七一（昭和四十六）年七月の時刻改正から札幌・旭川間をノンストップで走る急行「さちかぜ」が登場した。七一一系電車六両編成で、時間帯は旭川発車が八時で、下りの旭川行きの札幌発車が十七時四十分。旭川から札幌へ向かうビジネス客を対象にしたもので、札幌・旭川間一三六・八キロを一時間三十七分で走破した。電車急行「かむい」は一時間五十五分、気動車特急「北斗2号」は同区間を一時間四十五分で走っていたので、それらを上回るものだった。一日一往復の運転だったが、利用客には大好評で、国道12号を並行して走るバス会社の特急便を減便させたほどだった。

一九八〇（昭和五十五）年十月には千歳線と室蘭本線の白石・室蘭間が電化された。この時点で七一一系電車は百十四両になっていた。

―近代的設備を持つ特急用の、四八五系特急形交直両用電車―

一九六四（昭和三十九）年から翌年にかけて北陸本線用と東北本線用に四八五系特急形交直両用電車が新製され、北海道と四国を除いた全国で使用された。最高速度百二十キロメートルの性能を持つ電車だった。一九七四（昭和四十九）年、東北地方で好評の同車両四八五系二十二両が札幌運転区に配置された。試験運転と乗務員の訓練を終えた翌年の七月の時刻改正から、札幌・旭川間のL特急「いしかり」の愛称名で登場した。北海道最初の電車特急である。札幌と旭川を同時刻の八時発車から、二時間ごと相互に発車して七往復。所要時間は一時間四十三分で、途中の停車駅は岩見沢、滝川、深川の三駅だった。六両編成で指定席以外は全車自由席、全区間特定特急料金だった。北海道ではこれまで見られなかった高運転台の全車冷暖房完備、リクライニングシートの近代的設備を持つスマートな車体は、お客の評判もよかった。

　ところがその年の冬、厳寒期に入ると車両故障が多発した。東北、北陸とは雪質も、厳寒にも大きな差があったのである。華奢な車体では道北の深夜のシバレをしのぐことができなかった。一九七八（昭和五十三）年十一月、北海道用に新製され

485系特急形交直流電車。昭和50年から札幌・旭川間を走ったが、厳寒期の寒冷で故障頻発。時には運転休止もあった

た七八一系特急形交流専用電車四十八両が新たに札幌運転区に配置され、四八五系は本州線区に転属になった。

―北海道用に新製された、七八一系特急形交流専用電車―

北海道の厳しい冬に立ち向かえる新設計の七八一系特急形交流専用電車の試作車一編成六両の試験運転が重ねられた。クーラーは集中式で屋根上に一台搭載、客室の出入口はマットスイッチによる自動ドア、新鮮な空気を冬季間も送り込むヒーター組み込みの換気扇の設備など、新製の七八一系はこれまでの七一一系の足回りの走行部分と、四八五系の客室設

781系特急形交流電車。485系に代わって、北海道の厳寒期に耐えられる新設計の781系特急形交流電車の到着

昭和55年10月、千歳・室蘭線の電化開業で愛称名を「ライラック」に変え、旭川・室蘭間を走る

備をさらに改良して組み合わせた新鋭車両だった。

四八五系の置き換えで「いしかり」として運転された。全面的な置き換えは一九八〇（昭和五十五）年十月の千歳・室蘭線電化による時刻改正からで、旭川から室蘭への運転区間の延長に合わせて愛称名は「ライラック」に改められた。増備された量産車は非常用のスイング式の開口窓を廃止し、循環式汚物処理装置が取り付けられた。冷房、暖房、換気の一括制御の配電盤は車掌室に取り付けられた。車内放送の前後にたゆとうように流れるオルゴールの音色は、この七八一系の放送機から流れたのが最初である。試作車ともに在籍する七八一系特急形交流専用電車は四十八両だが、北海道の鉄道近代化に果たした役割は大きい。

貨車

貨車の標記

客車の前に貨車を連結して走っていた混合列車が北海道から姿を消したのは一九七二（昭和四十七）年三月。今から三十七年前である。国鉄時代はどんな小さな駅でも貨物を扱い、貨車扱いの職員がいない小駅での貨車の連結などの作業は車掌が行っていた。不慣れな駅での作業は危険で、車掌の死傷事故も多かった。駅における貨物扱いが廃止になり、コンテナ車を除いては交通博物館に行かなければ見ることができなくなった貨車だが、石炭や木材、雑穀、肥料などを積んで走り回った代表的な貨車の種類を挙げてみたい。

貨車は構造と用途別に記号が付けられ、さらに積載量のトン数別、製造番号がつづく。列車には、このトン数が重要である。列車にはけん引定数という機関車が引っ張れる制限重量が各列車ごとに決められている。それを超えて貨車を連結すると過重なために速度が鈍って列車が遅れたり、また、急坂などでは坂を上りきれなくなり、途中で停止してしまうこともある。

―石炭専用の、形式セキ一〇〇〇―

北海道には馴染み深い石炭車で、一九三〇（昭和五）年から使用されてきた三十㌧積み

●貨車

セキ3202

用途・構造・種別記号		積載重量		形式番号・車両(製造)番号
ワ	有がい車	ム	14 t ～16 t	
レ	冷蔵車	ラ	17 t ～19 t	
カ	家畜車	サ	20 t ～24 t	
タ	タンク車	キ	25 t 以上	
ト	無がい車			
チ	長物車			
コ	コンテナ車			
ホ	ホッパ車			
セ	石炭車			

例　セキ3202　北海道内専用の30 t 積みの石炭車。3000形式の200番台で 2 番目の製造

の鋼製。下部のふたを開けて積んできた石炭を石炭桟橋の上から線路の両側へ落下させる構造になっている。前と後の妻側に石炭車のブレーキと下部のふたを開閉するハンドルがある。入れ換え作業中にブレーキハンドルとふたのハンドルを取り違え、ふたのハンドルを開けたために大量の石炭が線路の両側に落ちる事例がよくあった。一度ふたを開けると、次から次へと石炭が流れ落ちるので止めることは容易ではない。

セは石炭のセ、**キ**は三十トンの荷重、**一〇〇〇**は形式番号である。

—大型機器の輸送に使われた無がい車、形式トキ一五〇〇〇—

三十五トン積みの二軸ボギーの無がい車で、一九四八（昭和二十三）年から量産された貨車。大型の三十五トン積みなので石炭や大型機器の輸送に使われた。記号の**ト**は**ト**ロッコのトである。

—製紙工場や材木工場向けの原木輸送に活躍した、形式チキ三〇〇〇—

三十五トン積み、車体全長一二・八メートルの長物車。原木や挽材の貨車輸送が盛んなときには

形式セキ。30トン積みの鋼製石炭車。下部のフタを開け、軌道の左右に石炭を落下させる構造

材木車と呼ばれていたが、貨車が大型化するにつれ、自動車やレールなどの長物（長尺）輸送が増え、長物車と呼ばれるようになった。石炭専用のセキ号車とともに、原木を積んだチキ号車が走る姿は一九八〇年代で終わりになった。記号の**チ**は、長ものの**チ**ョウのチである。

形式トキ。35トン積みの無蓋車

形式チキ。35トン積みの長物車

形式トラ。木材チップ車

—どんな品目の輸送にも応えられた、形式トラ九〇〇〇〇—

十五トン積みの木材チップ運搬車。一九七五（昭和五十）年以降、製紙工場の原木輸送がトラックに移り、貨車輸送が減少した。代わって山元の貯木場から、原木を細かく砕いたチップ輸送が増加した。その需要に応えて登場したのが、無がい車に金網枠を取り付けた「チップ」輸送貨車だった。記号の**ト**は**ト**ロッコのトである。

—屋根がある貨車、形式ワム八〇〇〇〇—

十五トン積みのパレット（荷台）有がい車。貨物を規格化されたパレットに載せてフォークリフトで移すという機械化荷役に応じられるように、車体の両側の扉のすべてが開閉できる有がい車で、車内荷役にも小型のフォークリフトが使用できた。こうした近代化車両の増加で一九七〇（昭和四十五）年十月、貨物列車の時速七十五キロ化が実施され、時速六十五キロ以下の車両には幅二十センチの黄色帯の識別標示がされることになった。記号の**ワ**は**ワ**ゴンのワである。

形式ワム。15トン積みの有蓋車

―威風堂々、潜水艦のような、形式タキ三〇〇〇―

石油類、硫酸、アルコール、苛性ソーダなどの液体状の貨物を輸送する荷重三十五トンのタンク車で、全長十四・三メートル、幅二・〇五メートル、容積四十一平方メートル。

形式タキ。液体状の貨物を輸送する荷重35トン、容積41㎥のタンク車

札沼線の篠路駅から原油充填のタンク車が発送されていた。石狩の茨戸油田から篠路駅構内の日本石油（後の石油資源開発）専用線へ油送管を敷設してタンク車に充填し、室蘭の本輪西製油所へ輸送していたのである。朝七時ころ、貨物列車で引いてきた空のタンク車を専用線に留置し、夜の十九時ころ、原油が充填されたタンク車を貨物列車が引いていくという作業が毎日続いた。一九五九（昭和三十四）年ころから始まったタンク車油送も、油田の枯渇で一九七一（昭和四十六）年にはなくなり、一九七八（昭和五十三）年には専用線も

形式ヨ。車掌車。緩急車ともいわれる

撤去された。記号の**タ**は**タ**ンクのタである。

—今や貨物輸送の主役、コキ五五〇〇形式コンテナ車—

全長十八・三㍍、二十八㌧積みの二軸ボギーコンテナ車。五㌧コンテナ五個を積み、最高速度八十五㌔で走行できるコンテナ車。貨物輸送近代化の先陣として成功を収めた車両で、今やJR貨物の主流。記号の**コ**は**コ**ンテナのコである。

—形式ヨ三五〇〇—

車掌車。緩急車とも言ったが、列車の最後部に連結されてハンドブレーキを締めたり、緩めたりする車掌乗務の車両。貨物列車の種別によっては運転担当の車掌のほか、小口貨物の授受をする荷扱専務車掌も乗務していた。記号の**ヨ**はシャシ**ョ**ウシャのヨである。

車掌による貨車の入換作業
（千歳線月寒駅・北広島駅。昭和40年ころ）

貨車突放作業。機関士への手旗合図

本務、補助車掌の作業順序の打ち合わせ

機関車前頭に乗り、機関車誘導

貨車連結。停止の合図

作業終了を機関士に通告

再び、機関車前頭で誘導合図

第五章　暖房、冷房機器の取り扱い

快適な旅行を楽しんでいただくためには、なんといっても冬の暖房と夏の冷房の適温保持が大切である。列車運転中の車内温度はお客の個人差もあるが、標準は二十一度、寝台車は十八度に保つように定められている。

冬期間、列車は始発時には時間がある限り予熱で標準温度を保つことになっているが、お客が乗ってきた途端に寒気も入り込み、車内温度は一気に下がる。一度下がった室温を元に戻すのは難しいが、そこは車掌の腕の見せどころ。外気温や乗客数を勘案しながら、やりくりして標準温度にまで立て直す。

列車の暖房は暖炉暖房から始まり、蒸気暖房（スチーム）、温気暖房、温水暖房、そして電気暖房へと発展してきた。

冷房については一九六一（昭和三十六）年に導入された特急気動車に取り付けられていたユニットクーラーが始まりで、それまでは客室天井に取り付けられた扇風機が主流だった。その後、車両の構造や設備の近代化はめざましく、今では自動的に機器が操作してくれるので車掌が取り扱うことはほとんどなくなった。

この章では、車両の暖房、冷房装置の変化に悪戦苦闘を繰り広げてきた車掌の姿を紹介する。

暖房の取り扱い

暖炉暖房

幌内鉄道開業当時、アメリカから購入した八両の客車には暖炉が設備されていた。どんな形の暖炉で、燃料が石炭なのか薪なのかはよく知られていない。最上等客車、上等客車、並等客車という等級や使用客車によって、形も異なっていたらしい。

石炭専用のダルマストーブが設備されたのはずっと後のことである。ダルマストーブも当初は全体が丸くて安定性が悪く、列車の振動で転倒しやすかったので、ダルマというあだ名が付いた。ダルマの正式名称は「丸型ストーブ」である。一九二二（大正十一）年ころ下部の灰箱を大きくし、底を平たく改造したので、それ以後は安定度も高く転倒することもなかった。このダルマストーブを設備した客車は、石北本線で一九七二（昭和四十七）年まで使われていた。機関車の後ろに貨車、続いて客車という編成で走る混合列車である。

ダルマストーブ。正式名称は「丸型ストーブ」

駅に着くと機関車はこれまで引いてきた列車から切り離され、貨車の入れ換え作業を始める。引いてきた貨車を停車駅の貨物線に入れたり、貨物線に入っていた発送用の貨車を引き出して客車の前に連結する。これらの途中駅の入れ換え作業は車掌が行った。

貨車には機関車から高圧で送られてくる暖房用の蒸気を通す暖房管が設備されていないので、客貨混合列車の場合は客車ごとの暖房が必要だった。身近なところでは札沼線こと学園都市線がそうだった。冬期間は座席（ボックス・四席）を取り外して、そこにダルマストーブを取り付けた。ストー

ダルマストーブがある客車

ダルマストーブの石炭くべは車掌の仕事

車内巡回は小さなショベルを持って

ブの石炭くべは車掌の仕事で、小さなショベル（ジョンバ）を小脇に抱えての車内巡回だった。一九五七（昭和三十二）年十月、札沼線の全旅客列車が気動車に置き換えられ、混合列車もダルマストーブもこのとき姿を消した。

蒸気暖房

―高圧式暖房装置―

機関車から送り込まれた圧力蒸気で客室内を暖める装置である。客車の車体の下の暖房主管から枝分かれした圧力蒸気は客室の床に上がり、客室左右にそれぞれ設備された二本の放熱管に通される。放熱管は窓側の座席の足元にスチール製のカバーに覆われている。温度を調節する加減弁は通路中央の床に埋め込まれていて、鉄製のふたを開けると中に加減弁という名のバルブがある。機関車からのモロの送気だから高温で素手なら火傷するほどだが、この加減弁の調節も車掌の仕事である。機関車からの送気量、客車の編成と連結位置、走行地域の気温、車内温度の状態とお客の乗車数、車両のクセなどを勘案しながらバルブを締めたり、緩めたりする。通

温度を調節する加減弁は通路中央の床に埋め込まれている

路の真ん中にしゃがみこみ、鉄ぶたを開けて暖房バルブを動かしている車掌の姿を、冬の汽車に乗った年配の方なら何度か見かけたと思う。

水道の蛇口と同じ原理で蒸気の量を加減する「高圧式暖房装置」は、函館・札幌間の直通列車に蒸気暖房を取り付けた一九〇九（明治四十二）年から一九七〇年代まで、六十年にわたって延々と使用されてきた歴史がある暖房である。

加減弁がある通路中央の床

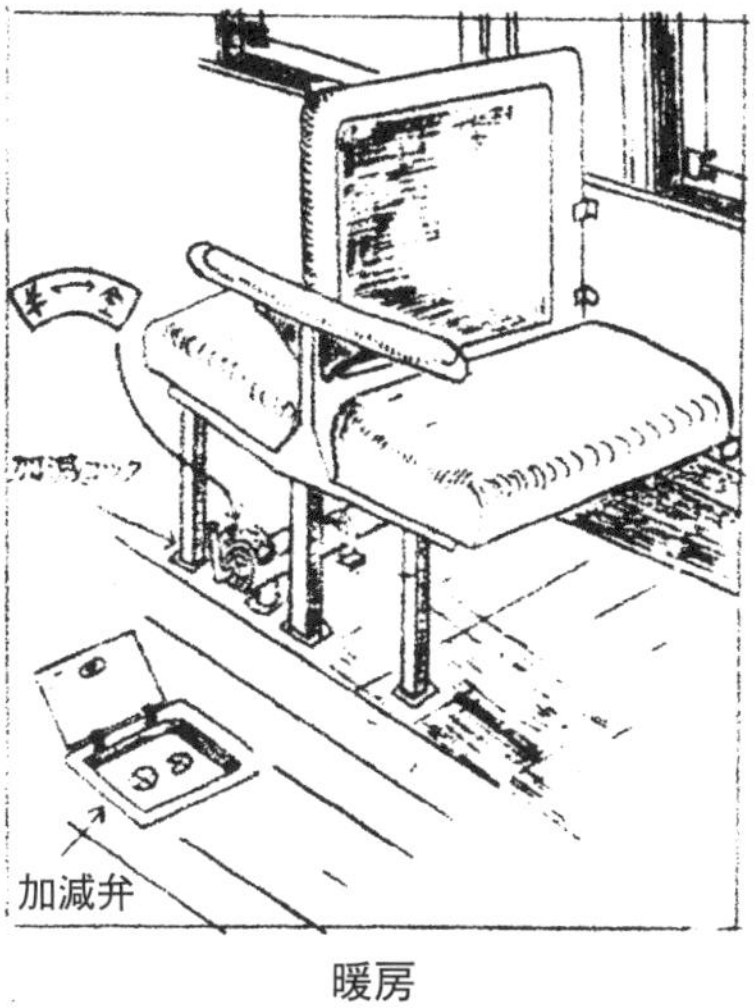

暖房

—大気圧暖房装置—

一九四七（昭和二十二）年二月に中央本線八王子と高崎線倉賀野を結ぶ八高線の東飯能・高麗川間の曲線下り勾配で、速度超過した超満員の買い出し列車のうち、四両が脱線転覆して築堤下に転落、木造の客車は衝撃で粉砕され、乗客百八十四人が死亡するという大事故が発生した。客車は大正期に製造された木造車で老朽化しており、死傷者の多くは破片による受傷だった。この事故をきっかけに木造車は鋼製の普通車に急ピッチで改造された。改造は上部の客室部分だけで、台枠などはそのままだった。暖房装置も高圧式のままだったが、その後に新製された鋼製車には新たに開発された「大気圧式暖房装置」が設備された。

鉄製のふたを開けると２個の加減弁がある

大気圧式は、客室放熱管が客室の左右に四本ずつ併せて八本あり、客室中央通路床の加減弁のほか、送気量を調整する加減コックが座席下にあった。機関車から送られてきた高圧蒸気が加減弁を経て自動加減器に入るとき、高圧室から細い窓を通って低圧室に入る。この低圧室は大気に通じているため大気の圧力と同じ圧力になって放熱管を暖める。このことから大気圧式というのだが、高圧式に比べると複雑である。しかし、放熱管の蒸気圧力や温度が一定なので、長距離を走る長大編成列車の暖房に適している。

車掌は、通路中央部の床にある加減弁の操作と客室中央の客席下の左右の加減コックを全開、半開のいずれかを操作することになる。高圧式に比べると客室内の温度調節は数段楽になった、といえようか。

通路床の加減弁を挟んだ左右の座席の下に全開、半開の加減コック

—ドレン切り—

厳寒期、停車中の客車の車体下の洗面所やトイレの真下あたりの排水管から、蒸気が出ているのを見かけた方は多いと思う。機関車から送られてくる圧力蒸気は最後部まで勢いよく走り抜けるのだが、洗面所やトイレにも蒸気のおすそ分けが届く。そのとき洗面所などの蒸気管に凝結水が溜まる。そこに溜まる凝結水をドレンともいうのだが、それを直径三㌢ほどのパイプにつながる排出弁（ドレンコック）から地上に落とす。ところが運転中

の寒気でドレンコックが凍結すると洗面所やトイレがノー暖房となり、暖房故障の原因となる。そこで車掌は停車時間を見計らって車外へ飛び降り、雪の中をドレンコックの状態を見て回る。コックを全開にして蒸気が勢いよく噴出すればよし、噴出しなければ凍結の疑いありで、手当てが必要。車掌は、これをドレン切りと言っていた。

―簡易暖房車―

客貨混合列車の客車内の暖房には石炭ストーブ（ダルマ）が使われていたが、廃車予定の蒸気機関車のボイラーを活用した簡易暖房車が開発され、一九五三（昭和二十八）年から使用された。ボイラー取り扱いの資格を持つ客貨車区員二人が乗り込み、石炭を燃焼させて蒸気を客車に送った。蒸気機関車とまったく同じ方式である。札沼線札幌・浦臼間、根室本線滝川・落合間、千歳線札幌・苫小牧間で使用され、暖房車の製造に合わせて道南地方を除く各線区で使用された。一九五九（昭和三十四）年には三十四両にも増えたが、気動車化が進んだ一九六六（昭和四十一）年に廃止になった。札沼線は一足早い一九五七（昭和三十二）年十月、全旅客列

停車時間中の排出弁（ドレン）操作

車の気動車置き換えで、簡易暖房車は廃止された。

温気暖房

―一般形気動車キハ二一形―

気動車の床下に単独で装置された暖房器で、軽油を散布器で霧状にして、ニクロム線でできている点火線に吹き付けて着火。この燃焼室の外周を送風機で空気を流通させて暖め、これを客室内に温気として送り込むもの。一九五六（昭和三十一）年に北海道向けとして新製されたキハ二一形の気動車に装置された。

運転スイッチは運転室に取り付けてあり、余熱、保温の切り替えスイッチをオンにして二分くらいするとモーターが回転し始めるとともに燃料ポンプが動き、燃焼が始まる。さらに二、三分すると表示灯が点灯して正常運転を知らせてくれる。

スイッチを入れても着火しないというので何度も操作を繰り返すと点火線に軽油が付き、燃えにくくなる。ポット式の

出入扉と客室の仕切りがなかった「寒い」気動車キハ21形式

キハ21形式を改造したキユニ（荷物・郵便合造車）21形

石油ストーブと同じで、客室内で異臭を感じたり、車体下の暖房機から黒煙が出たり、明らかに不完全燃焼と思われるときは、すぐに運転スイッチを切らなければならなかった。車掌に配布された取り扱いの手引きには「暖房器中、最も列車火災となる率が高いものであるから注意」と書かれていた。

出入扉と客室の仕切りがない寒い気動車で、出入扉が一度開くと発車まで閉まらなかった。運転室には暖房もなく、車掌は外套を着ながらの乗務だった。キハ二一形は一九八四（昭和五十九）年に全廃になったが、そのうちの二両が荷物・郵便輸送の合造車キユニ二一形に改造、使用された。その一両が小樽市総合博物館で屋外展示されている。

温水暖房

―一般形気動車キハ二二形―

気動車の機関冷却水を客室や運転室、側引戸などの温水暖房管に送水して温めるもので、一九五八（昭和三十三）年に北海道向けに新製されたキハ二二形に装置された。窓は二重窓、出入扉を運転室と客室の中間に移し、客室との間に仕切り扉を設け、温水暖房化したこの新製気動車の登場で、寒冷地向け気動車は完全に制式化した。このキハ二二形をベースに急行型化したキハ五六、キハ二七、キロ二六の三形式が、このあと寒地向けの気動車として北海道に導入された。

寒冷地向け気動車の先駆的役割を果たしたキハ二二形は現在、小樽市総合博物館で屋外展示されている。

機関冷却水を活用した温水暖房のキハ22形式。加減コックは座席下の床にあった

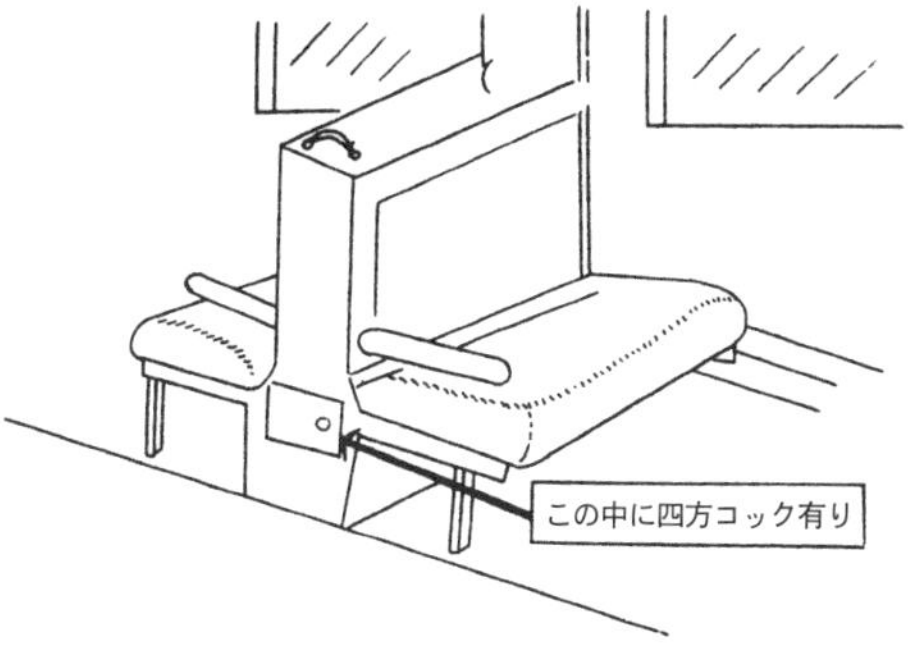

キハ22形の四方コック

—急行形気動車キハ二七形、キハ五六形、キロ二六形—

暖房はいずれも機関冷却水を活用した温水暖房装置で、運転スイッチは車両基地の出区の時から保温に入っていて、車掌は客室内の温水の切り替えコックを操作するだけである。車種によっては切り替えコックの位置はさまざまだが、おおよそ客室中央部の座席の下に

あった。「全開」「半開」「全閉」の三方コックが正式名だが、北海道向けの新製車とあって運転中はほとんど車掌の操作はいらず、それで快適な車内温度を保つことができた。

　だが、車内がお客で満員となって室内温度が急上昇したとき、切り替えコックを操作しても温度は急には下がらない。手っ取り早いのは客室天井の「ベンチレーター」の全開である。夏季、客室内の換気を行うための簡易な通風器で、冬季はほとんど効果がない。冬季の運転中の使用は雪を取り込み、それが水滴となってベンチレーターから客室内に漏れだしてくる。強制換気装置が開発されたのはずっと後のこと。これも現在、小樽市総合博物館に屋外展示されている。

キハ56形式。新型気動車はいずれも温水暖房を設備

キハ56形式の温度切替弁

電気暖房

—キハ八〇系特急形気動車—

電気暖房装置を持つ車両は気動車、電車、客車があるが、気動車では道内初の特急として一九六一（昭和三十六）年十月、函館・旭川間の運転を開始したキハ八〇系の「おおぞら」が最初である。運転室を持つキハ八二型は発電機関と走行機関を床下に吊り、取り入れた二五四ボルトの交流電力を各車に送った。客室の暖房は、腰掛け下の電熱器である。暖房

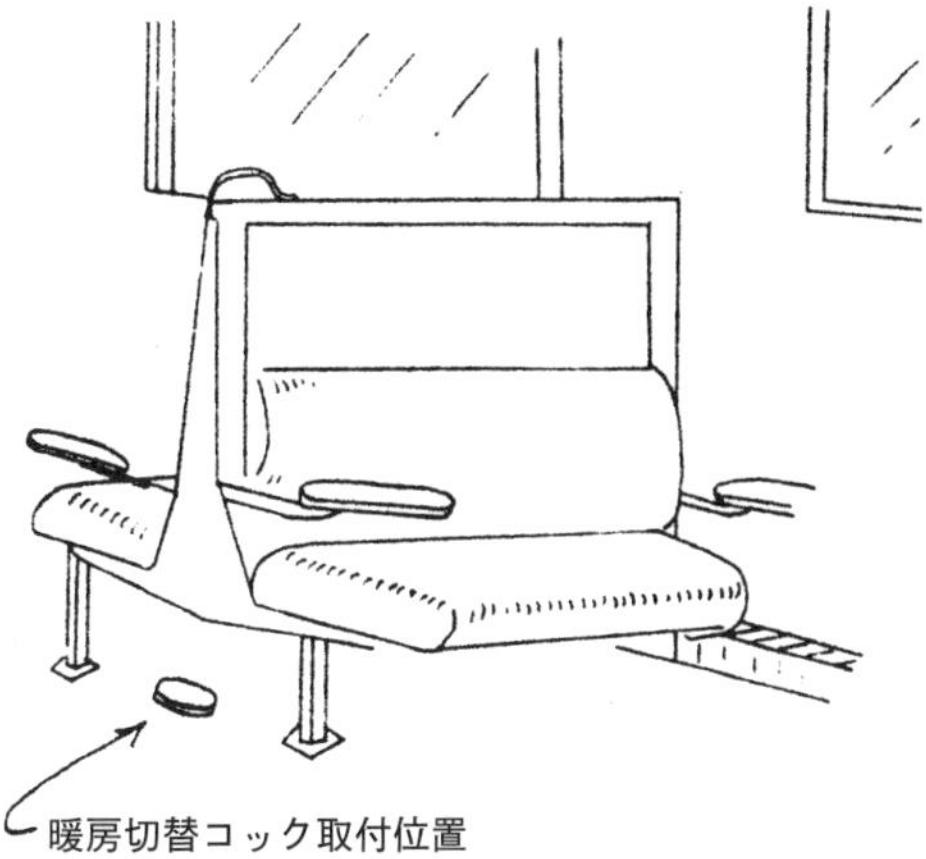

座席の下の暖房弁

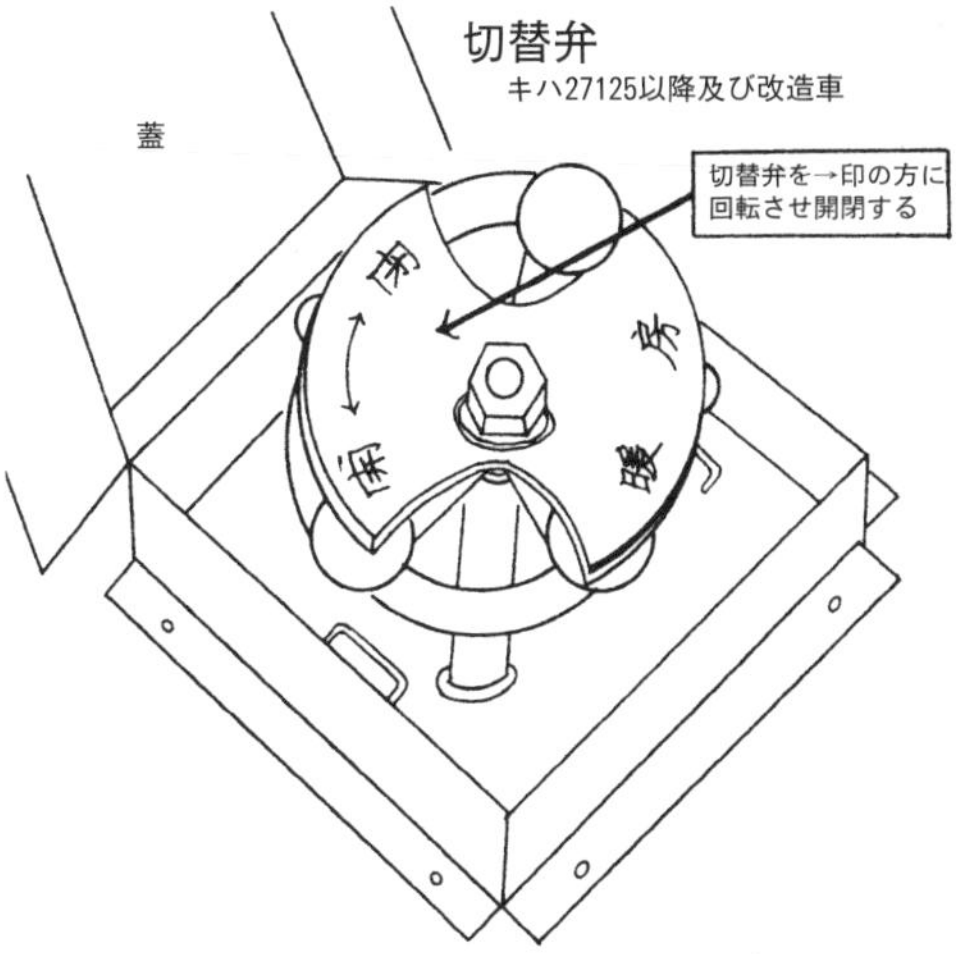

座席の下の切り替え弁

器一個四五〇ワットの電熱装置を設備した各車は、客室内の座席を前、中、後の三部に分けた六個のスイッチを持っていた。スイッチは各車両の「出入口配電盤」（スイッチ配電盤）にあり、車掌が手動で室内温度の調節を行った。

「入」「切」のスイッチはそれぞれに「右側後5A」「左側後5A」「右側中10A」などと表記されているが、乗車人員数などで客室内温度にも差があるので全車一律にはならない。また、一アンペアの熱を長時間、同じブロックに通していると座席が熱くなる。お客に苦痛を与えないためにもスイッチの「入」「切」を繰り返す。車掌は車内巡回のたびに各車の出入口にある配電盤のドアを開け、客室内の適温保持

電気暖房は道内初の特急気動車キハ80系が始まり

操作は各車の出入り口にある配電盤内のスイッチで

にあれやこれやと考えあぐむのである。

キハ八二型も小樽・総合博物館で屋外展示されている。

―キハ一八三系特急形気動車―

老朽化したキハ八〇系特急形気動車の取り替え用としてキハ一八三系特急形気動車が一九八一（昭和五十六）年に導入され、おおぞら系とオホーツク系で運用された。キハ八〇系と同じく発電車を持つ編成で、腰掛下の電気暖房器で暖房するグリーン車の乗務員室に総括制御盤があり、ここで室温に応じて「全入」「半入」「全切」など自動制御できる構造だった。温度調節器は各車の出入口側の冷暖房配電盤に設けられていて、温度は二〇度から二二度に設定されている。設定値の変更は外気の温度条件や乗車率によって違うが、設定値を変えるときは二度から三度くらいの範囲で調整ダイヤルを回すことで調節できた。

キハ一八三系気動車の導入以後、車掌の冬期間の暖房調節はサーモスタット（温度自動調節装置）により自動的に定温調節されるので、車掌の仕事はこれまでとはがらりと変わったものになった。

このキハ一八三系に続いて一九九四（平成六）年から導入された特急形振り子気動車のキハ二八一系、キハ二八三系についても、暖房装置はキハ一八三系のシステムをおおむね踏襲したものになっている。

—七一一系近郊形交流電車—

小樽・滝川間の電化開業時の一九六八（昭和四十三）年八月、二十九両の新製電車が札幌運転区に配置された。翌年十月には旭川まで延伸、さらに三十両が増備され、札幌・旭川間の気動車急行「かむい」の一部が電車化された。この電車は北海道向けに新製された交流近郊形七一一系。これも特急形気動車と同じく、暖房スイッチがあるので、暖房装置はほとんど車掌の手を煩わせることはなかった。乗務員室に総括制御の暖房スイッチがあるので、天候の影響で室内温度が上昇した場合にスイッチを「切る」位置にするだけでＯＫだった。

—四八五系特急形交直流電車—

一九七五（昭和五十）年七月、交直両用の四八五系特急形電車二十二両が導入され、新たに設定された札幌・旭川間のＬ特急「いしかり」として運転された。特急形電車一五一系「こだま」を基本にして全車冷暖房完備、リクライニングシートの近代的設備を持ち、北海道向けに耐寒・耐雪型に設計された新鋭車両だった。冷暖房の取扱いは特急形気動車のキハ八〇系とほぼ同じで、各車の出入口にある配電盤に調節のスイッチがあった。客室内の温度調節は「短絡—自動」の切り替えスイッチがあり、自動が「定位」だった。

「暖房器」には「1」「2」のスイッチと「暖房半減」のスイッチがあるなど、キハ八〇系とは一味もふた味も違う、至りつくせりの仕様だった。

しかし厳寒期に入ると故障が続出した。客室関係では洗面所とトイレの排水管の凍結、水タンクに通じるパイプの凍結、室内換気扇からの冷却風侵入などがあった。特に下回りの部分に弱点があったようで、このため列車が突発的に運転を休止することもあった。漸次改良もされたが一九七九（昭和五十四）年三月、新たに開発された北海道向けの特急形交流専用電車七八一系にL特急「いしかり」の座を譲って、南国の他局に転属していった。

―七八一系特急形電車―

一九七八（昭和五十三）年十一月に札幌運転区に配置された特急形交流専用電車。試験運転を重ね、翌年三月から札幌・旭川間のL特急「いしかり」に運用され、一九八〇（昭和五十五）年六月にはL特急「いしかり」はすべてが七八一系となった。客室部分は四八五系、走行部分は七一一系を改良して組み合わせた車両だった。

冷暖房の取り扱いは、乗務員室内に「冷房」「暖房」「換気」の総括制御盤が設けられているので、出入り口の配電盤のスイッチを車掌が通常的に扱うことはなくなった。客室内の適正温度維持は自動化されたのである。

一九八〇（昭和五十五）年十月にダイヤ改正が行われたとき、L特急「いしかり」は「ライラック」に改称された。

一九九〇（平成二）年に導入され、札幌・旭川間を一時間二十分で走った特急形交流電車七八五系「スーパーホワイトアロー」も同じように暖房関係は自動化された。

―一四系特急形寝台客車―

一九七〇年代、北海道内で寝台急行「まりも」や急行「大雪」「利尻」に使用されている車両は座席客車、寝台客車ともに経年二十年を越えた老朽車が多く、安全性やサービス面からも、また検修面からも車両の早期取り替えが迫られていた。この対策として考えられたのが、本州で不要となった一四系寝台客車や一四系客車の、いわゆるブルートレインを北海道向けに改造し、充当することだった。

改造された一四系寝台客車は、これまで設備されていた電気暖房のほか、乗務員室付き寝台車の床下にサービス電源用のディーゼル発電装置が取り付けられた。新たに寝室と乗務員室に温気暖房を設け、暖房の強化が図られたのである。冷暖房の配電盤は乗務員室内に設けられ、自動温度調節だった。

冷房の取り扱い

特急形気動車の冷房
―キハ八〇系特急形気動車―

　北海道で冷房装置（ユニットクーラー）を持つ車両が初めて登場したのは一九六一（昭和三十六）年十月である。暖房のところでも書いたが、函館・旭川間に設定された八〇系特急形気動車「おおぞら」である。気動車の屋根にキノコ形のカバーをつけた分散型の冷房装置で、運転室があるキハ八二型には五基、その他の車両には六基を客室内の天井の通風口とともに設備していた。各車の出入口側の配電盤にユニットクーラーとノーヒューズ遮断器が設けられてあり、車掌が配電盤内の「ユニットクーラー」と「ユニットクーラー起動」「温水器起動」を操作した。

　車掌は車内巡回のときに室温状態を勘案し、天井取り付けのクーラーの「強冷」「弱冷」「通風」「停止」

各車の出入り口にある配電盤内のユニットクーラーを操作

のボタンスイッチを押して調節する。ところが客室内の天井に取り付けられているクーラーは、お客が立ち上がって手を伸ばせば届く位置にあるので、お客が無断でボタンスイッチを押して操作する。お客それぞれに冷房に対する個人差がある。クーラーの真下にいるお客には冷房の効きすぎでも、離れた座席のお客にはそんなでもない。車掌が知らないうちに、お客が立ち上がって勝手に「停止」「強冷」「停止」「弱冷」のボタンスイッチを押してしまう。

「強冷」「弱冷」を長時間使うと相当な量の凝結水が冷却器の受け皿に溜まるので、通風ファンモーターで屋根裏に排水する構造になっている。「強冷」「弱冷」からすぐに「停止」のスイッチを入れると凝結した水滴が急に溶解されて受け皿からあふれ、客室内に流れ落ちてくる。こうなると厄介で、クーラーを止めて水滴を拭き取るほかない。

車掌は車内巡回のときに天井取り付けのクーラーのボタンスイッチを押して室温を調節

こうしたこともクーラー故障の原因になるのだが、故障を防ぐ手段は車掌が頻繁に車内を回って適温保持に努めるしかなかった。
二十五年にわたって北海道内を疾走したキハ八〇系は、一九八六（昭和六十一）年に現役を引退し、姿を消した。

―キハ一八三系特急形気動車―

暖房のところでも書いたが、北海道専用の特急形気動車として一九八一（昭和五十六）年に新製された車両である。冷房装置は特急形気動車としては初めての集中式のユニットクーラーで、各車両に一基搭載し、天井ダクトを通じて冷風を客室に吹き込む構造である。「冷房入」「換気」「停止」などの指令操作は、乗務員室に設備された総括制御盤のボタンスイッチで操作する。客室内の室温は自動温度調節で行われる。

特急形気動車一八三系につづいて導入された新製のキハ二三一系、キハ二八三系、キハ二六

キハ183系特急形気動車。冷房操作は乗務員室に設備された総括制御盤ボタンスイッチで行う。すべて自動温度調節

一系の冷房装置は暖房と同じく一八三系のシステムを踏襲し、客室内の温度調節は自動化されている。

寝台客車の冷房

―A寝台客車オロネ一〇形式―

昭和三十年代に列車の速度を向上させるために車体の軽量化が図られたが、このとき北海道向けに「オロネ（旧一等寝台。のちA寝台）一〇形式」が新製され、一九六二（昭和三十七）年に札幌に配置された。北海道に配置された冷房完備の寝台客車のはしりで、札幌・釧路間の急行「まりも」に連結された。冷房装置は床下に設備され、冷房配電盤は寝室外側の喫煙室の上部に設けられていた。「運転起動」「機関余熱」「冷房」「送風」「停止」などのスイッチ操作は車掌が行うが、寝室内の温度調節はサーモスタットによった。一定の温度に達すると自然にスイッチが切れ、温度が下がるとスイッチが入る装置なので、車掌は故障などによる機関停止に注意するだけだった。

札幌・釧路間の急行「まりも」は一九六八（昭和四十三）年の十月の時刻改正のときに愛称名が「狩勝」に変わった。

―A・B合造寝台客車オロハネ一〇形式―

信越本線で使われていた定員十二人のA寝台と定員三十人のB寝台の合造車で、一九六四（昭和三十九）年三月に北海道に転属になった。利用者が少ない列車用に設計された国鉄唯一の中央出入口式の珍車。転属と同時に北海道用に改造されたが、そのときA寝台室に冷房装置が取り付けられた。冷房配電盤はB寝台室入口の窓側の電灯配電盤の中に組み込まれ、室温調節はサーモスタットにより自動的に調節された。B寝台室には冷房は設備されず、扇風機が天井に取り付けられた。

このA・B合造寝台客車は札幌・網走間の急行「大雪」、札幌・稚内間の急行「利尻」の編成にも組み込まれていた。

―B寝台客車オハネ一二形式―

B寝台客車（旧、三等寝台車）は一九五〇（昭和二十五）年ころから復活したが、冷房はいずれも天井据え付けの扇風機が主流だった。軽量客車の部類であるナハネ一〇形式が北海道向けとしてやってきたのは一九六五（昭和四十）年で、一九六八（昭和四十三）年九月に五稜郭工場で冷房装置が取り付けられオハネ一二形式に改称された。同形は十両だった。ディーゼル機関による発電機式で寝室天井に四基のユニットクーラーがあり、冷房配電盤は電灯配電盤の中にあった。室温調節はサーモスタットにより自動的に行われた。

車掌の装置扱いは、同型のユニットクーラーを搭載しているA寝台オロネ一〇形式の場合と同じだった。

―一四系特急形寝台客車オハネ一四形式―

一四系のB寝台客車は一九八三（昭和五十八）年に本州から転属になった特急形寝台客車（ブルートレイン）で、道内の鉄道工場で寒地向きに改造されて四月から八月にかけ、在来のB寝台客車と置き換えられた。これで北海道内の寝台客車はすべてオハネ一四形式に統一された。

冷房装置は車両の屋根の両端に二基あり、冷房装置の真下から寝室内の空気と外気を吸い込むと同時に、横からはダクトを通って各寝室に冷風を吹きこむ構造である。冷房配電盤は乗務員室内に設けられ、自動温度調節が行われた。温度調節器は天井の換気口付近の仕切壁に設けられていた。列車運転中、二基のうちの一基の冷房装置が故障した場合は、洗面所側から五番目の寝台の荷物棚にあるハンドルを操作して前後のダクトをつなぎ、冷風を全寝室に吹き込ませる。めったにないが、これも車掌の仕事のひとつである。

客車の冷房
―スロ五四形式―

昭和四十年代に入ってグリーン車のスロ五四形式にも冷房装置が取り付けられた。一九五二（昭和二十七）年に製造された「特別二等車」で、アメリカ式のリクライニングシートを取り付け、和式と洋式の両トイレを持つ、通称「特ロ」といわれていた車両だった。一九六八（昭和四十三）年に冷房化された。ディーゼル機関による発電機式で、客室天井に四基のユニットクーラーがあり、冷房配電盤は乗務員室に設けられた。「冷房」「通風」「停止」のボタン操作が車掌の仕事で、温度調節はサーモスタットで行われた。

―一四系特急形座席客車オハ一四形式―

一九八〇（昭和五十五）年に本州から転属になり、寒地向けに改造された客車。一九八一（昭和五十六）年十二月から函館・札幌間の急行「ニセコ」に使用、翌年十一月の時刻改正から夜行急行列車にも使用されはじめた。冷房装置は一四系寝台客車と同じで、車掌室付き車両の床下にサービス電源用のディーゼル発電装置が取り付けられていた。サービス電源用機関を起動させる配電盤は車掌室内にあった。

夜行の急行列車は札幌・網走間の「大雪」、札幌・釧路間の「狩勝」、札幌・稚内間の「利尻」だったが、同区間の夜間は外気が冷涼なので「冷房」はほとんど使用せず、「通風」

の通風器から外気を取り入れ、電動送風機で強制換気を行うのである。車両の屋根の使用が多かった。客室内換気の「通風」は冷房とは系統が違っていたので、

―急行形中間気動車キロ二六形式―

走行用のエンジンを持たない寒冷地向けの急行形中間気動車のグリーン車で、一九六一（昭和三十六）年製造のキハ五六の系列。一九七〇（昭和四十五）年に冷房装置が取り付けられたが、同じグリーン車のスロ五四形式と同形式のユニットクーラー方式である。車掌が「冷房」「通風」「停止」のボタンスイッチを操作し、冷房配電盤は車掌室内に設けられていた。運転室と走行エンジンを持たない軽量の車体に冷房装置を取り付けた改造車なので、配電盤の冷房入力の「機関」にスイッチを入れてしばらくしてから、車体を大きく揺るがせながらディーゼルエンジンが駆動を始める。時折、床下のディーゼルエンジンから黒煙が噴き出てくるなど、車掌には受けがよくない冷房装置だった。冷房改造車なので在来の小窓が並び、その小窓を開け閉めできる特徴あるグリーン車である。札幌・旭川間の急行「かむい」、札幌・室蘭間の急行「ちとせ」、札幌・帯広間の急行「とかち」などに使われた。

一九八五（昭和六十）年三月の時刻改正以後、定期列車から外された。

第六章　車掌の独り言

釧路から函館行きの普通列車に乗務したとき、家出をしてきた少女が車掌室へきた。十八、九歳の、まだあどけさが残る少女だった。東京へ行きたいのだが所持金が足りないので着払いにしてほしいという相談を受け、はじめて家出とわかった。道東のある炭鉱町の道立高校を卒業し、東京の電気会社へ集団就職した。会社の寮住まいとなった彼女は、やがて出入りのクリーニング店の店員と恋仲になり、生活を共にするようになった。会社から彼女の引き取りを求められた炭鉱づとめの父親は、離れまいとする娘を彼から引き離し、連れ帰った。けれど一日として彼を思い出さぬ日がない彼女は、十分な旅費も持たずに列車に飛び乗り、私に相談にきたのだ。でも、家出とわかっては手助けをするわけにはいかない。長い時間をかけて説得し家に戻したのだが、身の回りの小物や衣類をぎっしりと詰め込んだ紙袋を両手に提げ、動き出す列車を見送る姿は哀れだった。それからまもなく、彼女の父が勤める炭鉱が閉山したのを知った。そのとき私は、彼女の幸せの芽を摘み取ったのではないかと思った。あの時、手立てを尽くして東京へ旅立たせたほうが幸せになれたのかもしれないと、今でも心がうずく。

車掌稼業二十七年、その間にはお客とのさまざまな出会いがあった。楽しくもあり、ほろ苦くもあった。

巣立ちの列車

四月の長距離列車は巣立ちする若者で賑わう。列車がホームに止まると天地を揺るがすかのような大拍手や蛮声、嬌声が飛び交う若さあふれる別離のシーンを見せてくれるのも、この若者たちだ。

どこの駅でも機転をきかしてこういうときは「別れのワルツ」をホームに流してサービスにつとめているが、友との別れを惜しんでいる若者たちには叙情にひたっている余裕はない。いつまた会えるともしれぬ友の手を握り、肩を抱き、涙を流して互いの健闘を誓い合っている。その間隙をぬって母親が我が子に切々と語りかける。体のこと、食事のこと、住まいのことなのか。子は無言でうなずくだけだ。やがてドアが閉まる。駅員の制止を振り切って、動き出した列車の窓を素手で叩いてなおも叫ぶ若者、列車とともにホームを走り出す若者、ホームにうずくまって泣き出す女の子など、若者の美しい友情のドラマがしばし展開される。

こうした賑やかな別れもあれば、静かな別れもある。両親だけの見送りで、それも二言三言の別れの言葉を交わしたきりで荷物を抱え、さっさと列車に乗り込んで発車を待つ。動き始めても手を振るわけでも、振り返って見るわけでもない。一見、淡々とした愛想のない別れのようだが、私には見送る者、見送られる者の心情が痛いほどよくわかる。座席と下車駅のチェックをしながら、さりげなく若者に声をかける。

「就職？」

そのあと「親も、これで安心だね」とか「親に心配かけちゃあだめだよ」と、励ましとも慰めともつかぬ言葉をかける。そうこうしているうちに若者の目に涙が滲んでくる。

私も同年齢の子を持つ親だから、子を手元から離す不安や淋しさは一通り経験している。それがお客と車掌という立場をこえて、つい、お節介みたいな話しかけになってしまうのだろうか。

春はさまざまな別れの季節。見知らぬ地へ、不安と希望に心をおののかせながら巣立って行く若者に、お節介な言葉をかけずにはいられなくなる。

（一九八五年二月）

鹿の通り道

めったに新聞記事にはならないが、年二、三度はエゾシカが列車にひかれる事故がおきている。新芽や若葉を求めて移動する通り道に鉄道線路があり、そこを横断するときに運悪く列車の通過に出合って命を落とすのである。そしてこの種の事故は根室本線の尺別や音別、白糠の丘陵地帯で多くおきている。

五月の中旬、霧が濃い早朝のことだ。釧路行きの寝台急行「まりも」に乗務し、音別を過ぎてまもなく、突然危険を知らせる短急汽笛が鋭く鳴った。何事かと急いで車掌室の窓を開けて前方を見ると、エゾシカの群れが線路を横断していた。リーダーらしき一頭が横断すると、それにつづいてぞろぞろと、そして悠然と横断しているのだ。

相手がシカだからといってハネ飛ばして通過するわけにもいかず、といって上りこう配の途中で急停車をしては重量のある寝台列車だから事後の運転開始が難儀だ。機関士はそんな思いで、懸命に警笛を鳴らしつづけるのだろうが、車掌だって大変だ。厄介な運転事故報告書を書かなければならないし、突然の急停車の衝撃で寝台から転げ落ちて怪我をしたお客がいれば客扱報告書も書かなければならない。急停車を説明する車内放送も必要だ。

とっさの間にあれやこれやと考えていると、機関士もついに強行突破を断念したのかブレーキをかけて速度を落としはじめた。ところが危機一髪のところで横断を終えたシカたちは、このときはじめて事の重大さに気づいたらしく、一列縦隊のそれまでの列を乱して一斉に急斜面の山腹を、へばりつくようにして上りはじめた。その慌てぶりが、いかにも小心で臆病なシカらしいしぐさだったので、安心の思いもあった私は思わず独り笑いをした。

何年か前、やはりこの付近でエゾシカが特急「おおぞら」にひかれたことがあった。ひかれたのは年ごろの牝鹿で、その連れ合いらしい一頭の牡鹿が事故処理をする乗務員らを恐れず、その場から立ち去ろうとはしなかったという。その話をふと思い出しながら、私はシカたちが逃げこんでいった山林を車掌室の窓からいつまでも見つづけたのだった。

（一九八五年六月）

特急「おおとり」

仕事がら、冬の天候には殊のほか関心がある。大雪に見舞われると、列車ダイヤが乱れに乱れる。こういうときに旅をするお客が迷惑をこうむるのはもちろんだが、私ども車掌も胃が痛くなる思いなのだ。

網走から函館までを走る「おおとり」という特急がある。網走を朝九時に立ち、上川、空知、石狩、胆振を抜けて噴火湾沿いに南下し、夜の七時過ぎに函館へ着く北海道一番の長距離列車である。やや旧型に属する車両で七百キロもの距離を走り続け、終着の函館にきちんと定時に着くのはある種の芸当みたいなものだといつも感じ入っているのだが、これも途中で何事も起こらず、時刻表どおりに走っていればのこと。七百キロ区間のどこかで雪害に巻き込まれようものなら大変だ。食堂車もある優等列車だから途中で各方面に接続する列車も数多いのだが、遅れがひどすぎると接続列車は「おおとり」を待たずに立ってしまう。そうはさせまいと車掌はあの手、この手を使って接続列車の発車を遅らせる。これが青函連絡船相手となるともっと大変だ。本州各線への乗り継ぎのお客ばかりだから、めざす連絡船に間に合わぬとなったら旅行プランが滅茶苦茶になる。

そこで列車無線電話で「おおとり」の運転状況や乗船客の人数を船舶・旅客の指令員に知らせ、出港に待ったをかける。無線電話といえば格好いいが、これもまたやや旧型。雑音がひどくて役目を完全に果たしてくれず、車掌室で受話器をつかんで叫びつづける車掌の声が客室内に筒抜けになる。

やがて雪だるまになった列車が函館に着き、お客が連絡船に乗り込んでいく。それを見送るとき、十時間の乗務が終わった喜びにようやくひたれる。だが、そうではないとき——船影がはるか彼方にあるときは、申し訳ない気持ちでお客の顔を見るのがとてもつらかった。


（一九八五年一月）

駅弁

北海道の駅弁は三十五駅で百二十三品が売られているそうだが、地方色豊かで全国的に名が知られている名物駅弁に長万部の「かにめし」や森の「イカめし」、岩見沢の「いくら弁当」などがある。だが、最近の列車は車両の近代化で窓が開かないのがほとんどだし、スピードアップで停車時間が極端に短縮されているから、ホームで立ち売りする弁当屋さんも大変なようだ。

また、そういった名物駅弁を求めるお客も大変な努力を強いられる。停車する四、五分も前からデッキに立ち、停車するやいなや脱兎のごとく弁当屋さんめざして駆けるのは旅なれた人か、若くて威勢のいい人。デッキから顔とお金を出して弁当屋さんを呼ぶのはSL時代の旅の経験を持つ年配の人。しかし、こういう年配のお客にはめざす弁当はなかなか手に入らない。なにしろ、特急の乗り換え駅であっても、せいぜい一、二分の停車時間だから早い者勝ちだ。それに、まごまごしているとドアが閉まる。そうはさせじと弁当屋さんは首から提げている箱でドアをガードする。

ところが、その弁当屋さんも時には大失敗をすることもある。

下り特急「おおぞら」で洞爺駅に着くと長万部駅からの伝言が届いていた。「かにめし」三個を売ったのだが、お金をもらわないうちにドアが閉まったので三個分二千百円をもらい損ねたというのだ。こういうときはお客の誠意に頼るほかない。おかしさをこらえて「先ほど長万部駅で、ドアが閉まる直前に〝かにめし〟三個をお買いになったお客様。恐れ入りますが車掌にご連絡ください」と、車内放送をしたあと車内を回るが反応はない。車内に転がる「かにめし」の空き箱を横目で見ながら「お心当たりは？」と、たずねるわけにも行かず、これはついにわからず仕舞いだった。お話としては滑稽だが、自弁となる当事者の弁当屋さんにとっては深刻だ。取立てを依頼されたものの、力及ばずで気の毒なことをしてしまった。

（一九八五年六月）

誤乗

鉄道の営業用語に「誤乗」（ごじょう）というのがある。寝過ごしたり、降りそこなったり、あるいは行き先が違う列車に乗ってしまったとき、その列車の車掌が乗車券や特急券の裏側や余白に「〇〇駅まで誤乗」と書いて証明するときに使う用語で、これは駅でも同じことをする。この証明があるときは誤乗した区間の運賃や料金は不要だし、戻るときの運賃も不要だ。

寝過ごして乗り越し、というのはどんな列車でもちょくちょくあって珍しくはないが、行き先がまったく違う列車に乗ってしまう文字通りの「誤乗」は、やはり札幌駅からのお客に多い。時間や列車に関係なくホームへ出られる自由改札のシステムだから、間違いも多いのだろう。見送り客が車内に入って別れの言葉を交わしているうちにドアが閉まって発車、という「誤乗」もやはり札幌駅が目につく。上りと下りの両特急列車がたまたま同じ時刻に発車する場合があるが、このとき逆方向の列車に「誤乗」するのは東室蘭駅からのお客に多い。上りと下りの両特急が同じ時刻、同じ島式ホームに入ってくるのである。

どれも笑い話では済まされないものばかりだ。何しろ特急の一区間は三十分から一時間の走行距離だから、誤乗したお客は慌てもし、途方にくれる。旅行プランが狂うし、迎えがくる手はずになっていたら大騒ぎになるだろう。日中ならいいが、夜遅くなら、その日のうちには帰宅できないかもしれない。

車掌はこういうとき、引き返す列車の時刻や乗り換え列車を調べたり、列車無線電話で連絡するなど最大級のお世話をするのだが、こんな事態に直面すると実にいきいきとしてくる。つまり、車掌という存在感に心地よくひたれるからである。ところが駅側のサービス不足に問題があっての「誤乗」のときは立場が逆転し、車掌は神妙に頭を垂れてお客の不満、苦情、憤慨の承り役となる。時には荒々しく、口汚く叱声を浴びることもあるが、これもまた車掌のありがたくない仕事のひとつ。嵐が過ぎ去るまで耐えるしかない。

それにしても「誤乗」に気付いたときのお客の動作や表情は十人十色だ。驚愕、愕然、泰然、そして恐縮、苦笑、憤然……。「誤乗」という不意の出来事は、疾走する列車の中でさまざまな人間模様を見せてくれる。　（一九八五年七月）

食堂車

北海道内には六十本ほどの特急が運転されているが、軽快な電車特急や一八三系と呼称されている新製車両のディーゼル特急にまじって、八〇系と呼称されている旧型車両のディーゼル特急がある。旧型ではあるが、一九六一（昭和三十六）年十月に北海道最初の特急車両として華々しくデビューしたもので、今も函館・網走間の特急「おおとり」を中心に運転されている。

後発の電車特急などと比べると設備や外観はやや劣るが、国鉄全盛時の製造だけあって実に細かいところまで金と手をかけている車両だ。車体番号の表示板からドアのノップ、ネジの一本に至るまでクロームメッキを施すという至れり尽くせりで、まさに職人芸を見せつけている。長年の使用で食堂車のドアの平たい把手のメッキが擦り剥げているが、顔を出している地金は真鍮だ。一見、老朽化と思われがちだが、これは、いぶし銀のような年経ての貫禄、というものである。

車両は旧型だが、なかなか楽しい列車編成である。なんといっても道内特急六十本の中で、ただひとつの食堂車つきの特急だ。長い旅の中でくつろげるのは食堂車だが、そこには独特の解放感がある。食堂車で食事をしながら車窓の景色に目をやるのは、旅の本懐ともいうべきもの。そのうえ最近のメニューには工夫がこらされていて、これまでのレストラン風のものに加え焼肉定食、かにめし定食とか、おでん、いか焼きといった居酒屋風のものまでそろっている。

揺れる食堂車でめまぐるしく動き回る若いウエートレスは働き者だ。函館・網走間の往復乗務は千四百キロにも達するのだが、食堂車とともに一泊二日の乗務をしっかりこなしている。昼食はきまって調理室の中での立ち食

食堂車のウェートレスたち。「食堂車も頑丈だが、函館育ちの彼女たちもそれに劣らず頑丈で、働き者だ。そして美人ぞろいだ」

い。食堂車も頑丈だが、函館育ちのウェートレスもそれに劣らず頑丈で、働き者だ。そして美人ぞろいだ。

車両検修の合理化が理由なのか、食堂車の廃止が噂されている。噂が本物なら、しみじみとした旅情にひたる場が消えていくことになる。「おおとり」もまた、人間を目的地に輸送するだけの乗り物になるのだろうか。噂だけであれば、いいのだが。

（一九八五年九月）

ある作業員の死

列車の車掌なら誰もが二度や三度は踏切事故などに遭遇しているが、この事故処理は列車の責任者である車掌がすべて行うことになっている。たとえば、自動車と衝突した場合なら死傷者の救出とか、救急車の手配、複線区間なら併発事故を防ぐために、反対方向から来る列車を止めなければならないし、運転指令や鉄道公安室への事故発生の緊急通報もある。車内放送も手際よくやらなければならない。

そういった事故にはむごたらしさが必ずつきまとうので、乗務を終えたなら直ぐに忘れることにしている。だが、いかに年月がたっても記憶が薄れずにいる事故もまたある。

函館行きの特急「おおぞら」に乗務をして室蘭本線の錦岡・糸井間を走っていたとき、突然、非常ブレーキがかかった。電化工事の作業員をハネたという運転士の電話連絡で現場へ駆けつけたところ、かなりの年齢らしいその人は、同僚に抱きかかえられ、じっと目を閉じていた。病院に収容されたその人、Aさんはまもなく息を引き取り、葬式は同僚だけでひっそりと行われたらしい。Aさんは複雑な事情があって若いころ家を出て各地でタコ部屋暮らしをし、終戦は樺太のタコ部屋で迎えたとか。引き揚げ後は炭鉱に入ったものの相次ぐ閉山で山から山へ渡り歩く年月で、そのご再び飯場ぐらし。そして電化作業に出て、この事故にあった―。

タコが北海道開拓にどのような役割を担っていたかに深い関心を持ち、それをテーマにした戯曲を何作か書いたことがある私にとって、この事故はショックだった。家庭の団欒も知らずに暗い影を背負って生きてきたAさんは、列車接近を知らせる見張り員の制止に耳をかさず、ふらふらと列車の前に立ちはだかったというのだが、そのときAさんは一体何を思っていたのだろうか。

老いたAさんの血を吸った室蘭本線の電化工事はやがて竣工し、時速百キロの猛速で電車特急が走りはじめた。しかし、そこを通過するとき私の脳裏にはきまってその日の記憶がよみがえってくる。そのたびに、いつまでも記憶を消せぬ〝車掌〟という仕事をうらめしくも思ってしまうのである。

（一九八五年十二月）

酔客よ、ご用心

〝酒が飲める、酒が飲める、酒がのめるぞ〟という楽しい歌がある。十二月はどさくさで酒が飲め、一月は正月で酒が飲める、という歌詞がつづく「日本酒飲音頭」だ。

その正月の酒のシーズンがやってくる。だが汽車乗り稼業の車掌にとっては、一年を通じて最も泥酔客に悩まされるのがこのシーズンである。ろれつが回らぬ口調で周囲の人に見境いなく話しかけて回り、そのうえ暴力まがいの言動にでも及べば、「乗車お断り」という強権も時には発動する。たいていはこの脅し文句でおとなしくなるのだが、逆にいきまく酔客もいて、へきへきすることしばしばである。

ある年の松の内のこと、夜遅く、ある駅から人品卑しからぬ酔客が大勢の人に見送られて乗り込んできた。ほどなく女性客が車掌室へ駆け込んできた。くだんの酔客が悪ふざけをしたらしい。やれやれと思って酔客を車掌室へ伴ってきて話をしているうちに、殺人犯がこの汽車に乗っていると言い出した。軽くあしらっていると突然、「殺人犯はおれだ！」と叫びながら私の首を締め上げてきた。ようやく手を振りほどいた途端、今度は大きな平手で私の頬を一発。弾き飛んだ眼鏡を間髪入れずに皮底の靴で踏み砕いたあと、その靴で私の弁慶の泣き所を二度、三度と蹴り上げてきた。この間、わずか十秒たらず——。すぐに態勢を整えて取り押さえにかかったところ、酔客は慌てて客室へ逃げ込む。降ろされまいと座席の背もたれにしがみつくのを引き離し、折りよく止まった駅の駅員らに引き渡して発車した。

翌日、乗務を終えて戻ると事務室の片隅に、しょぼくれながら座っている人がいた。昨夜の酔客だった。酔いがさめたあと駅前交番で公務執行妨害、暴行、傷害の罪に問われると告げられて仰天し、なにとぞ穏便に、と私の帰りを待っていたのだ。食品会社の幹部だった。相手はお客、ということで結局は殴られ損だったが、一発張られた悔しさと蹴られたすねの痛みはなかなか消えず、お客仕えの悲哀をしみじみと感じ、眠れぬ夜が幾日かつづいた。

（一九八五年十二月）

あの夏の日

一九四五（昭和二十）年の夏、中学一年の私は脚絆（ゲートル）を上手に巻けるようになっていた。軍人勅諭も全文を必死になって暗記したし、手りゅう弾投げも配属将校に叱咤されながら合格ラインをはるかに超えていた。少年兵志願のため、年齢を二歳も水増しした願書を連隊区司令部へ送ったのもこのころだった。神州不滅を信じ、本土死守の使命感に燃えていた愛国少年だったのである。

今年も八月十五日、終戦の日が近づいてきた。

千歳空港駅近くの北側の潅木の中に、迷彩色をほどこしたコンクリート造りの建物があった。米軍機の千歳飛行場攻撃に備えての日本軍の対空陣地だったと聞いていた。普通列車に乗務していたころ、私はそこを通るたびに必ず目をやった。丈高い雑草の中に放置されたままのそれは敗戦を身近に感じさせ、夏草やつわものどもの…の句を連想させる切ない情景でもあった。そんな夢のあとも、いつの間にか消えていた。老朽化した建物が、子供らの危険な遊び場になっているというのが取り壊しの理由だったらしい。いまや国際空港に発展している千歳空港だが、灌木林の中にそんな建物があったことを、いまは知る人も少なくなっただろう。

改築される以前の苫小牧駅には米軍機による機銃の弾痕があった。あの年の七月十四日の北海道空襲のときのもので、その日の熾烈さを物語っていた。階上から斜めに並列して突き抜けた二カ所の弾痕はホームからも望見でき、そこも私が必ず目をやるところだった。

根室本線の釧路近くにさしかかると海岸沿いに、米軍の本道上陸を阻止するためのコンクリート造りのトーチカが点々と構築されていた。風浪による砂地の変動のせいか、どれもが楼閣のように砂上に飛び出たり、傾斜したりで、ここでも敗戦の惨めさをさらしていた。が、これもいつの間にか取り壊された。

こうして自分の目で検証できた、あの夏の日を語る歴史がひとつずつ消えていった。時折、戦争を知らない若い人たちにその話をしても、期待する反応はない。話術のまずさゆえに真意が伝わらぬのか、平和がつづくあまりの風化の故なのか。　（一九八六年八月）

私の〝さよなら列車〟

一九八六（昭和六十一）年一月一日函館発釧路行きの特急「おおぞら7号」の、函館・札幌間が私の最後の乗務となった。地上勤務の先輩が定年退職することになり、私がそのあとを継ぐことになったのである。だが、二十七年間も慣れ親しんできた〝車掌〟をおりるというのはさすがに淋しいもので、地上勤務を了承したあとも乗務に対する未練がなお心の中を去来しつづけた。

私の生家は江別市の駅前にあった。幼いころ、蒸気機関車に引かれた急行列車が来る時間になると駅に駆けつけ、到着を待った。そしてデッキに立って挙手の礼をしていく白手袋の車掌さんに、ほのかな羨望と憧れを抱いて見送った。鉄道＝車掌への憧れは、幼いころから醸成されていたのだ。やがて成長し、江別駅に就職した。数年後、登用試験に合格して車掌見習採用の打診があったとき、私はその幸運に歓喜したものだった。

最後の乗務の日—。東室蘭を過ぎ、苫小牧を過ぎると札幌までは五十分足らず、残り少なくなる時間が気になりだす。千歳空港駅を発車したあと、これまでの感慨を込めて、最後の車内巡回をする。定員いっぱいの自由席車に、一度は私の乗務列車に乗ってみたいと言っていた妻と娘がいた。千歳空港駅から乗ってきたのだろう。妻はじっと顔を伏せ、乗務をおりることに反対していた娘がにこっと笑って私を見上げた。

札幌到着五分前。慣れた車内放送とはいえ、これが最後と思うと胸がつまり、何度か声が震えて目頭が熱くなる。たかだか仕事が変わるぐらいで感傷にひたるのは、二十七年間の〝車掌〟のアカが全身にこびりついているせいなのか。

札幌駅に定時到着し、お客の乗り降りが終わって車掌が交代する。「異状ありません。よろしく」の短い言葉で、すべてが終わった。

私の〝さよなら列車〟（1986.1.1、函館駅４番ホームにて）

分割・民営化で、転・退職を迫られる者は九万三千人だが、国鉄への絶ち難い愛着を抱きながら去るのはこれからが本番。この日の私の乗務は、やがてくる本番に備えての、私だけのリハーサルだったかもしれない。

（一九八六年一月）

出迎え式

札幌車掌区という職場の行事のひとつに〝出迎え式〟があった。これは最後の乗務を終えて職場へ戻ってくる定年退職者を庁舎の前で出迎え、花束を贈って長年の労をねぎらうもので、一九一五（大正四）年の開区以来えんえんとつづいてきた伝統あるセレモニーだ。

その出迎え式が今年も行われる。出迎えられる人は四十人。職員三百人の一職場から一度にこれだけの大量退職者を出すのは、国鉄の現状が影響しているとはいえ過去最高だ。

四十人の中に、一九四五（昭和二十）年四月採用の元列車給仕十人がいる。国民学校高等科を卒業したばかりの十四、五歳の彼らは列車手という職名で長距離列車に乗り込んで車内清掃や車掌の補助を担い、その年七月の米軍機空襲の時には、それぞれが九死一生の体験をしたとか。やがて終戦になり、ＲＴＯ（米軍鉄道輸送隊）が札幌駅に開設されると、進駐軍専用列車付きの列車給仕として乗務をはじめる。豪華絢爛な米軍師団長専用車付きに指名され優雅な道内視察旅行に随行した人もいたし、朝鮮動乱のとき、前線へ投入される真駒内キャンプの米軍に随行し、九州の佐世保まで命がけで乗務をした人もいた。

戦後の混乱期が終わり、寝台車やリクライニングの特別二等車が道内に配置されるや座席の確保にお客が殺到し、国鉄の良き時代を満喫したようだ。ところがそれも長くは続かず、年々合理化が進んで、ついには特急や寝台車への列車給仕の乗務が廃止になる。寝台車や特別二等車のお客の着替えの手伝いや、羽織・袴の折りたたみ、靴みがき、買い物、荷物の運搬といったサービスをしてきた列車給仕は一九六二（昭和三十七）年に四十八年の歴史を閉じたのである。

　戦時下の空襲、二・一スト、定員法による大量人員整理、レッド・パージ、職場離脱闘争、お召し列車、洞爺丸転覆による航送寝台車遭難、そして列車給仕の廃止—。彼らを巻き込んできた戦後の北海道の鉄道の歴史は、そのまま日本の戦後史にも置き換えられるが、荒波にもまれて生き残ってきたこの人たちは、戦中・戦後の北海道の鉄道を語れる貴重な生き証人でもある。

（一九八六年二月）

出迎え式。長い間、ご苦労さまでした（1986.2.17）

北海道初めての鉄道、幌内線（手宮―幌内）は一八八〇（明治十三）年の暮れ発車したが、運転中の運転手と列車長（車掌）の連絡合図には「鈴」が使われていた。

今なら携帯用無線電話の出番だが、このころは機関車の運転台に合図用の鈴が天井から下がっていた。鈴には一筋の紐がつけられ、その先端は客車の屋根を伝わって最後部の列車長乗務の緩急車と結ばれていた。そして紐の先端には機関車の運転台にあるのと同じ鈴がぶら下がっていた。

運転中、列車長が紐を引いて鈴を一回鳴らせば「停車」。二回鳴らせば「直ちに停車」。三回は「列車を後退させる」という合図である。運転手からも、列車長に同じように鈴の合図を送り、すばやく意志を伝える。運転手も列車長も、作業をする傍ら、いつも聞き耳を立てていたことになる。

「鈴で結ばれていた車掌と運転手」

札幌近郊の朝里、軽川（手稲）、琴似、白石、岩見沢の各停車場は当初は、フラッグステーションで、乗車客がいれば停車場にいる従事員が旗を出して停車させていた。運転手がそれに気づいたときは、鈴を鳴らして列車長に知らせる。

一方、下車客がいるときは列車長が運転手に鈴を一回鳴らして停車を指示した。速度が落ちないときは、鈴を二回鳴らして「直ちに停止」させていた。

第七章　鉄道の未来へ向けて

　いつものことだが札幌で列車を降り、改札口へ向かうあたりから札幌駅の様子が変わりつつあることを実感している。なにが、どこが、どんなふうに、というはっきりした形のものではなく直感的に感じるのである。改札口に集まる人ごみがそれぞれの活気をよみがえらせるのか、どの顔も生き生きしている。どの人も大股で、胸を張り、靴音も高い。喧騒の渦の中に歩き出すことを自覚し、誇りにしているようでもある。鉄道は人や物を運ぶだけではなく、活気や活力を運ぶものでもある。私なりの勝手な想像だが、鉄道利用のそうした人たちが札幌駅の様子を変えているのかもしれない。

鉄道はこの二十数年の間に大きく変わった。特に、この十年の変わりようは目を見張るばかりだ。新たな道都の顔、札幌駅が姿を見せたのは六年前。四年の歳月を費やして完成した三十八階建てのJRタワーと大丸デパートを両翼にした壮大な規模の駅ビルは、まさに東北・北海道随一である。期を同じくして「スーパー北斗」や「スーパーおおぞら」、そして「スーパーカムイ」など新製車両も続々投入された。JR北海道が計画する道都札幌駅の一日の利用人員二十万人達成は、そんなに遠い日ではないだろう。

　この本の最後は、JR北海道の今日までの歩みをつづるとともに、JR北海道の活気・活力の源と自負してもよい〝鉄道の顔〟車掌の仕事の一端を、写真で紹介しながら閉じたいと思う。

北海道旅客鉄道株式会社の発足

道内最大企業、ＪＲ北海道の船出

国鉄は戦時中の酷使による疲弊に加えて設備投資に立ち遅れ、戦後の高度成長下の輸送需要に応えることができなかった。このため自動車や航空機などに対抗しながら輸送力の増強、輸送方式の近代化を行い、経営収支の均衡をとろうとした。重要区間の複線化と電化、石勝線や千歳空港駅の開業、新製車両の導入と無煙化、特急列車やリゾート列車の増発など、次々と手を打ったものの経営収支は悪化するばかりで、労使関係のねじれも加わって国鉄の累積赤字は膨らむ一方だった。

一九八六（昭和六十一）年十一月、国鉄改革法など関連八法が国会で可決され、北海道、東日本、東海、西日本、四国、九州の旅客鉄道会社六社と貨物鉄道会社に分割・民営化することが決まった。

一九八七（昭和六十二）年四月一日、百十五年の官有鉄道の歴史が閉じられ、北海道旅客鉄道株式会社（ＪＲ北海道）

ＪＲ発足の記念出発式が特急「北斗2号」が発車する札幌駅3番ホームで行われた（昭和62年4月）

が発足した。取締役会直属の総合企画本部や鉄道事業本部を中心にした本社機構を持つ、大手私鉄型の新会社だった。旧国鉄北海道総局管轄の鉄道、バス、連絡船を引き継ぎ、旧国鉄時代には厳しい制約があった関連事業についても、今後は幅広い分野への進出が可能な道内最大企業の誕生だった。

ＪＲ北海道は、都市圏輸送の充実を目指し、函館本線に星置、稲穂、稲積公園、発寒、発寒中央、高砂の各駅、札沼線に新川、太平、あいの里教育大学の各駅を開業させた。新会社移行後の人気商品として、ヨーロッパ風のデラックス・リゾートトレイン「アルファコンチネンタルエクスプレス」と「フラノエクスプレス」を製作し、営業運転をはじめた。いずれも特急形気動車をベースにした苗穂工場製作のもので、利用客には好評だったことから、つづけて「トマム・サホロエクスプレス」の製作も進められた。

津軽海峡線の開業

津軽海峡線の木古内・中小国間八十七・八キロが、ＪＲ北海道発足の翌年の一九八八（昭和六十三）年三月十三日に開業した。青函トンネル本坑が貫通した一九八五（昭和六十）年三月から取りかかっていた付帯工事も、一九八七（昭和六十二）年の夏にはすべてを完了、試験走行を繰り返して開業の日を待っていた。

津軽海峡線経由で運転を始めたのは上野・札幌間の寝台特急「北斗星」二往復、大阪・

青函トンネルの一番列車は函館発盛岡行き特急「はつかり10号」

函館間の寝台特急「日本海」一往復、盛岡・函館間の電車特急「はつかり」二往復、青森・札幌間の急行「はまなす」一往復、そして青森・函館間の快速「海峡」八往復の合計十五往復で、電車特急「はつかり」のほかは、青函トンネル用に改造された電気機関車ＥＤ七九系がけん引する客車列車である。

これまでの連絡船乗り継ぎに比べて津軽海峡線経由による各列車の所要時間は大幅に短縮された。上野・札幌間の所要時間は寝台特急「北斗星」で十六時間となり、津軽海峡線開業前の寝台特急の乗り継ぎよりも一時間の短縮となった。また、上野・札幌間を新幹線で乗り継ぐと最速で十一時間となり、これまでの昼間特急と連絡船乗り継ぎに比べると、やはり二時間余の短縮になった。

―寝台特急「北斗星」運転開始！―

「北斗星」は、上野・青森間の寝台特急「ゆうづる」二往復を札幌まで延長する形態で運転を開始したもので、ＪＲ北海道が受け持つ「北斗星」は1号、2号、ＪＲ東日本の受け持ちは3号と4号という共同運行だった。全列車ともA寝台一人用個室の「ロイヤル」、A寝台二人用個室の「ツインデラックス」、B寝台一人用個室の「ソロ」、B寝台二人用個室の「デュエット」など豪華な個室を持つ寝台車、そして国内の定期列車唯一の食堂車「グランシャリオ」を合わせて十一両に、電源・荷物車を連結した十二両という長大編成の列車である。

「北斗星」運転時は定期列車二往復のほかに隔日運転の臨時列車一往復の三往復体制だったが、人気抜群で常に満席だった。このため翌年三月には臨時列車も定期列車になり、さらにその夏には「北斗星」を補完する上野・札幌間の臨時寝台特急「エルム」も加わった。「エルム」は開放式B寝

上野行き特急「北斗星」の行き先字幕に目をやりながら乗り込む乗客

札幌行き特急「北斗星」も上野駅発車

台で編成され、年末年始や旧盆などの多客期に運転された。

そのほか臨時列車として「北斗星ニセコスキー号」（上野・ニセコ・札幌間）、「北斗星トマムサホロ号」（上野・新得間）も運転されるなど多方面に活用されている。

北海道新幹線の新青森・新函館間の建設工事の起工式が二〇〇五（平成十七）年五月に新函館駅建設予定地で行われ、津軽海峡線区間でも工事が始まった。青森側での工事は進み、翌年三月からは「北斗星」全列車が青森駅に入らず、青森信号場経由に変わった。青森駅構内の線路工事を夜間に集中的に行うためである。それに合わせるように二〇〇八（平成二十）年三月の時刻改正で、「北斗星」はこれまでの二往復から一往復となった。青函トンネルの新幹線敷設の夜間工事の時間確保のための減便で、列車編成は一号車から六号車までがJR北海道札幌運転所、七号車から十一号車までが東北本線尾久駅隣接のJR東日本尾久車両センターの受け持ち、という混成となった。

車掌は上野・蟹田間はJR東日本青森運輸区車掌が乗務。蟹田・札幌間は下りをJR北海道函館車掌所車掌、上りが札幌車掌所車掌の乗務となった。蟹田駅での乗務交代は「北斗星」が青森駅を経由しないための変更だった。


―青森・札幌間の夜行急行「はまなす」―

津軽海峡線の開業で廃止される青函連絡船の深夜便の代替として、同海峡線開業の日から青森・札幌間の夜行急行列車として運転されたのが「はまなす」。基本編成は七両で自由席車二両、指定席三両、B寝台車二両。指定席車三両のうちの一両は横になって就寝できる「カーペットカー」で、他の二両は改良したグリーン車用のリクライニングシートを備える「ドリームカー」である。津軽海峡線を通過する急行列車で自由席車を連結してい

青森・札幌間の夜行急行「はまなす」のカーペットカー

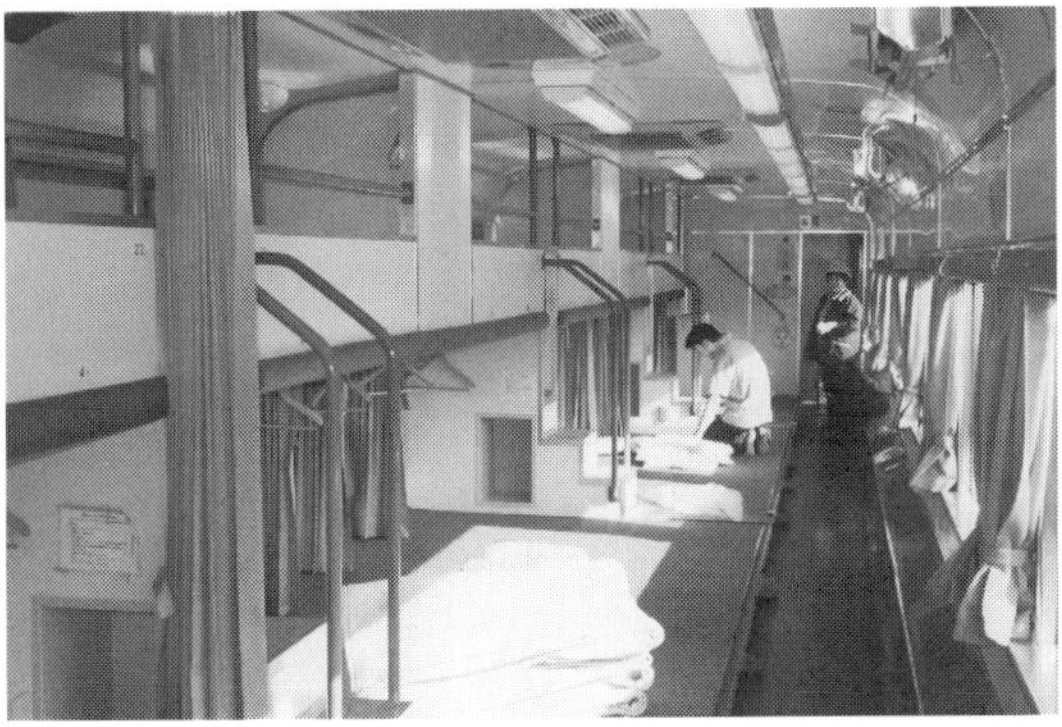
横になって就寝できるカーペットカーの内部

札幌駅5番ホームで急行「はまなす」の入線を待つ乗客

発車を待つ「はまなす」

るのは、この「はまなす」だけであり、また唯一の客車急行列車である。二〇〇二（平成十四）年までは青森到着後、青森・函館間の快速「海峡」として昼間、間合い運用されていた。

車掌は青森・札幌の全区間を函館車掌所が受け持っている。

―大阪・札幌間の寝台特急「トワイライトエクスプレス」―

大阪・札幌間千五百キロを二十二時間かけて走る日本一の長距離寝台特急である。津軽海峡線開業翌年の一九八九（平成元）年七月に団体専用列車として運転を開始したが、団体客向けのA寝台二人用個室の「スイート」、A寝台一人用個室の「ロイヤル」、食堂車、サロンカー、B寝台開放式の「Bコンパート」だけで、寝台券は一般には販売されなかった。その年の十一月からはB寝台個室の「ツイン」「シングル」が加わり臨時列車として、週二回大阪・札幌間の往復運転を開始した。さらに二編成が揃った十二月からは週四回の臨時寝台特急として一般の窓口で寝台券を販売した。

一九九一（平成三）年三月から三編成となり、運転日は上りの札幌発が火、木、土、日曜を原則とし、多客・繁忙期は毎日運行する。客車は二四系二五形のブルートレインなのだがブルーではなく、外装は深緑に金色の帯を一本締める独自の塗色になっている。

また、このデラックスな寝台特急のセールスポイントは、沿線の左右を展望できるサロンカーと、間接照明や調度品で豪華な雰囲気をもり立てるレストランカーだ。

車掌は大阪・蟹田間がJR西日本大阪車掌区、蟹田・札幌間はJR北海道の函館車掌所が受け持っている。

「トワイライトエクスプレス」のセールスポイントは、沿線の左右を展望できるサロンカー

―二階建て、オール個室の寝台特急「カシオペア」―

一九九九（平成十一）年七月から上野・札幌間の運転を開始した日本初のオール二階建て、オールA寝台の寝台特急列車。E二六系の新製車両である。A寝台個室を主体にダイニングカー（食堂車）、展望ラウンジカーを連結し、寝台は八十八室で定員は百七十六人という新型の最上級寝台特急である。「北斗星」や「トワイライトエキスプレス」に連結されているA寝台個室の指定が真っ先に売り切れになっている実績から、高級志向に相当な需要があると見て熟年夫婦や女性グループなどを対象にしたものだった。プライバシー確保からオール個室、二段ベッドはやめてベッドはすべて平置き。そのほか全室にトイレ、洗面台、空調、車内販売接近ランプ、非常ボタン、テレビセンター、ダイニングカー直結内線電話が設置されているなど、多彩な設備が整えられている。

「北斗星」の一往復を「カシオペア」に使用するために置き換えた新製の車両だが、一編成しかない。札幌発は月、水、土曜日のみの運転で、多客・繁忙期は曜日に関係なく二日に一本の形態で運転される。「北斗星」のグレードアッ

二階建て、オール個室の上野・札幌間の寝台特急「カシオペア」

プ化なので寝台料金は高額である。にもかかわらず、発売開始まもなく売り切れになることが多いのは、やはり豪華が売り物の〝人気商品〟たるゆえんだろう。

車掌は上野・蟹田間はＪＲ東日本上野車掌区、蟹田・札幌間は上りはＪＲ北海道札幌車掌所、下りは函館車掌所が受け持っている。

札幌高架と札幌新駅
―高架工事の完成―

函館本線札幌駅付近の連続立体交差工事が一九八八（昭和六十三）年十一月に完了した。一九八一（昭和五十六）年五月から取りかかっていた工事で、これによって札幌市内の踏み切り十九カ所がなくなった。そして鉄道が南北を遮っていたために発生していた市内の交通渋滞が、これで一挙に緩和されることになった。この工事で札幌、桑園、琴似の三駅が高架駅になったが、札幌駅については旧駅舎の北側七十㍍後方に離れて造られた。また、一九九三（平成五）年から進められていた札沼線（愛称名・学園都市線）の八軒・あいの里教育大間の複線化工事と、八軒・太平間の高架工事が二〇〇〇（平成十二）年に完了した。この複線化工事で札幌・あいの里教育大間で普通列車十八本が一挙に増発され、これまで以上に鉄道が利用しやすくなった。

—姿を現した巨大なショッピングゾーン—

ＪＲ北海道の本社が桑園駅北側の新社屋に移転を終えたのは一九九五（平成七）年十二月で、札幌駅南口地区の再開発事業がそれ以後本格化した。

大幅に拡張された駅前広場。その広場の下の地下街の完成は一九九八（平成十）年十月。地下街に自然光を取り入れた吹き抜け広場と、地上に突き出た高さ十四㍍のガラス張りのドームが通行人の目を引く。駅地下と広場下の既存の四地下街が一体化し、さらに増設した店舗に百十五の専門店が加わって壮大な地下街を築いた。

二〇〇三（平成十五）年五月、札幌駅南口地区のウエストゾーンには百貨店としては道内最大の売り場面積四万五千平方㍍を擁する「大丸デパート」が完成した。セン

道都札幌の人の流れを変えたショッピングゾーン「札幌駅ビル」の誕生

ターゾーンには札幌シネマコンプレックスを含む商業施設の「札幌ステラプレイス」。イーストゾーンにはホテル、オフィスなどが入居する地下四階、地上三十八階の高層ビル「JRタワー」が完成した。

札幌駅地下街と一体化した巨大なショッピングゾーンの出現である。三十八階建てのJRタワーと大丸デパートを両翼にした壮大な規模の駅ビルは東北・北海道随一のものだが、札幌駅の乗降客を一日二十万人に増加させるJR北海道の意気込みを具現したものともいえた。

新千歳空港駅の開業と新製車両の投入
―空港ビル直下の新千歳空港駅―

一九九二（平成四）年七月、完成した千歳空港旅客ターミナルビルの直下に、JR北海道の列車が直接乗り入れする新千歳空港駅が新設された。千歳線の分岐点から地下に二・六キロの単線を敷設したもので、これによって札幌・新千歳空港間は十五分間隔、所要時間三十六分の快速「エアポート」で結ばれ、航空機利用者にとっての利便性がさらに向上した。

地下一階はコンコース、地下二階には一面二線のホームがあり、そこには十五分間隔で出発する快速「エアポート」が常に停車している。空港ターミナルビルの直下にJR線が乗り入れたのは、羽田、成田に次ぐ三番目である。

JR本来の鉄道による収入を伸ばすには北海道の玄関であり、北海道観光の中心でもある札幌駅の乗降客の増加が望まれる。これを達成するはは都市間輸送の強化、函館、石勝・根室、宗谷の主要三線の高速化を図ることだったが、実際にJR北海道の発足後の新製車両の投入はめざましかった。主要本線の高速化と新製車両の投入は、これまで航空機や高速道路に流れていた利用客の呼び戻しや引き止めに大いに効果があったはずである。事実、函館・札幌間に投入した新製車両の「スーパー北斗」は、これまでの特急「北斗」に比べて一〇％以上の乗客増となった。この影響を受け函館・千歳間のJAS函館線が、搭乗客減少で休止に追い込まれたという。

—新製車両の導入—

JR北海道の発足後に投入された主な新製車両は、次の通りである。

—七二一系近郊形交流電車—

一九八八（昭和六十三）年十一月、札幌駅高架開業関連の時刻改正で登場した。発車時の加速性能は七一一系の二倍以上で最高速度は百三十キロ。車体は軽量ステンレス製で三扉。中間扉も含めてデッキ式で、客室とデッキの間に仕切り扉がある二室構造になっている。

座席はすべてが、背もたれを押して前後を変える転換クロスシート。デッキ寄りの端部は一人掛けで、老人・病弱者の優先席に使用されている。冷房装置が装備されているが、これは道内の通勤用車両としては最初のもの。客室窓は大型で、展望がよい。運転室に装備されているマスターコントローラー（主幹制御器）のハンドルとブレーキ弁のハンドルを、この新製車両は一つにまとめたワンハンドルマスコンとしているが、これもＪＲとしては初めてのことである。

一九九二（平成四）年七月に新千歳空港ができ、札幌・新千歳空港間の快速「エアポート」に使用された。利用客の評判もよく、ＪＲ北海道の最初の傑作車両といってもよいだろう。いまも函館本線、室蘭本線、千歳線で使用されている。

ＪＲ北海道の最初の傑作車両といわれる721系電車

―七八五系特急形交流電車（スーパーホワイトアロー）―

一九九〇（平成二）年九月一日の時刻改正のとき、札幌・旭川間のＬ特急「スーパーホワイトアロー」としてデビューした新製車両で、その年の十月に全通する札幌・旭川間の道央自動車道に対抗するため、最高時速を百三十キロに設定した。最高速度百三十キロの設定

最速列車による主要駅到達時分

上段　明治40年（乗車時分・乗り継ぎ時分を含む）
下段　平成21年

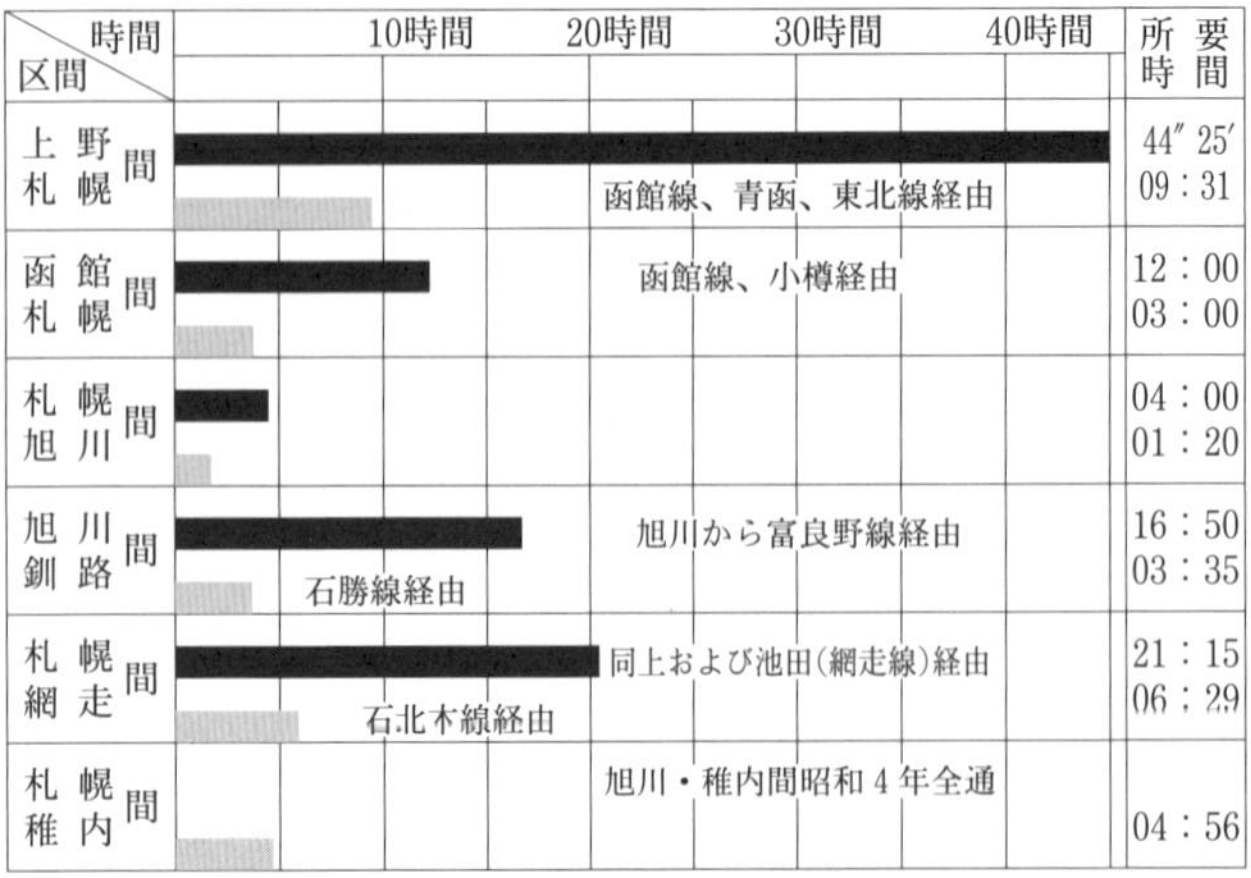

区間	10時間　20時間　30時間　40時間	所要時間
上野−札幌間	函館線、青函、東北線経由	44″25′ 09：31
函館−札幌間	函館線、小樽経由	12：00 03：00
札幌−旭川間		04：00 01：20
旭川−釧路間	旭川から富良野線経由 石勝線経由	16：50 03：35
札幌−網走間	同上および池田（網走線）経由 石北本線経由	21：15 06：29
札幌−稚内間	旭川・稚内間昭和4年全通	04：56

小樽～札幌間到達時分の移り変わり

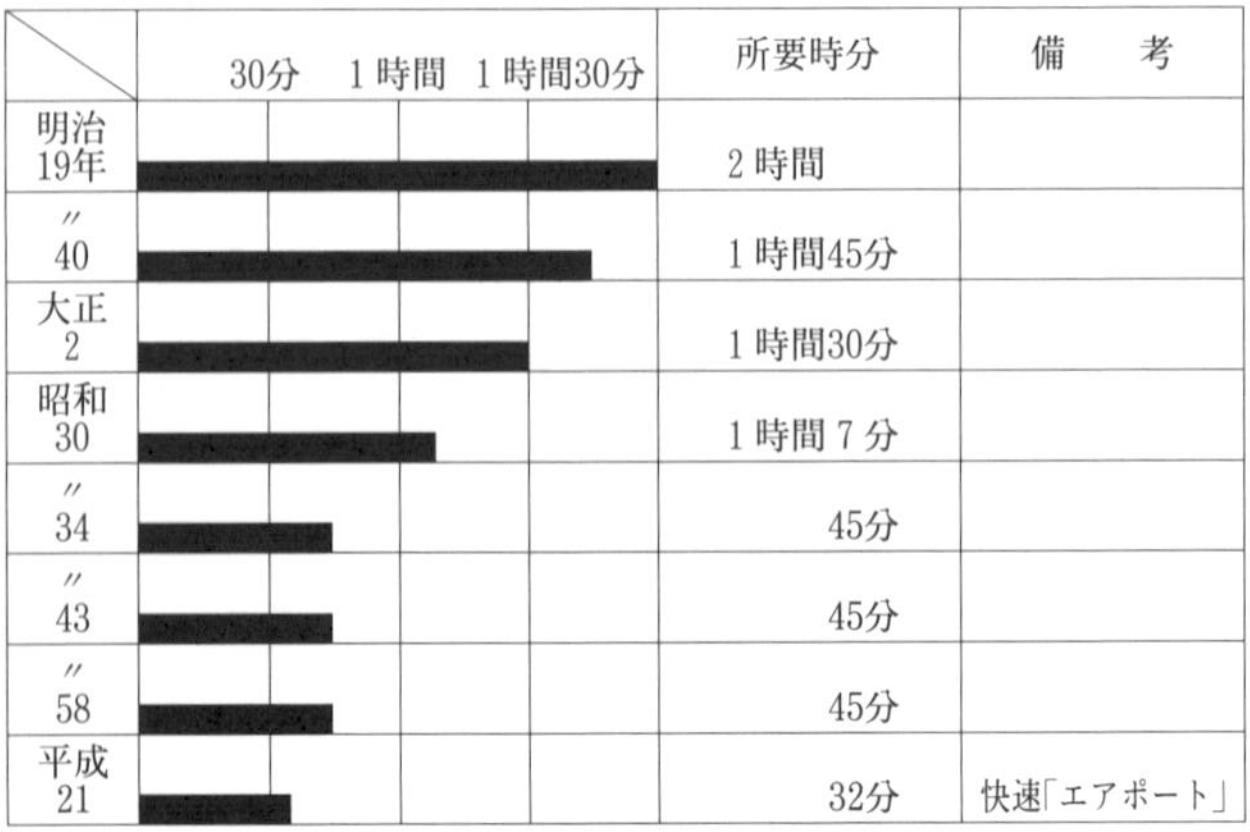

	30分　1時間　1時間30分	所要時分	備考
明治19年		2時間	
〃 40		1時間45分	
大正2		1時間30分	
昭和30		1時間7分	
〃 34		45分	
〃 43		45分	
〃 58		45分	
平成21		32分	快速「エアポート」

は道内では初めてで、期待通りこれまでよりも十分短縮し、一時間二十分で札幌・旭川間を結んだ。二〇〇二（平成十四）年三月から新千歳空港まで直通運転を行い、新千歳空港・旭川間の所要時間を二時間に短縮した。車体は軽量ステンレス鋼構造で、乗降扉は二カ所で従来のものより幅が広い。座席は回転式リクライニングシートで、フットレストも備えてある。これまでの空調は温度だけの制御だったが、新たに除湿機能も付加されている。

―七三一系通勤形交流電車―

札幌市への通勤、通学客は多く、ラッシュ時には大都市並みの混雑で列車の遅れは慢性的だった。このため近郊区間の抜本的な輸送増強策として新製されたのが、スムースな乗降をさせるための片開きのデッキなしの三扉、乗車人員アップのロングシートの七三一系だった。デッキなしは気動車導入当初のキハ二一形式と同じだが、扉開閉時に出入口で作動するエアカーテンと客室全般の遠赤外線暖房、さらに温風暖房が設置されている。また床面高さを下げてステップ段差を小さくしているが、低いホームでの乗降を考慮したのであろうか。運転台がない中間電動

道内初の最高時速130キロの設定で札幌・旭川間を走ったL特急「スーパーホワイトアロー」

車（モ八七三一形式）の定員は座席五十二人、立席九十九人、計百五十一人。立席は五十㌢四方の床面積に一人の割合で定員が定められている。車体は軽量ステンレス鋼構造で、最高時速は百三十㌔。導入は一九九六（平成八）年十二月で、翌年三月の時刻改正から本格的な使用開始となった。

デッキなしの三扉、ロングシートの731系電車。最高時速は130㌔

—キハ二〇一系通勤形気動車—

車体構造は七三一系電車とほとんど変わらない気動車で、非電化区間の函館線の小樽以西からの直通列車と札沼線の混雑緩和を図るために開発された。倶知安、余市方面から札幌へ直通する列車は、小樽から混雑し三両では対処できなかった。そこで電化区間の小樽

キハ201系の気動車。731系電車と併結し協調運転できる気動車

から電車と併結し、六両編成で混雑に対処することになった。電車と気動車の併結はラッシュ時に小樽・札幌間で行われ、総括制御運転を行っている。協調運転である。わが国での電車と気動車の本格的な総括制御運転は、北海道でのこれが最初だといわれている。

―キハ二八一系特急形気動車（スーパー北斗）―

コンピューター制御で車体を左右に最大五度傾け、遠心力と車体の揺れを押さえることで曲線での高速運転を可能にした振り子式特急気動車である。一九九二（平成四）年に試作車による冬季テストを重ねて二八一系を翌年製作、在来線で国内最高速度に到達した。ディーゼル車最高の百三十キロ運

函館・札幌間を２時間59分で走るキハ281系特急「スーパー北斗」

「スーパー北斗」の車掌室で車内放送のテストをする車掌

転をはじめ、多くのずば抜けた性能を持って一九九四（平成六）年三月の時刻改正で、「スーパー北斗」の愛称名でデビューした。この新製車両の投入で函館・札幌間は、従来型による最速列車の所要時間三時間四十七分を、実に四十八分も短縮、二時間五十九分で走った。

―キハ二八三系特急形気動車（スーパーおおぞら）―

札幌・釧路間についても線路強化などの高速化工事が進められていたが一九九七（平成九）年三月に完了し、ここにも振り子式特急「スーパーおおぞら」が投入された。キハ二八一系振り子式特急形気動車（「スーパー北斗」）の改良形で、一九九五（平成七）年に量産先行車、次いで翌年には量産車が製造され、一九九七（平成九）年三月の時刻改正で「スーパーおおぞら」の愛称名で札幌・釧路間に登場した。「北斗」と同じ最高速度百三十㌔で、これまでよりも四十五分短縮した三時間四十分で札幌・釧路間が結ばれた。かつてキハ八〇系の特急「おおぞら」で十時間かけて走っていた函館・釧路間を、「スーパー北斗」と「スーパーおおぞら」の振り子特急の運転時間を合計すると、六時間四十分の所要時間となる。三時間以上の短縮である。

この時刻改正から女性客室乗務員「ツインクルレディー」がデビューし、この「スーパーおおぞら」に乗務した。航空機並みのサービスの提供がメーンで、二人ペア。仕事は、グリーン客の出迎えや指定席への誘導、乗り継ぎ案内などの車掌業務の一部を分担するほか、ワゴンを使って弁当や土産品の販売などをする。女性客室乗務員の評判はよく、一九九八（平成十）年九月から、夜行列車を除く全特急列車の乗務に拡大している。客室乗務員は札幌車掌所と同じＪＲ西ビル内にある客室乗務員センターに所属し、乗務に際しての出発

車内改札中の車掌

車内改札中の車掌

札幌・釧路間を走るキハ283系特急「スーパーおおぞら」

客室乗務員センターにおける客室乗務員の出発点呼

札幌車掌所で、乗務車掌とともに当番助役から点呼を受ける

点呼を本務車掌とともに行ったのちホームに出場する。札幌のほか函館、釧路にもベースと呼ばれる乗務員センターが置かれ、三所合わせて百三十人近くの客室乗務員が在籍、それぞれのベースが担当している列車に乗務している。

発車前の車内放送。停車駅と到着時刻の案内放送など車掌補助は完璧

グリーン車の車内改札

―キハ二六一系特急形気動車（スーパー宗谷）―

二〇〇〇（平成十二）年三月、宗谷本線の旭川・名寄間の高速化工事が完了し、空気バネを利用した車体傾斜制御装置を持つキハ二六一系特急形気動車「スーパー宗谷」が登場した。宗谷本線初の特急誕生で、札幌・稚内間をこれまでよりも五十四分短縮の四時間五

十八分で結んだ。客室内はキハ二八三系とほとんど変わっていないが、車体傾斜を、台車にある左右の空気バネの空気圧力差で行う強制車体傾斜方式としたことに違いがある。そのため傾斜角は小さい。それでもキハ一八三系などよりも十キロ前後、高い速度でカーブを通過できる。またキハ二〇一系通勤形気動車と同じように、電車との連結運転もできる。

新製特急車を投入したダイヤ改正
—「スーパーカムイ」の登場—

二〇〇七（平成十九）年十月、都市間輸送の増発・高速化と利便性向上をうたった時刻改正が行われた。時刻改正は所要時間の短縮が柱だった。

札幌・釧路間は札幌・帯広間の特急を釧路まで延長することで「スーパーおおぞら」を一往復増やして八往復。旧型車両を使用している札幌・帯広間の「とかち」は新製車両の投入で一往復を「スーパー」化する。これによって「スーパーとかち」は三往復になる。新製車両は

新製789系特急形交流電車「スーパーカムイ」の導入

「スーパー宗谷」として使用している空気バネで車体を強制的に傾ける二六一系の気動車である。

札幌・旭川間は、新製の七八九系電車を新たに設定した「スーパーカムイ」として、これまで「スーパーホワイトアロー」で運転してきた七八五系とともに運転することになった。「ライラック」で一時間三十分かかった札幌・旭川間は、「スーパーカムイ」が一時間

活躍する女性車掌。快速「エアポート」は千歳空港駅をまもなく発車

南千歳駅。信号を確認して発車

札幌到着で車掌交代。「エアポート」は、札幌から旭川行きの特急「スーパーカムイ」になる

二十分で結んだ。

札幌・室蘭間は「すずらん」の旧型車両を七八五系電車に置き換え、札幌・室蘭間で所要時間五分の短縮を図った。なお、これまで「ライラック」「すずらん」の愛称名で活躍してきた七八一系電車は廃車になった。

―七八九系特急形交流電車（スーパーカムイ）―

七八九系電車は、東北新幹線の盛岡・八戸間の延伸開業が二〇〇二（平成十四）年十二月に決定したのを受け、ＪＲ北海道が八戸・青森・函館間を運転する電車特急「スーパー白鳥」として製作し、営業運転を行ってきた。運転区間に高湿度と騒音が大きい青函トンネルがあるので、車体各部の常用扉などは気密性を強化し、防音防湿を図っている。また、千分の十二の勾配がつづく中での最高速度百四十キロの営業運転なので、電動車の出力にも十分に備えていた。

北海道新幹線の新青森・新函館間の開業は二〇一五（平成二十七）年を見込んでおり、七八九系は開業以降、道央圏での使用が想定されている特急車である。

二〇〇七（平成十九）年の時刻改正で、老朽化した七八一系電車の取り替え用として、一部の改良を施した七八九系一〇〇〇番台の三十五両が新製され、全車が札幌運転所に配置された。道央圏の真打ち「スーパーカムイ」の登場である。

車体は軽量ステンレス鋼製だが、運転台を含む前頭部は普通鋼製。斜体傾斜装置は装備されていないが、装備のための仕様はなされている。

常時五両の固定編成で、前頭部の貫通扉はない。グリーン車、車内販売の準備室の設定はなく、自動販売機が設置されている。定員は指定席のuシートを含めて二百八十三人。

出発反応標識の点灯を確認してドアを閉める

戸じめの表示灯を確認して発車のブザーを押す

交代した女性車掌に見送られて「スーパーカムイ」は発車

時速百三十キロの運転となったので、札幌・旭川間の所要時間は早朝の一部列車を除いて一時間二十分に統一されている。日中の札幌、旭川の両駅発車は、ほぼ三十分に一本の割である。旭川発新千歳空港行きは、旭川・札幌間は特急「スーパーカムイ」、札幌・新千歳空港間は快速「エアポート」。札幌・新千歳空港間の所要時間は三十六分である。

学園都市線の電化着工、間近

桑園・新十津川間七十六・五キロの札沼線の愛称が「学園都市線」に決まったのは一九九一（平成三）年三月。沿線には北海道教育大学と北海道医療大学がある。札幌近郊の人口増で札幌・石狩当別間の二〇〇八（平成二十）年度の利用者は一日二万三千八百人で、十年前に比べて二割の増加となっている。二〇〇〇（平成十二）年に八軒・あいの里教育大間を複線化し、列車を増発したが、気動車の老朽化が著しく、騒音や排ガスの問題も出ていた。二〇〇九（平成二十一）年五月十四日、北海道新聞は、それらの問題を解決のためＪＲ北海道は桑園・あいの里公園間の十五・一キロを

通勤ラッシュで混雑するＪＲ札幌駅の改札口

電化することに決定し、二〇〇九年度内に着手することになった、と報じた。JR北海道の正式発表ではないが、新聞記事によれば完成には数年かかる見通しで、電化によって既存の気動車列車より加速性能が向上、燃料費や車両の補修費の低減も図れるという。沿線人口が増えているので将来は、あいの里公園・北海道医療大学間十三・八キロの電化も検討しているとか。

「スーパーカムイ」に乗る

八月の終わりが近づいた日、「スーパーカムイ」に乗ってみようと思い立った。

この本をまとめるためにJR北海道が所有する車両を一通り調べ、可能な限りお客として乗って見た。現役時代に乗っていた車両も廃車になったキハ八〇系の特急形気動車と七八一系特急形電車以外は、細々ながらもいまも健闘している。キハ一八三系の特急形気動車や七一一系の交流電車などがそうだが、お客として乗って見て、新製の車両に置き換えられるときが近いことを実感させられた。

置き換えの始まりは「スーパー北斗」のキハ二八一系の導入だった。車体の揺れを押さることを可能にした振り子式特急気動車で、函館・札幌間を二時間五十九分で走り抜けた。さらに振り子式特急の「スーパーおおぞら」のキハ二八三系が札幌・釧路間に投入され、三時間四十分で走った。次いで宗谷本線初の特急「スーパー宗谷」キハ二六一系が札幌・

稚内間に投入された。そしてスーパー群のしんがりは「スーパーカムイ」だった。

　愛称名「スーパーカムイ」こと、七八九系特急形交流電車についてはすでに書いてきたとおり、東北新幹線の盛岡・八戸間の延伸開業時にＪＲ北海道が新製し、八戸・函館間を電車特急「スーパー白鳥」として営業運転している。Ｌ特急「ライラック」の愛称名で親しまれていた七八一系電車の老朽化で二〇〇七年、新たに七八九系電車三十五両が新製され、全車が札幌運転所に配置された。七八一系のＬ特急「ライラック」に代わる、七八九系の登場でＬ特急「スーパーカムイ」の愛称名が付けられた。

札幌駅８番線の発車時刻ボード

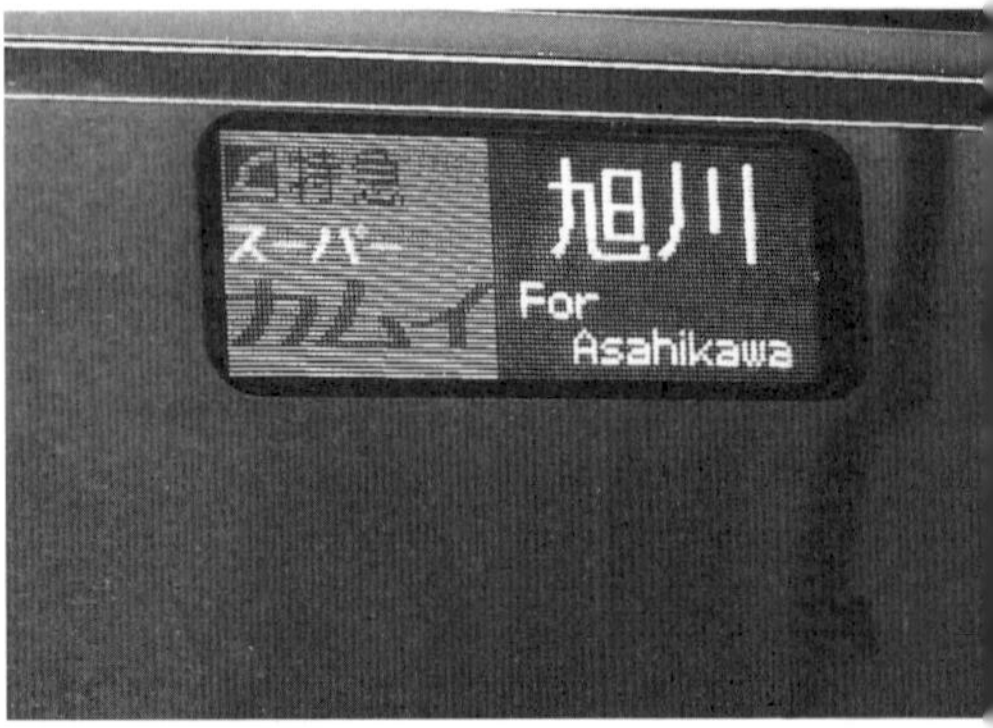

旭川行きＬ特急「スーパーカムイ」の行先表示

　Ｌ特急「ライラック」は試験運転のときから乗務した馴染み深い電車だが、それを廃車に追い込んだ新製の「スーパーカムイ」とは、どんな電車なのか。常時五両の固定編成で、最高速度は時速百四十キロ。札幌・旭川間の所要時間は統一されていて、一時間二十分だという。そして、車掌はどんな？　車内放送のときに鳴らすオルゴールの音「汽笛一声新橋を……」は、どうなった？　道央圏のＬ特急の真打ち、というのがＪＲ北海道の売りの言葉。「スーパーカムイ」に乗って見ようと思い立った理由は、たくさんあった。

八月二十九日十三時十五分、私は札幌駅の八番ホームで旭川行きのＬ特急「スーパーカムイ２５号」の入線を待った。車両は旭川から上りの「スーパーカムイ２２号」として到着し、札幌からは折り返しの「スーパーカムイ２５号」になるので、札幌駅の引き上げ線で待機し、八番ホームへの入線を待っているのだろうか。

ホームで待つ人の数は多くはない。この日は週末の土曜日で、午後一時すぎ。この時間帯に旭川

uシートの車内改札をする車掌のNさん

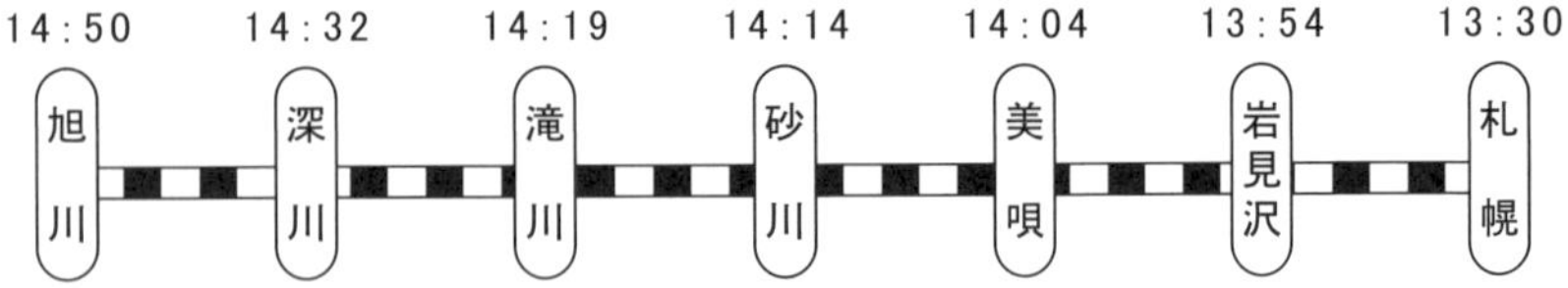

駅到着時間

方面へ戻る人は少ないだろう。

八番ホームに「スーパーカムイ」が入線してくる。ステンレス鋼を使用した軽量車体らしく、見た目で軽快な走りを感じる。

ホームで車掌に出会う。なんと顔見知りのNさんではないか。Nさんと一緒に乗務をした記憶は定かではないが、私が退職したときNさんは三十代の後半に近い専務車掌だったから、多分、一緒に乗務をしたことがあったかもしれない。手短かに理由を話して、最後部の自由席の五号車に乗り込み、入り口近くの席を確保する。

客室からホームにおりて写真を撮るうちに発車時間が迫る。発車を告げるNさんの車内放送が始まったようだ。急いで客室に戻る。惜しくも間に合わない。「…まもなく発車します」の最後の部分だけだった。

十三時三十分、定刻で札幌を発車。いよいよ札幌・旭川間百三十六・八キロの旅の始まりである。これまで何度か旭川へ行った事がある。しかしJRには申し訳ないが、いつも仕事がらみで自家用車か、高速バスの利用だった。それだけにこのたびの旅は、自由席往復割引きの「Sきっぷ」を買い求めての旅だから少しは胸を張れる気持ちだった。

札幌発車後、オルゴールの音色が車内に流れた。思わず「あっ」と小声で叫んでしまう。「汽笛一声…」の、あの鉄道唱歌である。「ライラック」から「スーパーカムイ」にきちんと引き継がれていたのである。感慨に浸るまもなく、Nさんの車内放送が始まる。

車内放送にじっと耳を傾ける。テープではなく、Nさんのナマの声だ。途中停車の駅名と到着時刻、車両の編成、自動販売機の設置号車番号などがスピーカーから流れてくる。うまい。ソフトな声質で聞きやすく、歯切れもいい。申し分ない。

「スーパーカムイ」は快調に走っている。札幌発車まもなくから百キロを超えるスピードを出しているのだろう。窓外の景色があっというまに後ろに飛んでいく。

車内改札が始まった。客室に入ると制帽をとって一礼し、「乗車券、特急券…」を拝見、と言うのは昔もいまも同じ。Nさんは手際よく乗車券を改め、一人ひとりに頭を下げる。

号車標「5号車　自由席」

号車標「4号車　指定席uシート」

八両編成までは一人乗務なので、車内改札は無理かと思っていたのだが、どんな理由があるにせよ、車内改札を定めた内規は守られているようだ。

十三時五十三分、岩見沢到着。入り口に立って駅構内を見回す。整然としていて、かつての雑然とした、あの喧騒な鉄道風景はない。

発車後、カメラを携えて全車を回ってみる。乗車率は私が見たところでは五十%前後のようだ。全車を見て回るのは車室内外の見学なのだが、なぜか乗車人員が気になり、乗車率を割り出してしまう。「スーパーカムイ」の一部は新千歳空港・札幌間を快速「エアポート」として直通運転を行っているので、その列車については乗車・利用率も高いだろう。だが、札幌・旭川間の単独運転となると航空機利用のお客が乗らない分、乗車・利用率ともに低くなるのだろうか。

時刻表で調べると札幌・旭川間の特急は全体で三十五往復あり、ほとんど三十分間隔での運転である。発車時間を調べずに駅に来て最大三十分待てば列車の中、ということになる。七八一系のL特急「ライラック」が走り始めたとき、日中の一時間間隔運転が話題になったが、今はそれを超えて三十分間隔の運転となった。三十年の時が過ぎたとはいえ、隔世の感あり、

駅名標「いわみざわ」

である。

それにしても揺れる。これまでの百二十キロ運転から百三十キロ運転に速度を上げたための揺れなのか、それとも私の足腰が弱ったゆえに揺れを強く感じるのか。直線を走っていても車内をまっすぐ歩くのは苦労だ。車内巡回をする車掌は疲れる、足腰が丈夫でなければ車掌は務まらない、と余計なことを考えながら通りすがりの空席に腰を下ろす。ところが、座席に座っていると、揺れはまったく感じない。快適である。座席は特別仕様なのか？

十四時四分、美唄発車。このあと砂川、滝川と小刻みに止まるので、しばらくは窓外の景色を眺めることにする。茶志内、奈井江を通過するが、どの駅も小奇麗になった。かつての石炭積み出し駅の面影はない。駅前も整備され、広々とした明るさが車窓から窺える。

十四時十四分、砂川発車。石炭産業華やかなころ、石炭列車の発着でにぎわった砂川駅の構内を思い出すうちに「スーパーカムイ」は空知川の鉄橋を渡り、滝川駅へと向かう。普通列車で七分かかる砂川・滝川間を「スーパーカムイ」は五分で走る。

十四時十九分、滝川発車。滝川から次の深

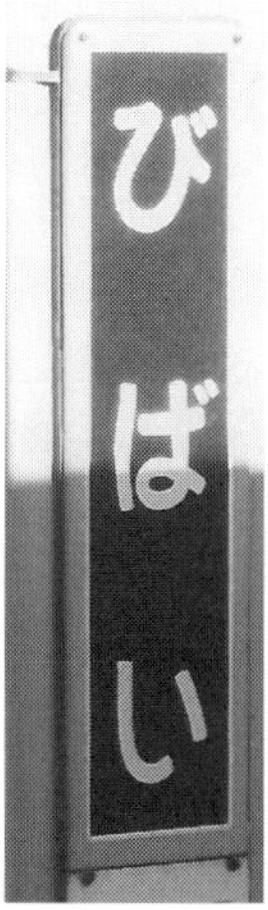

駅名標「びばい」

駅名標「すながわ」

川までは十三分の走行時間。腰を上げて車内を回って見る。新製三年目の車両なので、どこもが真新しい。特にトイレと洗面所がすばらしい。車椅子対応という表示があるトイレがあった。車椅子対応といえば、普通車には車椅子対応座席というのがあった。車椅子利用のお客が増えたので、車掌はそこにも目配りをしなければならない。私たちのころにはなかった仕事の一つだ。トイレ見学をしているうちに十三分が経過し、深川に着く。揺れにはだいぶ慣れたが、それでもまだまだである。

十四時三十二分、深川発車。いよいよ深川・旭川間三十・二キロ、走行時間十八分の最終区間である。車内の四方をあちこち観察しながら五号車の自席に戻ることにする。

途中の四号車の車掌室に立ち寄り、Nさんと会話を交わす。挨拶は省略して、最近の車掌の携帯品について質問をしてみた。まずは携帯電話だった。車掌が乗務中に携帯電話を使って話しをしているという指摘がJRに寄せられたと聞いている。

駅名標「たきかわ」

インフォーメーションボード「次は　深川」

Nさんによると、乗務のとき、行路番号どおりの携帯電話を授受してくるが、これはＪＲの限られた箇所だけに回線が通じるものであって、一般の、いわゆる部外には通じない仕組みになっているという。その通話もほとんどなく、時刻変更や到着番線の変更などのメールが大半らしい。車掌から通話することはめったにないし、私用に使うことは絶対にないと力を込めてNさんは言う。

重たそうに肩から下げている車内乗車券発行機について訊ねてみた。Nさんが電源を入

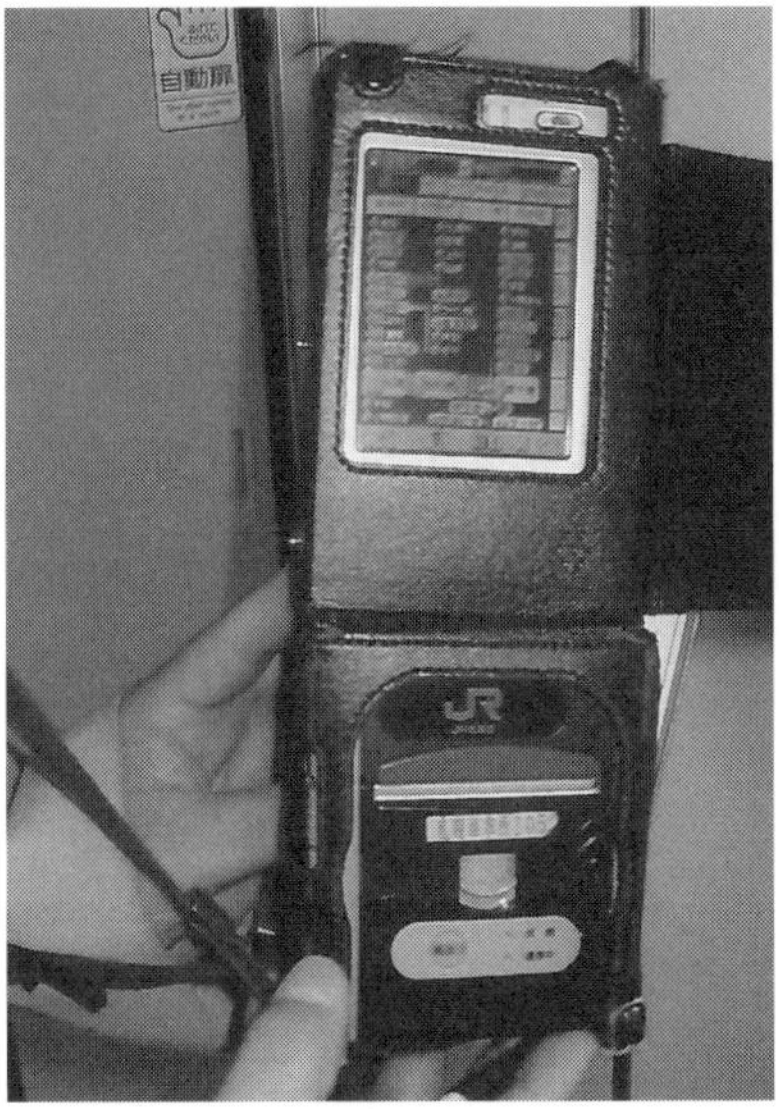
車内乗車券発行機

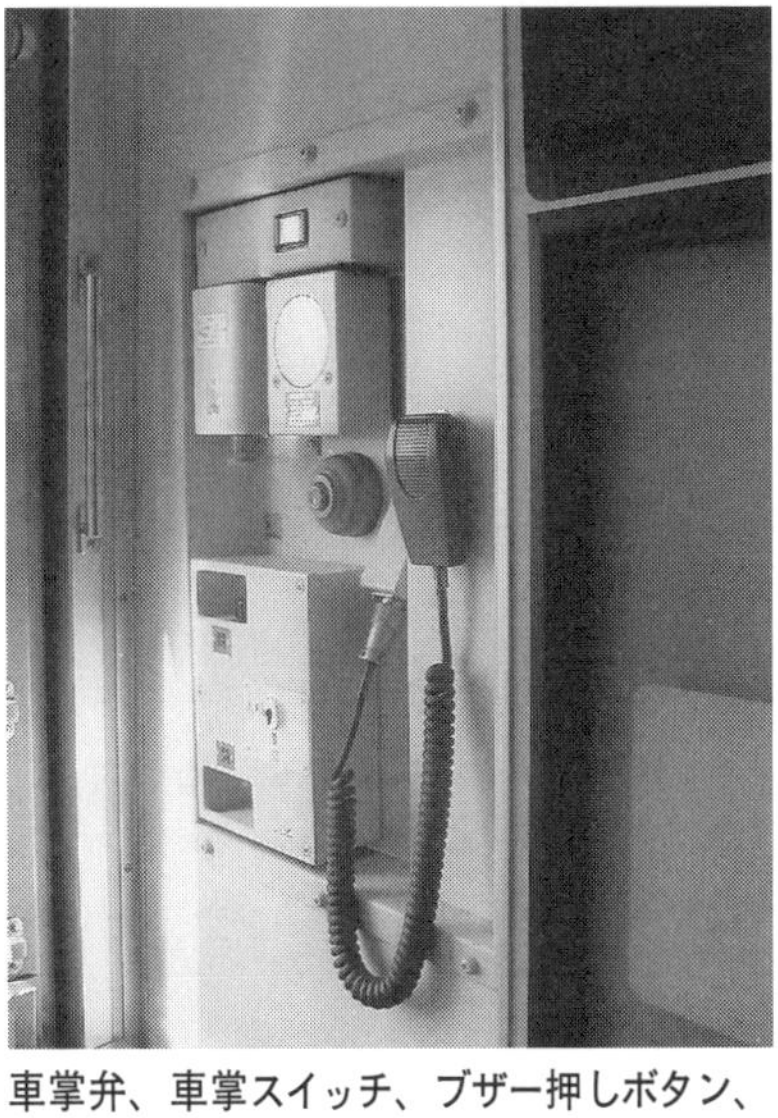
車掌弁、車掌スイッチ、ブザー押しボタン、マイクが一所にまとめられた４号車の車掌室

駅名標「ふかがわ」

れ、どこかを操作した。途端に小さな画面いっぱいにさまざまな表示が出てきた。よく見えないが、この中に片道や乗り越し、区間変更、紛失などの事由欄があり、収受金額欄があるのだろう。そこをクリックすれば切符が下の方からするすると出てくる。まるで、プリンター付きの超小型のノートパソコンだ。お客との間の金額の授受以外の間違いはないらしい。乗務終了後、車内乗車券発行機の収入累計額と現金が一致しないときは車掌の自弁。これは、いまも昔も同じである。

　車掌室の正面の壁に縦十五センほどの液晶ボードがある。車掌はモニターと呼んでいるのだが、空調の調整装置である。編成各車の室温、湿度のほか、外気温度も示される。もちろん、室温の設定変更

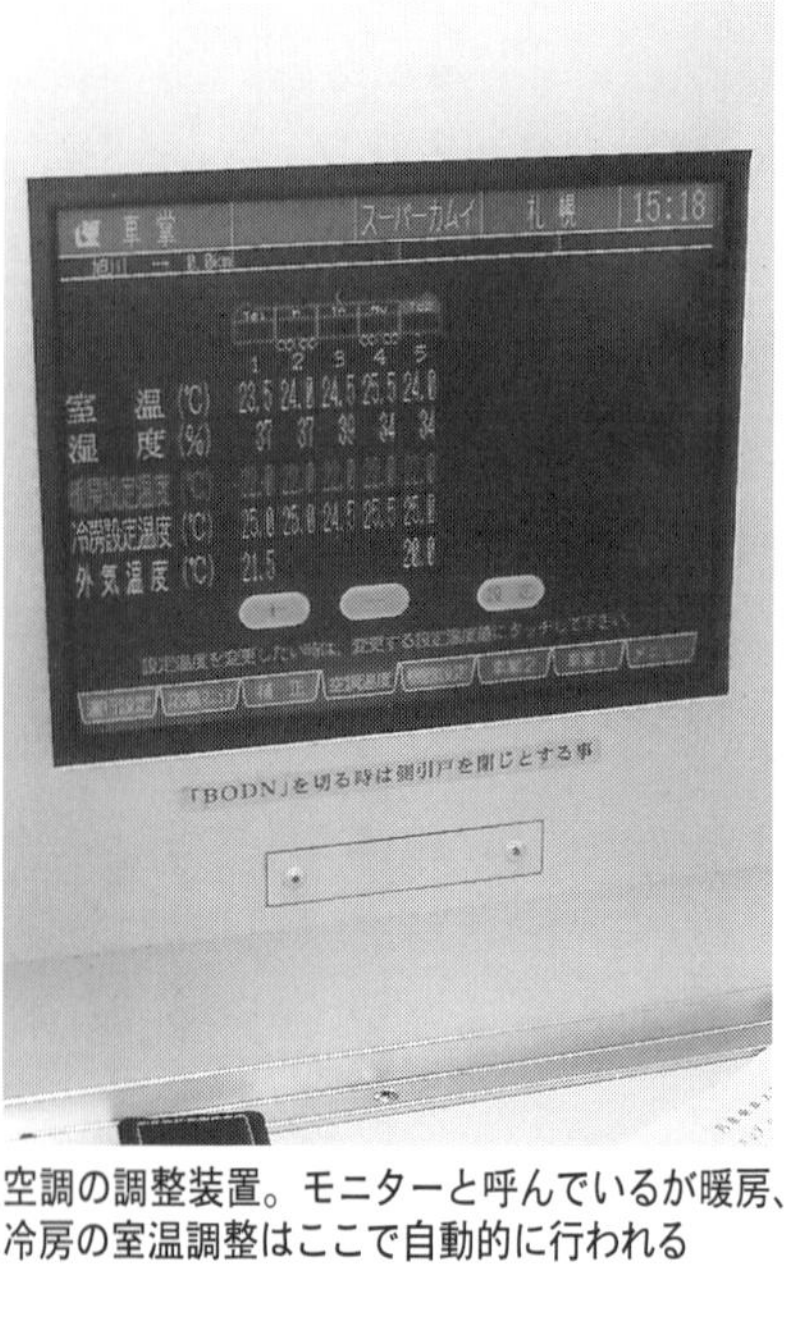

空調の調整装置。モニターと呼んでいるが暖房、冷房の室温調整はここで自動的に行われる

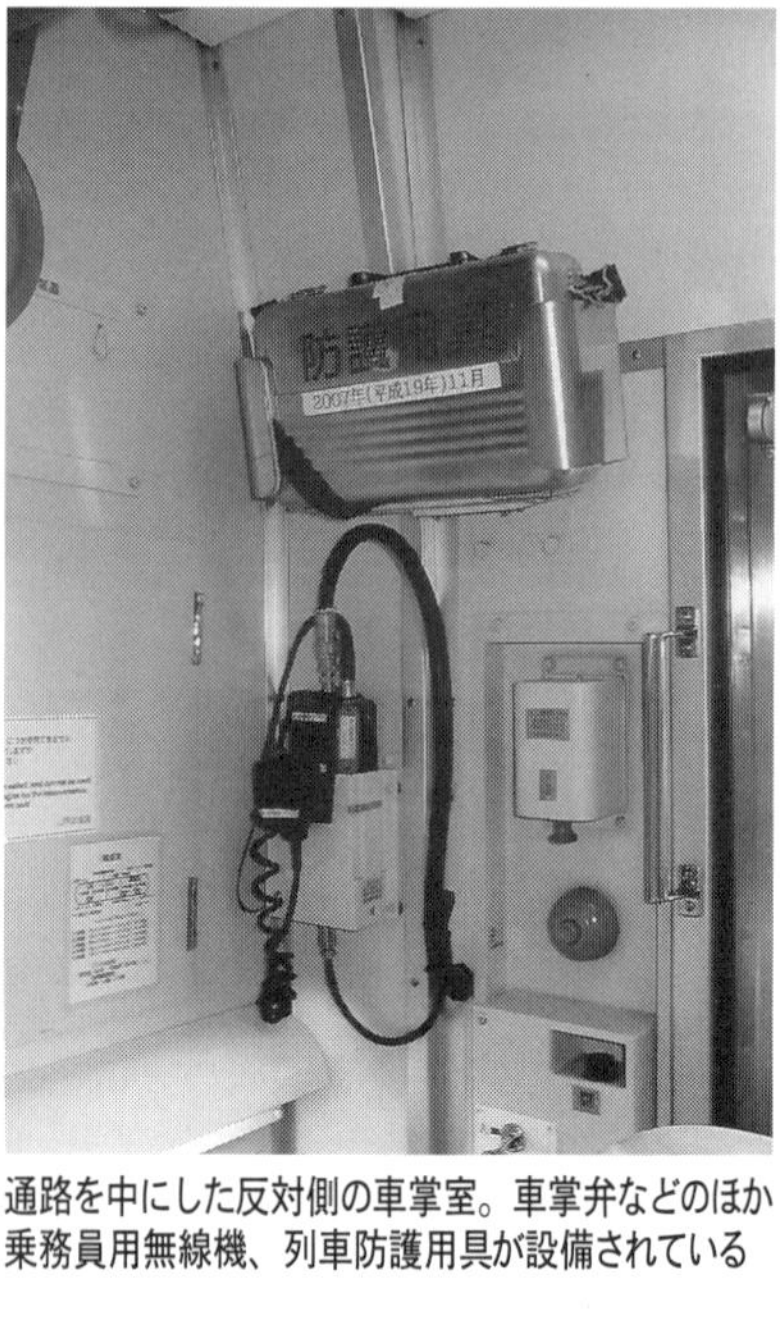

通路を中にした反対側の車掌室。車掌弁などのほか乗務員用無線機、列車防護用具が設備されている

もできる。本書の第五章では「車掌の暖房、冷房機器の取り扱い」を書いたが、車掌の機器の取り扱いはこのように変わった。変わったというより、進歩したというべきだろう。そして、この進歩はこれからも、まだまだ続く。

石狩川に沿って走っていた「スーパーカムイ」は旭川市内に入った。Nさんがオルゴールのボタンスイッチを押す。

Nさんに礼を述べ、私は「汽笛一声新橋を…」のオルゴールの音を聞きながら五号車の自席へ戻った。

十四時五十分、旭川駅定時到着。札幌・旭川間一時間二十分の「スーパーカムイ」の旅は、こうして終わった。

北海道新幹線、札幌へ

新幹線、札幌延伸決定！

一九九八（平成十）年三月から始まっていた東北新幹線の八戸・新青森間の延伸工事が二〇一〇（平成二十二）年中に完了し、十二月の開業が決定した。これで東北新幹線の上野・新青森間全線が開通する。

その延長でもある北海道新幹線の新青森・新函館間の建設工事は着々と進んでいた。新青森・新函館間は延長百四十九キロで、最高速度三百五十キロの新幹線の場合の所要時間は三十四分。開業予定は二〇一五（平成二十七）年である。新函館駅開業によって八戸・函館間の特急「スーパー白鳥」は廃止されるが、その時点で特急「スーパー北斗」と「北斗」は新函館・札幌間のリレー特急としての役割を担うことになる。ＪＲ北海道ではハイブリッド車体傾斜システムを搭載した新型気動車を開発、新函館・札幌間に投入することを予定している。

　建設起工式が行われてから三年後の二〇〇八（平成二十）年十二月、北海道新幹線のうち長万部・札幌間の二〇〇九（平成二十一）年度着工が、政府によって決められた。

　工期の延長はせず、十年後の二〇一九（平成三十一）年度をめどに完成させるというもので、新幹線の札幌延伸はこれで事実上確定したともいえる。これからは新函館・長万部間の着工と全線開業はいつになるのかに注目が集まる。長万部・札幌間の工事は札幌側から開始する可能性が高いらしい。

疾走するＬ特急「スーパーカムイ」

北海道新幹線の新青森・札幌間三百六十キロに設けられる駅は津軽海峡線の今別、奥津軽、木古内、新函館、新八雲、長万部、倶知安、新小樽、そして札幌。新函館・札幌間は約二百十キロで、所要時間は約四十五分と予定されている。

開業後の北海道新幹線は、観光産業をはじめ、地域産業の振興や地域の活性化に大きな役割を担うことになる。東京・新千歳の世界一のドル箱路線を抱える航空会社との間では、熾烈な集客合戦が始まるかもしれない。開業のその日から、北海道は新時代に入る。

北海道新幹線のイメージ（北海道新幹線建設促進期成会作成）

一九一四（大正三）年一月、国有化された北海道の鉄道の「従事員服務規程」が定められ、列車輸送における「車掌」の位置づけが鮮明になった。

これまで車掌は車掌駐在所勤務という形態ではあったが、実際には停車場在勤なので駅長の指揮下にあり、在勤地によっては改札掛や貨物掛らが車掌を兼務するところもあった。列車従事員と駅従事員との区別はなく、両者は単に運輸従事員として処遇されていた。

この規程によって車掌は停車場から分離した「列車従事員詰所」に勤務することになり、新たな現業機関の指揮者としての「車掌監督」が任命された。

列車乗務員の服務規程の項には車掌監督、車掌、制動手（ブレーキを操作する人）、列車給仕らに対する注意が細かく定められているが車掌については二十八項目が挙げられている。二、三挙げると

○車掌は、運輸事務所長、出張所長または車掌監督の指揮を受け、列車の運転に際し旅客、荷物を安全に輸送し車内の秩序を保持すること。

○車掌は、列車の定時運転に注意し、定時運転に遅れのないように注意すること。

○車掌は、旅客列車が到着した際には駅名を喚呼し、かつ乗換駅また五分以上の停車駅においてはその旨旅客に知らせること。

大正時代に入り停車場管轄から離れる

資　料　編

ＪＲ北海道　車掌区の変遷

62. 4. 1 釧路車掌区 ――		2. 3. 12 釧路車掌所	
62. 4. 1 （旧釧網線管理所） 中標津駅 ――	1. 4. 29 廃止		
62. 4. 1 帯広車掌区 ――		2. 3. 12 帯広車掌所	
62. 4. 1 帯広車掌区帯広派出所 ――		2. 3. 11 廃止	
62. 4. 1 旭川車掌区 ――		2. 3. 12 旭川車掌所	
62. 4. 1 稚内車掌区 ――	1. 5. 1 稚内運転区 ――	2. 3. 12 稚内運転所	
62. 4. 1 名寄車掌区 ――	1. 4. 30 廃　止		
62. 4. 1 比見車掌区 ――		2. 3. 12 北見運転所	
62. 4. 1 札幌車掌区 ――		2. 3. 12 札幌車掌所	
62. 4. 1 室蘭車掌区 ――		2. 3. 12 室蘭車掌所	
62. 4. 1 （旧苫小牧車掌区） 苫小牧駅 ――	63. 3. 13 苫小牧運転区 ――	2. 3. 12 苫小牧運転所 ――	2. 6. 30 廃止
62. 4. 1 （旧岩見沢車掌区追分支区） 追分駅 ――	63. 3. 13 追分運転区 ――	2. 3. 12 追分運転所 ――	2. 6. 30 廃止
62. 4. 1 新夕張駅 ――			3. 3. 15 廃止
62. 4. 1 函館車掌区 ――		2. 3. 12 函館運転所	

ー車掌の鉄道用語の基礎知識ー

（あ行）

「愛国から幸福まで」 廃線になった広尾線の愛国駅の乗車券のこと。「愛の国から幸福へ」という語呂合わせの縁起乗車券のはしりで、1970（昭和45）年ころから爆発的な縁起乗車券ブームの主役になった。乗車券をかたどった記念碑が旧愛国駅前に建っている。

合図 形や色、音などで関係者に意図を伝える行為で、安全運行の基礎。

青 青信号。進めの合図。

赤 赤信号。止まれの合図。

開かずの踏切 列車の通過が頻繁で、なかなか開かない踏切。

赤帽 駅の手荷物運搬人。手荷物運搬を依頼するお客から目立つように赤帽をかぶっていたところから名づけられた。函館と青森には古くから常駐し、連絡船からホームへ、ホームから連絡船へとお客の手荷物を手際よく運んだ。札幌駅では昭和50年ころまで赤帽が詰めていた。１個いくらの料金制だった。

足回り 車両の下部、台車の駆動装置のこと。

網棚 車室内の網棚。いまは麻網からステンレスやアルミニウムの金網に替わった。

Ｒきっぷ ＪＲ北海道が発売している特別企画乗車券で、特急・急行の指定席に乗れる往復割引きっぷ。

ＲＴＯ 戦後、日本本土に進駐した連合軍の鉄道輸送司令部の指揮下で札幌や函館、旭川などの主要駅に設置され、車両の徴用や輸送の実務に当たった小隊単位の米軍輸送隊。

安全側線 単線区間の停車駅で正面衝突を防ぐために設けられている設備。停止位置を越えてくる列車を分岐器で切り替え、砂利を盛った線路に突っ込ませて停車させる。

異線 列車が進む所定の方向とは異なる線路。

異線現示　信号機が所定の番線とは違う番線を示していること。

異線進入　運転士が異線現示を発見できずに異線に進入してしまうこと。

逸走(いっそう)　車両の入換中、ブレーキの締め方が悪く車両を本線に出してしまうこと。本線が下り勾配なら流転し、大きな事故になる。

一般形気動車　特急形でも急行形でも、近郊形でもなく、通勤にも急行にも広く使われる気動車のこと。道内ではキハ22形式やキハ21形式が一般形と呼称された。

入換　車両を移動し、解放や連結をする作業。

入換合図　車両の入換をするときの合図。緑色旗（灯火）を左右に動かす（合図者の方へ来たれ）。緑色旗（灯火）を上下に動かす（合図者から去れ）などの合図。

海線　函館・札幌間で長万部から室蘭本線・千歳線を経由するルートをいう。

運行図表　列車運行の状態が即座に分かるように図表にしたダイヤグラム。

運転規制　強風、豪雨、吹雪、豪雪などによって運転速度を制限すること。

運転所　複数の車種と乗務員が配置され、運転に伴う整備などが行われる車両基地。

運転指令　列車の正常運転を確保する要員。緊急の場合は運転整理も行う。

運転整理　列車が遅延、あるいはその恐れがある時、列車の正常運転を確保するために列車の運転休止や順序変更、時刻変更、回復運転、臨時列車運転の指示などを行うこと。

運転停車　列車の行き違いや機関車の交換、乗務員の交代のために停車すること。夜行列車の深夜帯に多いが、乗客の乗降の取り扱いはしないので時刻表には載っていない。

運転取扱基準規程　国鉄における列車の運転の安全、正確を期するための基準となる規定。略して「運基」という。

運転取扱心得　国鉄時代の運転取扱基準規程は、ＪＲになってからは私鉄と同じ運輸省の運転取扱心得になり、2002（平成14）年より運転取扱実施基準になった。略して「運心」という。

営業キロ　幹線と北海道の地方交通線だけを利用する場合の運賃計算に使う距離。

駅弁　駅構内や列車内で販売している弁当のこと。もともとは幕の内弁当が主流だったが、各業者が工夫を凝らして様々な特殊弁当を作り上げ、今では特殊弁当が駅弁の主流となった。

駅弁大会　デパートなどで行われているイベント。駅弁は駅構内で販売されるものだったが、列車の高速化と窓が開かない車両によって駅弁の販売が激減。このため、全国各地の名産品販売と合わせて販売されることになった。これが大反響を呼び、今では駅弁大会は人気イベントとなった。森駅の「いかめし」や長万部駅の「かにめし」は全国的な商品となり、「いかめし」の売り上げの大半は駅弁大会によるといわれている。

ＡＴＳ　自動列車停止装置。運転士が停止信号を見落として停車しなかったとき、警告音を発してから５秒以内にブレーキを操作しなければ自動的に非常ブレーキがかかる。

Ｓきっぷ　特急、急行の自由席に乗れる往復割引きっぷで、短距離区間用のもの。通用期間は６日。

ＳＧ　電気機関車とディーゼル機関車に装備されている暖房用蒸気発生装置。

Ｌ特急　1972（昭和47）年から登場した特急で、自由席車が中心の特急。Ｌの意味はライナーやラブリーの頭文字らしい。北海道では「Ｌ特急ライラック」の名が完全定着していた。

沿線電話機　列車乗務員や保守係員が関係箇所と連絡が取れるように、沿線脇に500m間隔で設置されている電話機や端子箱。近接の通信柱に矢印のマークが付いている。

縁起きっぷ　縁起のよい駅名で、乗車券や入場券が全国に知れ渡った切符のこと。留萌本線の「毛が生える」増毛駅の入場券。宗谷本線の「豊富から徳満」までの乗車券。廃線になったが湧網線「よいところへ」の常呂駅の入場券。そのほか縁起きっぷではないが、室蘭本線の「ぼこい」（母恋）などがある。

遅れ承知　所定の到着時刻より２時間以上遅れたときは特急、急行料金は全額払い戻しになるが、すでに２時間以上遅延している特急、急行に乗車した場合、下車駅では特急券などの払い戻しはしないという特約。

お座敷列車　車内を畳敷きに改造したグリーン車で、ジョイフルトレインの一種。

小樽市総合博物館　北海道鉄道記念館を整備拡充したもので、北海道の交通の歴史資料を展示している。屋外には多数の鉄道車両が展示されている。所在地は小樽市手宮１丁目。電話0134－33－2523。

落とし窓　乗務員室扉の窓ガラスのように、下に落として開ける窓のこと。下降窓とも言う。列車監視を行うため、客車の車掌室は下降窓が普通だった。

オレンジカード　自動券売機で切符が買えるプリペイドカード。1985（昭和60）年から発売されたが、ＩＣカードを使った非接触型のKitacaの普及で、最近は記念オレンジカードの販売が多くなった。

温気暖房装置　軽油などの燃料を燃焼させて熱交換器で空気を温め、その空気を客室内に送って暖房を行う方式。道内初期の気動車キハ16形式、21形式に装置された。

温水暖房装置　寒冷地向けのキハ22形式やキハ56形式の気動車などに採用された、機関の冷却水を使う暖房装置。

（か行）

回数券　普通は10回分の運賃で11回乗れる乗車券のことだが、いまは様々な種類がある。特急の普通車自由席に乗れる「Ｓきっぷフォー」は４枚セットになった回数券で通用期間は３カ月。特急普通車指定席の「指定席回数券」は６枚セットで３カ月。４枚セットのｕシート料金回数券というのもある。

懐中時計　乗務員や駅長、助役など運転業務に携わる職員に貸与される時計。耐用年数がなく、月差が15秒程度になると新品と交換されるか、電修場に修理に出された。列車の定時運転が厳格に守られたのだが、戦前はスイスのウォルサム社製、戦後は国産のセイコー社の15石の鉄道時計など優秀な製品が使われた。1972（昭和47）年から腕時計に代わり、クオーツ時計になった。鉄道の懐中時計はコレクターの収集対象の上位にランクされている。

学割　学生、生徒の割引のこと。中学校、高等学校、高等専門学校、大学などの生徒・学生を対象に、乗車券発売時に学校側が発行した割引申込書を添えて出せば101㌔以上の大人普通運賃を割引する制度。割引率は利用キロ数や片道、往復によって異なる。

架線（がせん）　電気を送るための電車線。正式には架空電車線。

過密ダイヤ　列車密度が極めて高いダイヤ設定のこと。

簡易軌道　北海道拓殖部が敷設した殖民軌道の名称を1942（昭和17）年に簡易軌道に改めたもの。鉄道敷設、道路開削ともに遅れている北海道東部の地域の生活必需品や農産物の輸送手段として活躍した。自動車輸送と人口減による利用減少で1972（昭和47）年、浜中町営簡易軌道の廃止で北海道から簡易軌道が姿を消した。

緩解（かんかい）　ブレーキを緩める。

緩解不良　何らかの原因でブレーキが緩まないこと。

緩急車　車掌弁と圧力計、手ブレーキを装備する車掌乗務の車両を指す。緩急車の名の由来は、貫通ブレーキが全車両に装備されていなかったころ、制動手（ブレーキメン）が乗務して機関車の汽笛合図に合わせて手ブレーキを締めたり、緩めたりしたことから。

閑散期　利用が少ない時期を指定して特急の普通車指定席料金が、通常期より200円割引になる期間。多客期（繁忙期）は、指定席料金が通常期より200円増しになる。

換算キロ　ＪＲ北海道と本州ＪＲ３社の幹線と地方交通線にまたがって乗車する場合の運賃計算において、地方交通線の部分に適用される割り増し距離。

貫通ブレーキ　列車全体を運転士の操作でブレーキ制御するため、空気または電気回路を貫通させる装置。事故などで車両が分離したときは自動的にブレーキが作用する。

軌間　左右のレールの間隔のこと。新幹線が採用している1.435㎜は標準軌とされ、世界的に広く使われている。日本の在来線は主として1.067㎜で、狭軌に分類されている。

kitaca　ＪＲ北海道が導入しているＩＣカードを使った、非接触式の出改札システム。Kitaca定期券、記名kitaca、無記名kitacaの３種類があり、どのカードにも入金できる機能がある。利用可能のエリアは札幌圏の55駅で、エリア外への乗り越しはできない。

汽笛合図　機関車、電車、気動車などから汽笛を吹鳴して周囲に運転状況を知らせる合図。約３秒の長緩汽笛と約１秒の適度汽笛、約0.3秒の短急汽笛の３種を組み合わせて行う。
①列車、または車両が運転を開始するとき②危険を警告するとき③非常事故が生じたとき④車掌に列車防護をさせる必要が生じたとき、などである。

技研　鉄道総合技術研究所の略で、現在のＪＲ総研のこと。所在地は東京都国分寺市。

起点　路線の営業距離の基準点。建設が始まった場所が起点になっているところが多い。

軌道短絡　自動閉塞区間では左右のレールに信号電流が流れ、列車がその区間に進入すると左右のレールが輪軸で短絡されて信号が停止現示になる。

軌道短絡器　事故が発生した場合、軌道を短絡させ信号機を停止現示にして対向列車を止めるもの。左右のレールの頭部にクリップで挟むのが一般的で、列車防護用具に収納されている。

キマロキ　雪かき車など4両からなる編成排雪列車。けん引する機関車の**キ**、雪をかき寄せるマックレー車の**マ**、かき寄せた雪を遠くへ飛ばすロータリー車の**ロ**、後押しする機関車の**キ**の編成列車の頭文字をとったもの。車両編成全長75m。名寄市の北国博物館に静態保存されている。所在地は名寄市緑丘。01654－3－2575。

客載車両渡船　船客と車両を同時に輸送する船。青函連絡航路の鉄道連絡船やカーフェリーはこれにあたる。

救援車　事故発生に備え、復旧機材を載せて車両基地などで待機している車両。

救援列車　事故復旧のため、機材や人員を乗せて現場へ向かう列車。

橋脚　橋梁の中間にあって、独立して桁を支えている部分。

教習所　鉄道教習所、後の鉄道学園。札幌鉄道教習所の前身は1910（明治43）年発足の鉄道院職員北海道地方教習所。1920（大正９）年に現在地の札幌市東区に移転、1965（昭和40）年に北海道鉄道学園に改称、ＪＲ移行で社員研修センター。いまも「学園」と呼ばれている。

橋上駅　線路をまたぐ形で設置された駅本屋のこと。線路の両側へ出入りができるので手稲駅、発寒中央駅など都市部の駅改築では多く採用されている。

協調運転　気動車と電車など異なる車両を連結・編成し、運転すること。ＪＲ北海道の731系電車とキハ201形気動車が協調運転を行う機能を持ち、実際に運転している。正式名は総括制御運転。

業務連絡書　駅と乗務員相互の連絡事項を簡潔にやり取りするための用紙。

橋梁　鉄橋のこと。

KIOSK　ＪＲ北海道の関係会社、北海道キヨスクのこと。キオスクや札幌圏の駅周辺のコンビニエンストアなどの運営。ＪＲや札幌市営地下鉄の駅売店も経営。

距離標　路線の起点を基準に、一定間隔で距離が書かれた線路諸標の一つでキロポストともいう。

グリーン車　接客設備が普通車よりも良い優等車両。グリーン料金(券)が必要。

くるくる電車ポプラ号　1986(昭和61)年、小樽・滝川間の電車運転区間で日中の電車運転が増えたことをアピールするため、愛称名が普通列車につけられた。

携帯用電話機　自動式電話機と磁石式電話機の機能を持ち、携帯が可能となっている電話機。機関車、気動車の運転台に搭載されている。

携帯用信号炎管　車掌が携帯、あるいは駅や保線区などに備えられている信号炎管。自己発生のとき、進行してくる列車に危険を知らせ、停止させる発煙筒で、赤い炎を出して燃え続ける。以前は車掌の重要な携帯用品の一つだったが、現在は運転室に置かれている携帯用列車防護用具に収納されている。以前の炎管は底部の釘を枕木に突きさしたが、木枕木が減りコンクリート製が多くなったのでレールにスプリング製の針金で引っ掛ける形に変わった。いまは炎管の底部に磁石がつけられ、レールに吸着させる形になった。

欠乗　発車時間の勘違いや寝坊で、乗務員が自分が乗務する列車に乗り損ねること。新聞などで「車掌欠乗で列車遅延」と書かれるのは、ほとんどがこの理由である。

高圧式蒸気暖房装置　機関車から送られてきた高圧の蒸気を客室内の放熱管に通して客室を暖める暖房装置。高圧のままなので暖房の立ち上がりが早かった。

勾配標　線路の勾配の変わり目に立てられている線路諸標の一つで、線路脇の左側にある杭で、二本の腕が付いている。上り勾配を示す場合には腕木を杭に対して上向きに取り付け、下り勾配の場合はその逆になり、勾配の数値を千分率で記入してある。

後部標識　列車標識の一つで、後続列車に対して自列車の存在を知らせる標識。俗にいう尾灯、テールライトである。

酷寒地仕様　寒さが厳しい北海道で使用する車両の設備仕様のこと。

跨線橋（こせんきょう）　駅構内などで線路をまたいでいる橋梁。

固定編成　列車の編成で、同じ編成のまま変わらずに使われている車両のこと。

コンクリート枕木　鉄筋コンクリート製の枕木のこと。

（さ行）

在来線　新幹線以外の路線を指す言葉で、標準軌の新幹線と狭軌の路線を区別するために作られた。

サボ　列車の側板に付けられた行先表示板。サイドボード、あるいはサービスボードの略らしい。

散水車　ＪＲ北海道に登場したレール散水車。1999（平成11）年の夏、猛暑により各地でレールが膨張、張り出しのため列車の運休が続出したことから、石油タンク車（35ｔ・タキ号車）を改造した冷却用散水車を考案。翌年の夏から出動態勢をとっている。

ＣＴＣ　列車集中制御装置のこと。線路区間内の信号機や転轍器などを一カ所で遠隔制御するとともに、列車の運行状態を監視し、列車の運行を制御する方式。

ＪＲ電話　鉄道電話のこと。略して鉄電。社員の名刺にはＪＲ○○○―○○○○と７桁の数字が書かれているが、鉄電の電話番号である。

磁気浮上鉄道　リニアモーターカーの正式名。

事故報告書　事故が起きたときは速やかに報告しなければならない。停車場外での事故は車掌が報告。書き方もおおよそ定められていて、マニュアルもある。

自動改札機　改札業務の機械化を図って導入された装置。近年はＩＴの進歩によってカードを改札機に入れて清算するシステムから、読み取り部にタッチするだけで改札機を通過できるＩＣカード機能を持つまでになった。

自動起床装置　乗務員宿泊所で仮眠している乗務員を起こす目覚まし装置。起床時間をセットしておくと、時間になれば自動的にベッドの下に装置されているエア袋に送気されて袋が膨らみ、起床を促すもの。起床の応答がなければ、エア袋への送気が何度も何度も自動的に繰り返される。

指導車掌　車掌見習いなど新人の車掌を指導する車掌。職制上の指導員ではなく、経験、実績、人物などから車掌区長（所長）が指名する場合が多い。

時変　列車の運転時刻変更の略。

島式ホーム　線路と線路の間にあるプラットホーム。札幌近郊では千歳線の上野幌駅、函館本線の小樽築港駅、上幌向駅などが島式ホームである。

車内補充券　車掌が車内で発行する切符。甲乙の2片制で甲片は乗客、乙片は控え。「片道」から「区間変更」「紛失」「寝台券」に至るまで、すべての乗車券類が車内で発行できた。1990（平成2）年12月、「車内乗車券発行機」の導入で車内補充券の様式は廃止になった。

車内乗車券発行機　1990（平成2）年12月、それまでの車内補充券の様式を廃止して新たに導入した。電子手帳にプリンタをつけたようなもので、月日と区間、発行事由などをクリックすると印字された感熱式の切符が出てくる。

車販　車内で飲料、飲食物、雑誌などを販売する車内販売の略。

車補　車内補充券の略。

車両基地　車両が配置され、運転整備が行われる施設のこと。ＪＲ北海道の車両基地は本社管内には札幌運転所、苗穂運転所、苫小牧運転所、岩見沢運転所、日高線運輸営業所、函館支社管内には函館運輸所、青函派出所、旭川支社管内には旭川運転所、宗谷北線運輸営業所、釧路支社管内には釧路運輸車両所、花咲線運輸営業所、帯広運輸所など。元機関区が多い。

車両航送　鉄道連絡航路で貨車や客車を連絡船に積み込み輸送するこ

と。

車両称号　車両に付けられている形式や番号、製造番号のこと。略して車号。

車両搭載用信号炎管　車両の運転台の天井の屋上部分に設備されている信号炎管。ハンドルを引き下げると炎管が飛び出し着火。赤い炎が持続的に燃え続ける。事故発生のとき、他の列車に危険を知らせるもので、発煙筒と呼ばれている。

車両用消火器　車両に搭載されている消火器。車室内は強化液型、気動車などの機関周囲は粉末型の消火器が搭載されている。

重連　機関車を2両連結して列車を運転すること。

出発合図器　車掌が腕や緑色灯で運転士に出発を指示するとき、その合図が運転士から見えない場合、確認困難な場所に設けられる合図器。

出発反応標識　出発信号機の現示を車掌に知らせる装置。ホームの上屋から下がっている丸い灯火。点灯の時は出発信号機が停止以外の現示、消灯は停止を現示。

主本線　駅構内で同一方向に本線が複数ある場合、その中での主要な本線のこと。主本線は列車が通過することができる。

順延　列車が遅れたまま到着し、発車すること。

循環急行　始発と終着が同一駅の急行列車。道内では胆振線の急行「いぶり」が知られていた。札幌発の小樽・倶知安・喜茂別・伊達紋別・東室蘭・苫小牧・千歳経由の札幌行き。その逆もありで、上り下り二本の札幌発札幌行きは胆振線の京極駅で行き違いしていた。

循環式汚物処理装置　トイレの汚物を処理して貯留する装置。汚物を細かく砕き、固形物と洗浄水を濾過分離してタンクに溜め、洗浄水は消毒液と混ぜて繰り返し使用する。

蒸気暖房装置　蒸気機関車、あるいはディーゼル機関車から送られてくる蒸気を利用したもので、機関車の蒸気を大気圧以上で利用する高圧式蒸気暖房装置と、蒸気圧を大気圧と同じ圧力にした大気圧蒸気暖房装置があった。

乗客専務車掌　客扱専務車掌のこと。その列車に乗務する普通車掌や列車給仕、列車手のリーダーとなる車掌の総称。電略はカレチ。職制としての車掌長が創設されるまではチーフと呼ばれていた。

乗車券センター　旅客販売総合システムのマルスが実用化される以前に指定席券の予約を受け持っていたところで、1953（昭和33）年札幌、仙台、東京、静岡、名古屋など全国9カ所に設けられた。予約の受け付けは電話と手書きが主だった。

乗車人員報告　列車の区間ごとの定員と乗車人員、編成両数を報告するもの。電略はノリホ。グリーン車、指定席者、自由席車の乗車人員調べは車掌の重要な仕事の一つ。

乗車効率　旅客列車の定員に対する乗車人員の100分率のこと。乗車率である。

乗船名簿　連絡船に乗船するとき、住所、氏名、年齢を書いて乗船口で桟橋駅員に渡していた名簿。かつては乗船桟橋駅控えの甲片と連絡船事務長控えの乙片の双方に書いた。1954（昭和29）年の洞爺丸遭難のとき、船客・船員1334人の住所、氏名が翌日の新聞に載ったのは乗船名簿の甲片が函館桟橋駅に保管してあったからだった。

乗務員用無線電話機　車掌と運転士や機関士間との相互連絡や駅との打ち合わせに使用する無線機。

指令　列車や設備の状況を常時監視して、的確な指示や情報を出すところ。

指令員　指令に従事する係員のこと。

信号場　単線区間で列車の行き違いや待ち合わせをする所。客扱いはしない。

推進運転　最前部の運転台以外の運転台で列車の運転をすること。また客車列車で、機関車がバック運転（推進）をすることをいう。制限速度は25キロ以下である。

推進運転合図　列車を推進運転するときの合図で、車掌が先頭となる車両に乗り込み、赤と緑の手旗や灯火、電話機、無線機で合図する。

スイッチバック　急勾配の線路を緩和するために列車を前進、後進させて高度を和らげるものと、勾配途中で水平に停車場を設置する際に設けられるものがある。函館本線の仁山信号場、石北本線の常紋信号場、根室本線の狩勝信号場のスイッチバックが知られていた。

静態保存　廃車になった車両を保存するとき、動かさない状態で保存すること。

制動試験合図　ブレーキ試験合図のこと。

制輪子　車輪に押し付け、摩擦力で車両を停止させる部品。

接近　列車が当該箇所に近付いていること。

先行列車　2本の列車が同一方向に走っているとき、先に走っている列車のこと。

先発列車　同一方向に列車を出発させるとき、先に出発させる列車のこと。

操車場　方面別、目的別、輸送品別に列車の編成（組成）を組んだり、貨車の入換をする場所。岩見沢操車場、苫小牧操車場、東室蘭操車場、五稜郭操車場などが知られていた。

操縦　車掌区の当番補助者を操縦と呼んだ。乗務員の勤務表作りと行路調整が主だったが、操縦されるのは乗務員である。

側ブレーキ　貨車の側面に設けられている足踏み式の梃子ブレーキ。

組成　列車の編成を組むこと。

空知太（そらちぶどう）　1892（明治25）年に設けられた北海道炭砿鉄道の停車場。北海道鉄道史に頻出する停車場名。現砂川市の空知川近くにあり、1898（明治31）年北海道官設鉄道旭川・空知太間の開通で廃止になった。のち信号場が置かれたが、1956（昭和31）年砂川・滝川間の複線化で廃止。

（た行）

ターンテーブル　車両を載せたまま回転し、車両の向きを変える転車台のこと。

大気圧式蒸気暖房装置　機関車から送られてきた高圧蒸気を大気圧にまで減圧して暖房に利用する装置である。高圧式蒸気暖房装置に比べて放熱管内の蒸気圧が一定なので温度調節がしやすいことや、万一客室内の放熱管が破損し、蒸気が洩れても高圧・高温の蒸気ではないので、比較的安全という利点がある。北海道の客車は高圧式と大気圧式を併用できるようになっている。

退行運転　線路や車両の故障のため、列車が進行してきた方向とは反対の方向へ運転すること。制限速度は15キロ。

退避線　列車の追い越しや、対向線の通過を待つときに退避する列車が入る線路。

ダイヤ　列車運行図表のこと。

ダイヤ改正　列車ダイヤを変更すること。ダイヤ全体を変更するのを白紙ダイヤ改正という。

惰行運転　惰性で列車が走ること。

竜飛水(たっぴすい)　ＪＲ北海道が販売していた青函トンネルの湧水。

ダブルデッカー　二階建ての旅客車両。ＪＲ北海道のリゾート列車「ノースレインボーエクスプレス」にはラウンジ・ダブルデッカー車が組み込まれている。

単機　客車などを引かずに機関車だけで走る単行機関車列車の略。重連単行機関車列車の場合は重連単機。

タンク機関車　Ｃ11形式やＣ12形式の機関車のように、本体に水と石炭を積む形式の機関車。

炭水車　蒸気機関車の燃料である石炭と水を積んでいる車両。テンダのこと。

暖房車　古い小型機関車のボイラーを利用した列車暖房用の車両。電気機関車に暖房用蒸気発生装置がなかったころに作られたが、北海道では札沼線や千歳線など支線の混合列車の客車後部に連結されて客室に蒸気を送った。

暖炉暖房　だるまストーブに代表される石炭ストーブによる暖房。

注意信号　信号の種類の一つで、次の信号機が停止、警戒、のいずれかの現示である信号。

中間車　電車や気動車で運転台がなく、編成の中間に連結される車両のこと。

直前横断　踏み切りで、走っている列車の直前を横断すること。

直流き電方式　発電所から送られてきた交流２万ボルトを直流き電変電所で直流1500ボルトに変換し、電車線路に供給する電化方式のこと。

貯留式汚物処理装置　列車のトイレの汚物を車両下部のタンクに貯留して、車両基地で抜き取る方式の汚物処理装置。だが、使用された洗浄水もタンクに貯留されるので直ぐ満杯になるため、後に開発された循環式汚物処理装置に取って代わられた。

ツインクルレディー　ＪＲ北海道の女性客室乗務員。グリーン客の出迎えや指定席への誘導、乗り継ぎ案内などの車掌業務の一部を分担しているほか、ワゴンを使って弁当や土産品の販売も行っている。二人ペアで、全特急列車に乗務している。

通過時刻　列車の前頭部が駅長事務室、あるいは駅中心を通過した時間。駅中心の表示は、ホーム下の枕木や棒杭に「停車場中心」と白ペンキで小さく書かれている。

通常期　繁忙期と閑散期の中間の期間で、特急料金、座席指定券の基本となっている期間。

継ぎ目　レールの継ぎ目のこと。ゴトン、ゴトンで代表される汽車の音は、レールの継ぎ目の音である。

継ぎ目板　レールの継ぎ目に当てられる鋼製の補強板のこと

定員　座席の数の合計。あるいは座席の数と床面積50センチ四方に１人の割合の合計数。

定期券　定期的に同じ区間を乗車できる乗車券のこと。通勤定期券は１カ月、３カ月、６カ月の３種。通学定期券は１カ月、２カ月、３

カ月、4カ月、6カ月の5種。

停車場　駅、操車場、信号場を指す。

停車場中心　停車場の中心位置を示すもので、営業キロはこれを基準にしている。

ディスカバージャパン　鉄道離れが進みだした1970（昭和45）年、国鉄が旅客誘致策として行ったキャンペーン。

DMV（デーエムブィ）　デュアル・モード・ビークルの略。ＪＲ北海道が開発中の「鉄道でもバスでもない、新しい乗り物」で、マイクロバスと鉄道車両を組み合わせた近未来を見据えた車両。線路から道路へ、道路から線路へと軽快に走り分けるＤＭＶの姿を見る日も遠くはない。

手信号　場内信号機や出発信号機が使用できない場合や、信号機が設置されていない場所で、信号を現示する必要があるときに使用する信号。

デッキ　客室と仕切られている車両に出入するための空間。室内と外気の遮断や防音のために設けられている。

鉄ちゃん　鉄道ファンのこと。

鉄道院　1908（明治41）年に発足した国有鉄道の運営組織。発足以前は民部大蔵省鉄道掛。1920（大正9）年鉄道省、その後運輸通信省、運輸省となり、1949（昭和24）年公共企業体となる。

鉄道記念日　1972（昭和47）年10月14日の鉄道開業100年を記念して、毎年10月14日を鉄道記念日に制定。1994（平成6）年からは鉄道の日に改められた。

鉄道記念物　国鉄が鉄道文化財を保存するために1958（昭和33）年から指定してきたもので、これまで35件が指定されている。北海道関係では「機関車弁慶号」「客車開拓使号」「旧手宮機関庫」。また準鉄道記念物には「機関車しずか号」「客車イ1号」「機関車大勝号」「回転式雪かき車」「かき寄せ式雪かき車」「北海道鉄道起点標」「気動車キハ03号」「旧函館駅所在地」などが指定、保存されている。

鉄道警察　国鉄の民営化によって鉄道公安本部は廃止になり、鉄道公安業務は都道府県の警察本部に移管。鉄道公安室は鉄道警察隊、鉄道公安職員は警察官となった。

鉄道公安官　1947（昭和22）年、運輸省に鉄道公安事務局が設けられ、地方の各鉄道局に公安課が置かれた。このとき鉄道公安官が誕生した。1949（昭和24）年、国鉄の公共企業体移行によって鉄道公安職員に改称、駅や列車内での秩序保持、犯罪防止に努めてきた。1987（昭和62）年、国鉄の民営化で鉄道公安は警察本部の所管となった。

鉄道唱歌　「汽笛一斉新橋を…」で始まる鉄道唱歌は有名だが、第1集の東海道編に続いて第2集の山陽・九州編、第3集の奥州・磐城編と続き、第5集まで続く。作詞はいずれも大和田建樹。その大和田が1906（明治39）年から翌年にかけて「北海道鉄道唱歌」の南の巻と、北の巻の2編を作っている。作曲は田村虎蔵。「浦島太郎」「花咲爺」の小学校唱歌の作曲で知られた人物である。北海道鉄道唱歌は文部省検定の小学校用に指定され、道内の小学校で広く歌われた。北の巻の始まりは「黒煙天に靡かせて、出で行く汽車の窓近く…」。名文である。

鉄道友の会　日本最大の鉄道趣味者の団体。ファンや利用客から見て最も良いと認めた車両にブルーリボン賞、技術的なデザイン性に優れた車両にローレル賞を出している団体としても知られている。

鉄道博物館　鉄道の歴史を示す資料の展示のほか、車両、施設などを展示・保存している博物館。埼玉県さいたま市の鉄道博物館、大阪弁天橋の交通科学館、京都梅小路の梅小路蒸気機関車館、小樽市の小樽市総合博物館が全国的に知られている。そのほか道内では、鉄道収集家の小泉実氏寄贈の小泉コレクション展示の三笠市の三笠鉄道記念館が知られている。

鉄道防雪林　線路に風雪が直接当たらないように沿線に針葉樹中心の人工植林をした地帯のこと。鉄道林ともいう。少なくなったが札幌圏では上り勾配区間の白石・厚別・大麻・野幌・江別間、幌向・上幌向・岩見沢間でいまでも見ることができる。国鉄時代、防雪林専門の営林区があり、厚別には苗木を育てる苗圃があった。

鉄道郵便　郵政省私有の郵便専用車による郵便輸送。国鉄の電車化、気動車化で郵便専用車を連結する客車列車の減少で自動車輸送に切り換え、1986（昭和61）年、鉄道郵便局（鉄郵）、郵便輸送ともに廃止になった。

テルハ　手荷物台車ごと吊り上げてホームから他のホームへ移動させるクレーン。旧札幌駅、苗穂、岩見沢駅のホームに設備されていた。

電気暖房装置　電車や新系列の気動車などに採用されている暖房装置。

電源車　寝台特急「北斗星」や「カシオペア」のような固定編成客車の電灯や冷暖房用の電力を、ディーゼル発電機を使って供給する車両。

テンダ　蒸気機関車の燃料となる石炭と水を積む炭水車のこと。

テンダ機関車　テンダ（炭水車）を連結している蒸気機関車。燃料の石炭と水を大量に積んでいるので、長距離運転に適している機関車である。

電報　かつて電報取扱駅が主要箇所にあり、業務用電報と一般電報を取り扱っていた。主要列車が到着すると電報取扱者がホームに出て、乗客の電報を受け付けていた。

電略　電報略語のこと。

動態保存　車両を保存する場合、現役と同じ状態で線路の上を走れる状態で保存すること。

胴乱　車掌が携帯する鞄。皮製で、車掌が携帯する規則類、用紙類のすべてが収納できる造りになっている。

トークバック　駅構内などで、現場作業者と信号取扱者が連絡を取り合うための有線直通電話機のこと。信号取扱者のところに親機があり、子機はインターホンの形状でホームの柱に目線の高さで設置されている。

戸閉め用車側表示灯　電車、気動車に装備されている自動扉の戸閉め表示灯。自動扉が開いているときに点灯。発車のとき、車掌は表示灯のすべてが消灯しているのを視認し、発車のブザー合図をする。

（な行）

ナッパ服　木綿の青い詰襟の作業服のこと。工場や現業の職員の作業服で、大正期に制定されたもの。ナッパは、青い菜っ葉から由来しているといわれる。

ナンバープレート　機関車の形式と製造番号を記した金属板のこと。

荷扱専務車掌　車掌のうち、荷物車担当の専務車掌。客扱専務車掌と同格である。

二階席　ダブルデッカー車両で、その2階席。

二重窓　北海道用の旅客車で、上下に開閉できる窓は厳冬期に室内温度を保持するために二重窓仕様になっている。ガラスが2枚あるだけなのだが、効果は抜群で、外気温が下がると外側のガラスに氷の結晶ができる。

24時間制　一日24時間を午前と午後に分けずに、0時から24時として表示する方法。日本の鉄道は開業以来12時間制を採用していたが、第2次世界大戦中に増大する軍事輸送のため、軍部の要請もあって1942（昭和17）年から軍隊と同じ24時間制に変更した。便利なために戦後もそのまま24時間制をとっているが、諸外国の鉄道の半数は12時間制らしい。

日本貨物鉄道株式会社　ＪＲ貨物の正式名称。全国一元でコンテナ中心の貨物列車を走らせている鉄道会社。オフィスビル事業やマンション販売も手がけている。札幌に北海道支社、支社管内の貨物駅は21で、うち11駅はコンテナ貨物の取扱駅。五稜郭、鷲別、札幌には機関区を置いている。

荷物車　小荷物を輸送する車両。輸送形態の変化で、今は見ることはできない。

（は行）

廃札　記入ミスをした乗車券や車内補充券を廃札処理すること。

ハイデッカー　展望を良くするために床面を高くしている車両。

函館ダッシュ　青函連絡船の1便（函館入港4時25分）で到着した旅客が、特急「北海1号」と特急「おおぞら1号」の自由席車に向かってダッシュすること。桟橋下船口から下り線の両列車が入線している3番、4番ホームまでの距離は200m、荷物を抱えてのダッシュはキツイ。

函館マラソン　函館駅に深夜近くに到着した列車から、階段を上って青函連絡船の乗船口へ駆け抜けること。函館駅到着15分くらい前になると、後部車両の乗客が荷物を抱えながらぞろぞろと前部車両へと移動を始める。函館駅到着と同時に連絡船の乗船客が桟橋へ一斉に駆ける。だが上り列車の到着ホームは1番、2番で乗船口までは遠い。階段あり、カーブありのマラソンコースである。

発車合図　車掌から運転士に列車の発車を知らせる合図。ブザー式、無線式、知らせ灯式などがある。

発車標　ホームにある発車時刻や列車種別を表示している表示器のこと。

発報　防護無線などが電波を発信すること。

発報信号　防護無線により、付近の列車を停止させる信号。

バラスト　線路に散布してある小石。現在は川砂利の使用が禁じられているので、砕石を使用している。

半減光　客室内の照明を暗くする減光に対して、点灯している灯具の数を半分にすること。

繁忙期　1年間を通じてもっとも旅客が多い時期を指定して、特急の指定席料金が通常期よりも割り増しになる期間のこと。

引きスイッチ　非常ブレーキスイッチや非常引きスイッチのように、引くことで接点が開閉し、手を離すとバネ仕掛けで元に戻るスイッチのこと。

非常ブザー　非常ブザースイッチの略で、客室内の非常警報装置のこと。列車、あるいは車内に異状があった場合、客室内でこれを操作すると運転台でブザーが鳴り、乗務員がこれに気づく。

非常用車側表示灯　非常警報装置が操作された車両で点灯する橙黄色の車側表示灯。

標準勾配　停車場間で１㎞を隔てた２地点を結ぶ勾配のうち、列車に対して最大の上り、または下りとなる勾配のこと。

表定速度　列車の始発から終着までの走行距離を所要時間で除した数値。途中駅の停車時間も算入される。

広幅雪かき車　駅や操車場など側線が多い所の除雪に使用するもので、両側に羽根（ウイング）を広げて左右の線路まで広く除雪する雪かき車。

便乗　乗務員が勤務中、他の列車に乗って勤務地などへ向かうこと。

不足弁納　車内補充券などの発行ミス、計算ミス、記入ミスなどで料金が不足した場合は、担当者（車掌）の弁納となる。

復活運転　運転休止した列車を、再び運転させること。

フライ旗　合図旗の俗称。英語のflagが訛ったものだが、開拓使時代のフラッグステーション（簡易駅）のflagもここからきたもの。

振り替え輸送　事故などで不通となった場合、他の会社線に旅客を誘導すること。

振り子車両　曲線で車体を内側に傾斜させることで、乗り心地や曲線通過速度を向上させた車両。

併結　別な列車が連結して一本になること。

閉塞　信号機と信号機の間のこと。閉塞区間ともいう。１閉塞区間には１列車しか入れない。

閉塞信号機　常置信号機の一種。閉塞区間の境界に設置される信号機。

ヘッドマーク　列車の愛称表示で、先頭の機関車に取り付けられる。

便所使用知らせ灯　車両のトイレが使用中なのを客室内に知らせるためのランプで、トイレの内側の鍵をかけると点灯するようになっている。

ベンチレータ　車内の換気を行うために設置された通風器。形や作用の仕方でさまざまな種類がある。

ポイント　駅構内の転轍器のこと。分岐器全体を指すこともある。

ポイント消融雪装置　積雪地帯や寒冷地などで、積雪や凍結などによるポイントの不転換を防止するために設置されている装置のこと。灯油式、ガス式、電気式などがあるが北海道は電気式である。

防音壁　市街地を高架で走る鉄道には欠かせない設備。

冒進　停車しなければならない箇所を通過してしまうこと。

防雪柵　線路に雪が直接吹き込むのを防ぐために設置される柵。駅のポイント付近に建てられることが多い。

ホームステップ　線路からホームに上がるための足掛かりのこと。

ホームライナー　乗車整理券100円を購入すれば定期券でも乗車できるホームライナーという名の回送列車。道内では手稲の車両基地から頻繁に回送列車が出入しているが、朝夕の通勤時間帯に開放したところ受けが良かったので、ホームライナーの名で継続しているもの。

ほかプラ　ＪＲ東日本の東京駅にあるＪＲ北海道プラザのこと。ここではＪＲ北海道のオリジナルオレンジカードや、ＩＣカードのkitacaも入手できる。

補機　補助機関車の意で、勾配区間などで牽引力を増すために連結される機関車のこと。

ボギー車　二組の台車に車体が載った構造の車両のこと。走行性か優れているため、現在製作されいる車両はすべてこの形態。

本務機関車　列車を引くメーンの機関車。略して本務機。

本屋　駅長室がある駅の中心建物の駅本屋。

（マ行～ワ行）

間合い　次の列車が来るまでの待ち時間。

間合い運用　次の運用に入るまでの間合いを利用して、他の列車の運用にその編成を割り当てること。札幌・青森間の急行「はまなす」は青森到着後、同駅の札幌行「はまなす」の発車時まで、青森・函館間の快速「海峡号」に間合い運用されていた。

哩(マイル)　鉄道開業から1928（昭和３）年まで国鉄で使用していた距離の単位。道内では1916（大正５）年、北海道鉄道敷設1000マイル記念祝賀会が札幌・中島公園で大々的に挙行された。ちなみに１マイルは1609.3mである。

間引き運転　降雪時や事故復旧後など、ダイヤの乱れを回復するために列車を間引いて運転すること。

みどりの窓口　1965（昭和40）年に開設された指定券の発行システムの発券操作をする装置をもち、指定券などが発売できる出札口のこと。

山線　函館本線の長万部・小樽間のこと。海線は同本線の長万部・札幌間の室蘭線、千歳線経由。

優等列車　特急や急行列車などのこと。

ユニットクーラー　圧縮機、凝縮機、蒸発機、送風機を一つのケースにまとめたエアコンのこと。

予備灯　客室天井灯の電源が何らかの理由で遮断された場合、蓄電池によって予備の電球が点灯する天井灯のこと。

リクライニングシート　背もたれを後ろに倒すことができる座席。

量産試作車　量産を前提とした試作車のこと。

旅客列車引継書　乗り継ぎ交代のとき、乗務を終えた車掌が次の車掌に引継ぎ事項を知らせるための用紙。引き継ぎ事項は日付、列車の組成、各車両の給水状態、定員、乗車人員など多岐にわたる。

列車給仕　国鉄時代、優等列車の一等車や寝台車に乗務をして乗客の案内や給仕、寝台の解体など乗客のサービスに務めた乗務員。1962（昭和37）年に廃止になり乗客掛、1969（昭和44）年には乗務掛、次いで車掌補に改称、1983（昭和56）年に全廃となった。

列車番号　様々な規制があるが列車に必ずつく番号で、列車の正式な名称。４桁以下の数字からなり①下りは奇数、上りは偶数②１位及び10位の数字は旅客列車及び荷物列車　1～49、貨物列車50～99③100位の数字は線区又は系統を区別する必要があるときにつける④1000位の数字は　1、定期列車の予備番号　1000台～5000台　2、季節列車　6000台　3、季節列車の予備番号　7000台　4、臨時列車　8000台　5、臨時列車の予備番号　9000台　⑤末尾につける記号　1、電車列車　M　2、気動車列車　D

列車防護　列車事故や線路支障などで列車の運転に支障が生じた場合、併発事故を防止するため他の列車を緊急に停止させなければならない。これを列車防護という。停止手段として列車の運転室と車掌室に防護用具が常備されている。防護用具には軌道短絡器、信号炎管、信号雷管があり、他にも乗務員用無線機による防護無線がある。

ロングシート　横長の車体の側面に沿って座席を配置した、縦座席のこと。立席定員が多く、混雑時には収容能力が大きい。

ロングレール　定尺レールや長尺レールを溶接し、さらにそれを長くしたレールのこと。200m以上のものをロングレールというが、世界最長のスーパーロングレールは青函トンネル内で使用している52.57㎞。

ワンマン運転　車掌の乗務を省略した列車。ドア操作も、運賃収受も運転士が行う。北海道内では札沼線（愛称・学園都市線）の札幌・北海道医療大学間の直通列車を除いた石狩当別・新十津川間がワンマン運転。そのほか函館本線長万部・小樽間と滝川・旭川間の普通気動車列車、室蘭本線の普通気動車列車、日高本線の全列車、富良野線の全列車、留萌線の全列車、江差線の全列車、宗谷本線旭川・稚内間の快速と普通列車、根室本線滝川・根室間の快速と普通列車、石北本線の快速と普通列車、釧網本線の全列車もワンマン運転。前乗り前降りで、途中駅から乗車のときは整理券が必要。バスと同じ要領である。

あとがき

北海道新聞出版局の五十嵐裕揮さんから、車掌さんの仕事を書けないだろうか、というお話をいただいたのは昨年の今頃だった。これまで、鉄道の本を幾冊か書いているので、その延長みたいな気持ちで気楽にお引き受けした。気楽というのは生意気な言い方だが、実は内心、嬉々としたものがあった。

書店には鉄道関係の本がずらりと並んでいる。どれもがカラー刷りのきれいな本である。山野を疾走する列車はどんなアングルで写しても見栄えがいい。そうした鉄道風景か、車両の専門書に近いものであれ、新刊本が次々と出るのだから人気もあるし、また売れ行きもいいに違いない。だが、長年、鉄道にいた者にとっては、鉄道のかっこいいところだけを取り上げられることにいささかの抵抗感がある。とくに北海道の鉄道現場にいた者にとっては、この思いは強い。私自身も、美しい車両や景色だけではなく、寒冷の地でお盆や正月はもちろん、昼夜の別なく働く人たちや彼らの仕事を知ってほしい、という思いはことのほか強い。

そんな私の思いを察知したかのような北海道新聞の五十嵐さんからのお話だった。五十嵐さんが意図する本の内容は、ずばり「車掌の仕事」そのものだった。私は国鉄の「車掌」だったが、それは二十数年前のこと。正直言って、年齢的にもこうした機会はこれが最後、と思うものもあってお引き受けした。幸いにも、札幌車掌区の二度の年史制作に携わり、関係資料は廃棄することなく保存しているし、不足分の所蔵についても心当たりがあった。〝気楽〟にお引き受けしたのは、そうした背景があるからだった。しかし、車掌の仕事は幅広く、どこまで行っても終わりがない。毎日びっしりと取りかかっていたわけではないが、日数だけは予想外にかかってしまった。それでも書き足りない部分が多々ある事に気づく。

それにしても今回もまた多くの方にお世話になった。JR北海道本社広報部の仙北屋正明部長、JR札幌車掌所の木戸口裕司所長、南和孝副所長、原田康吉助役、そしてスーパー北斗乗務の撮影にご協力いただいた兼田道博主任車掌、中山孝男主任車掌、後藤恵子車掌。客室乗務員の田原織恵さんと岡田珠美さん。私の友人関係では札幌車掌区時代に一緒に乗務をした佐藤広雄さん、米林脩さんはじめ、いまもJRで主任車掌で乗務する伊藤俊彦さん。どなたにもお世話になった。厚く御礼を申し上げます。

最後になったが、企画から刊行にいたるまでの一切を担当された出版局編集グループの五十嵐裕揮さんと大島宣博さん、「スーパー北斗」乗務の車掌に同行して撮影された写真家の湯山繁さん、表紙カバー装丁の佐々木正男さん、中西印刷の河村光昭第二課長ら、皆さんには一方ならぬご苦労をおかけしました。心からお礼を申し上げます。

二〇〇九（平成二十一）年九月

田中　和夫

田中　和夫 たなか　かずお

1933(昭和８)年　北海道江別市生まれ
江別高校卒業
1952(昭和27)年　国鉄就職（江別駅在勤）
1987(昭和62)年　札幌車掌区車掌長で国鉄退職

高校時代から明治・大正期の北海道群像を中心にした小説や戯曲、放送脚本を書く。

1971(昭和46)年　小説「トンネルの中」で第23回国鉄文芸年度賞第Ⅰ位
1982(昭和57)年　小説「残響」で第16回北海道新聞文学賞
1983(昭和58)年　国鉄加賀山賞
1988(昭和63)年　北海道文化奨励賞

現　在　北海道鉄道文学会幹事
北海道文学館評議員
札幌文学編集人
鉄道林発行人

主な著書　「残響」、「物語サッポロビール」、「北海道の鉄道」、
「幻の木製戦闘機キ106」　（以上、北海道新聞社刊）

参考資料　「年表と写真でつづる65年」札幌車掌区　1978(昭和53)年10月
札幌車掌区開区70周年記念誌「北の軌跡」　1983(昭和58)年10月

車掌の仕事

2009年10月１日　初版第１刷発行

著　者　田中和夫
発行者　中山明展
発行所　北海道新聞社
〒060－8711 札幌市中央区大通西３丁目６
出版局　編集　011－210－5742
営業　011－210－5744
印　刷　中西印刷株式会社
製　本　北海道製本株式会社

ISBN　978－4－89453－518－3

25、7、31（水）

そのじんや（おおたる）

K2 [illegible]

―車掌長、専務車掌行路表―

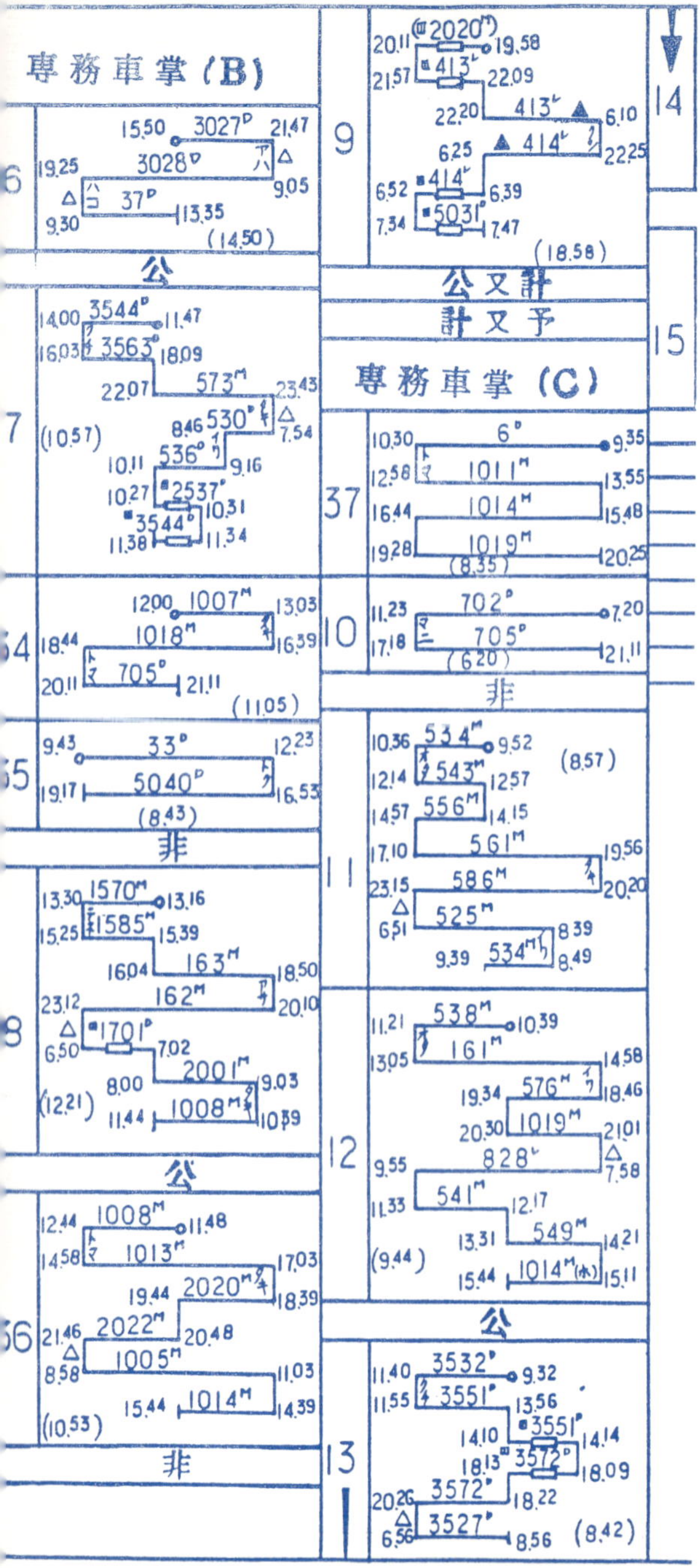

60. 6
札幌車掌区